Brigitta Weninger

Auf neuen Wegen lernen

Montessori-Pädagogik
für Schüler ab 10 Jahren

Auer Verlag GmbH

Literaturliste

1. Primärliteratur:

Montessori, Maria: Kinder sind anders – Klett-Cotta 1987

    Dem Leben helfen – Herder 1992

    Die Macht der Schwachen – Herder 1989

    Die Entdeckung des Kindes – Herder 1969

    Lernen ohne Druck – Herder 1995

    Monographie – Rowohlt 1997

    Die Freiheit muss aufgebaut werden – Montessori-Werkbrief 23. Jg. 1985, Heft 4

    Grundlagen meiner Pädagogik – Quelle & Meyer 1965

2. Sekundärliteratur:

Adorno, Theodor: Erziehung zur Mündigkeit – Suhrkamp 1972

Aktion Humane Schule Bayern/Kurt Singer: Ohne Noten lieber lernen – Eigenverlag

Andresen, Ute: So dumm sind sie nicht – Beltz 1996

Arminger, Margret: Das innere Kind – Ariston 1993

Autorenteam: Neue Sammlung, 36. Jg. Heft 3 – Klett-Cotta

Autorenteam Allen u. a.: Menschen in ihrer Zeit – Das Beste 1993

Autorenteam Altrichter u. a.: Journal für Schulentwicklung Jg. 1997 Heft 2 – Studien-Verlag

Autorenteam Fischer-Kowalski u. a.: Kinder an Alternativ-Schulen und Regelschulen – Bundesministerium für Unterricht und Kunst 1993

Badegruber, Bernd: Spiele zum Problemlösen, Band 1 (für Kinder im Alter von 6 bis 12 Jahren) und Band 2 (für Kinder im Alter von 9 bis 15 Jahren) – Veritas 1996

Baillet, Dietlinde: Freinet-praktisch – Beltz1993

Baulig, Andrea: Mathematik lehren, periodische Schriften des Friedrich-Verlages, Jg. 1982 – 1998

Berlitz, Charles: Die wunderbare Welt der Sprachen – Knaur 1982

Bettelheim, Bruno: Ein Leben für Kinder – Deutsche Verlagsanstalt 1987

Bettelheim, Bruno: Zeiten mit Kindern – Herder 1994

Böhm, Winfried: Maria Montessori/Texte und Gegenwartsdiskussion – Klinkhardt 1996

Chinery, Michael: Natur Enzyklopädie – Unipart 1995

D'Orta, Marcello: In Afrika ist immer August – Diogenes 1990

Doralt, Werner: Schulgesetze – Orac 1995

Esser, Barbara/Wilde, Christiane: Montessori-Schulen – Rowohlt 1992

Fischer, Walter/Schratz, Michael: Schule leiten und gestalten – Studienverlag 1993

Gibran, Khalil: Der Prophet – Walter 1994

Gibran, Khalil: Der Wanderer – Goldmann 1997

Gordon, Thomas: Die neue Familienkonferenz – Heyne 1993

Grünnigmann, Manfred: Montessori-Pädagogik in Deutschland – Herder 1979

Gürtler, Helga: Kinderärger Elternsorgen – Ravensburger 1989

Heimbring, Darko: Montessori-Pädagogik und naturwissenschaftlicher Unterricht – Augustinus Buchhandlung 1991

Hellmich, Achim/Teigeler, Peter: Montessori-, Freinet-, Waldorfpädagogik – Beltz 1994

Ingenkamp, Karlheinz: Die Fragwürdigkeit der Zensurengebung – Beltz 1971

Jaschke, Helmut: Grenzen finden in der Erziehung – Grünewald 1992

Keyserlingk, Linde von: Wer träumt, hat mehr vom Leben – Patmos 1995

Kindersley, Barnabas und Anabel: Kinder aus aller Welt – Loewe 1996

Kobi, Emil/Roth, Heidi: Kinder von Aggressiv bis Zerstreut – Herder 1993

Kohler, Ewald/Schuster, Jürgen: Tafelbilder für den Deutschunterricht – Auer 1997

Kramer, Rita: Maria Montessori (Biographie) – Fischer 1996

Kratochwil, Leopold: Pädagogisches Handeln bei Hugo Gaudig, Maria Montessori und Peter Peterson – Auer 1992

Kuroyanagi, Tetsuko: Totto chan – Fischer 1994

Langley, Myrtle: Religionen – Gerstenberg 1997

Ludwig, Harald: Erziehen mit Maria Montessori – Herder 1997

Meisterjahn – Knebel, Gudula: Montessori-Pädagogik und Bildungsreform im Schulwesen der Sekundarstufe – Peter Lang 1995

Moost, Nele/Kunstreich, Pieter: Wenn die Ziege schwimmen lernt – Mann 1997

Morris, Desmond: Körpersignale Heyne 1986

Nolting, Hans-Peter: Lernschritte zur Gewaltlosigkeit, Rowohlt 1981

Ortner, Gerlinde: Märchen, die den Kindern helfen – Orac 1988

Pernhaupt, Günter/Czermak, Hans: Die gesunde Ohrfeige macht krank – Orac 1991

Reinprecht, Hansheinz: Kinder erziehen ohne Ärger – Stocker 1993

Saint-Exupéry, Antoine de: Der kleine Prinz – Arche 1950

Schade, Wolfgang: Die neue Berufsschule – Haag+Herchen 1994

Schmeer, Gisela: Das sinnliche Kind – Klett-Cotta 1991

Schnabel, Joachim: Freie Arbeit im 3. und 4. Schuljahr – Oldenburg 1996

Sedlak, Franz: Stopp den Lernproblemen – ÖBV 1982

Sehrbrock, Peter: Freiarbeit in der Sekundarstufe I – Cornelson 1995

Steenberg, Ulrich: Kinder kennen ihren Weg – Kinders 1993

Steiner, Franz und Renate: Die Sinne – Veritas 1993

Triebel-Thome, Anna: Feldenkrais – Gräfe und Unzer 1993

Vorderman, Carol: Mathematik – Christian 1997

Wisskirchen, Hubert: Die Wiederentdeckung des schöpferischen Lernens – Schönbergers 1986

[1] Platon, VII. Buch, Der Staat

[2] Nele Moost, Pieter Kunstreich: Wenn die Ziege schwimmen lernt, Verlag Wolfgang Mann 1997

[3] Maria Montessori: Kinder sind anders, Klett-Cotta 1987

[4] Maria Montessori: Grundlagen meiner Pädagogik, Quelle & Meyer 1965

[5] Maria Montessori: Grundlagen meiner Pädagogik, Quelle & Meyer 1965

[6] Montessori, Werkbrief 4 (1985)

[7] Maria Montessori, Werkbrief 4 (1985)

[8] Khalil Gibran, Der Prophet, Walter-Verlag 1994

[9] Maria Montessori, Spannungsfeld Kind – Gesellschaft – Welt, Freiburg 1979

[10] Gudula Meisterjahn-Knebel: Montessori-Pädagogik und Bildungsreform im Schulwesen der Sekundarstufe, Verlag Peter Lang 1995

[11] aus einem Vortrag von Maria Montessori in Oldenburg

[12] aus einer Rede vom internationalen Montessori-Kongreß in Barcelona, 1938

[13] Ute Andresen, So dumm sind sie nicht, Beltz 1996

[14] Vortrag von Hans Elsner, Montessori-Lehrer an der Grundschule in Köln

[15] Kurt Singer, Ohne Noten lieber lernen, Humane Schule Bayern

[16] Celestine Freinet – Pädagogische Texte, Reinbek 1980

Bezugsquellenhinweis

Viele der im Materialteil vorgestellten Materialien können über die Firma WeMont bezogen werden (WeMont, A-1190 Wien, Heiligenstädter Straße 54/14, Tel.: +43-664-3 38 10 72, Fax: +43-1-3 68 93 63, E-mail: brigitta@montessori.co.at)

Gedruckt auf umweltbewusst gefertigtem, chlorfrei gebleichtem und alterungsbeständigem Papier.

1. Auflage. 1999
Nach der Neuregelung der deutschen Rechtschreibung
© by Auer Verlag GmbH, Donauwörth. 1999
Alle Rechte vorbehalten
Gesamtherstellung: Ludwig Auer GmbH, Donauwörth.
ISBN 3-403-0**3097**-0

Inhaltsverzeichnis

Vorwort

Die Montessori-Pädagogik hat in der Grundstufe schon in vielen Schulen Einzug gehalten – wenngleich auch in unterschiedlicher Intensität und Ausprägung. Immer mehr Schüler, Eltern und Lehrer fragen sich nun: „Und wie geht's weiter?"

Mein Anliegen ist es, Ihnen als Leser dieses Buches die Möglichkeiten der Weiterführung der Montessori-Pädagogik nach den ersten vier Grundschuljahren aufzuzeigen.

In der Sekundarstufe findet man leider erst sehr selten überzeugte Lehrer, die eine Pädagogik nach dem Grundsatz „Hilf mir, es selbst zu tun" vertreten und auch leben können. Ich möchte Ihnen mit meinem Buch für diesen Weg Mut machen und mit den Material-Beispielen ein bisschen Unterstützung für die Freiarbeit anbieten.

Es ist mir außerordentlich wichtig zu zeigen, dass Montessori-Pädagogik viel mehr ist als die Anwendung von geeigneten Materialien und die Organisation von Freiarbeit. Nur dann, wenn an die Stelle des grundsätzlichen Misstrauens, das unseren Kindern oft entgegengebracht wird, ein Vertrauen auf die Kräfte der Natur und in die Selbstständigkeit und Unabhängigkeit der Kinder tritt, kann ein Lehrer den Kindern die nötige Unterstützung für ihren eigenen Weg geben.

Mein besonderer Dank gilt meinem Mann und meiner Tochter, die durch ihre liebevolle Mithilfe zum Entstehen dieses Werkes viel beigetragen haben.

Weiters bedanke ich mich bei den Schülern, Lehrern und Direktoren der vielen Klassen, in denen ich hospitieren durfte, da ich nur auf diese Weise einen guten Einblick und Überblick über die „Montessori-Welt" in unseren Schulen bekommen konnte.

Ohne ihn gäbe es wohl dieses ganze Werk nicht – Claus Kaul, mein Lehrer und Berater. Mein Dank gilt ihm für alle Aufbauarbeit und für die stetige Stütze und Freundschaft.

Den Mitarbeitern vom Verlag Auer danke ich für die Idee, dieses Buch zu schreiben, und für das Vertrauen und die Ausdauer.

Wien, November 1998

Die männliche Anredeform inkludiert immer auch die weibliche Anredeform. Aus Gründen der einfacheren Lesbarkeit wurde auf Doppelbezeichnungen verzichtet.

*Mit der Bezeichnung „**Montessori-Klassen**" sind immer Klassen gemeint, in denen der Unterricht auf Basis der Montessori-Pädagogik organisiert und realisiert wird. Das bedeutet, dass es „die" Montessori-Klasse nicht gibt, vor allem nicht in der Sekundarstufe, dass es aber möglich und notwendig ist, einzelne Prinzipien der Montessori-Pädagogik auch in der Sekundarstufe umzusetzen. Nur dann, wenn einige wichtige Kriterien auch tatsächlich umgesetzt sind, ist die Bezeichnung „**Klasse auf Basis der Montessori-Pädagogik**" statthaft.*

Didaktik und Methodik

A.1 Warum gerade Montessori-Pädagogik?

Montessori, Petersen, Freinet, Steiner, Gaudig, …
– wo liegt der Unterschied zum herkömmlichen Unterricht? Was spricht dafür, einen dieser Ansätze zu bevorzugen?

Alle Reformpädagogen haben erkannt, dass sich Lernen an den Gesetzen der Kindheit und nicht an theoretischen, pädagogischen Überlegungen orientieren muss.

Keiner dieser Reformpädagogen hat aber etwas wirklich Neues erfunden; denn schon Platon schreibt in seinem VII. Buch, Der Staat:

> *„Du darfst also, mein Bester,*
> *die Knaben nicht zwangsweise*
> *in den Wissenschaften unterrichten,*
> *sondern spielend sollen sie lernen;*
> *so kannst Du auch besser erkennen,*
> *wofür ein jeder von Natur bestimmt ist.“*[1]

So hat also bereits Platon die Vorteile des spielerischen und schülerzentrierten Unterrichtes erkannt. Die Reformpädagogen haben sich wieder dazu bekannt und neue Überlegungen hinzugefügt. Es stellt sich bloß die Frage, warum sich diese Erkenntnis nicht schon lange allgemein durchgesetzt hat!

Ist unsere Gesellschaft wirklich daran interessiert zu erkennen, wofür ein jeder von Natur aus bestimmt ist? Ist es nicht viel zu gefährlich festzustellen, dass die natürliche Neigung vielleicht nicht in das vorgefertigte Wertekonzept und Weltbild der Eltern und Lehrer passt?

Warum wird der gute Tischler nicht wegen seiner Handwerkskunst geehrt, sondern wegen mangelndem Abstraktionsvermögen belächelt?

Warum sagen wir unseren Kinder, dass sie „etwas Anständiges“ lernen sollen? Was ist denn anständig und was nicht? Anstatt glücklich zu sein, rasch die Talente der Kinder zu sehen und fördern zu können, schreien wir nach Allgemeinbildung.

Was bleibt denn von der so genannten Allgemeinbildung? Wenn Abiturienten nicht imstande sind,

eine Schlussrechnung zu lösen – wie die letzte europäische Studie zeigte – wem nützt es dann, wenn sie mechanisch den Vorgang des Integrierens erlernt haben?

Nele Moost und Pieter Kunstreich haben in ihrem Buch

„Wenn die Ziege schwimmen lernt“[2]

von den Tieren berichtet, die ganz neugierig zur Schule gingen. Das Pferd war schon beim Fliegenlernen unangenehm aufgefallen, jedoch beim Klettern gab es sich besonders viel Mühe. Aber selbst das Kommando vom Lehrer: „Erst die Arme, dann die Beine!“ führte nicht zum gewünschten Erfolg.

Beim Fisch, der das achte Mal versuchte, sich mit dem Maul am Baum festzusaugen, und wieder der Länge nach auf die Erde plumpste, konnte der Lehrer nur mit den Achseln zucken und „hoffnungsloser Fall“ zischeln. Im Buch geht es noch weiter mit jeder Menge solcher Feststellungen – lesen Sie doch selbst, was dem Elefant beim Fliegen passiert oder der Ameise beim Schwimmen!

In diesem Buch erleben die Tiere dann, wie sie plötzlich gar nichts mehr sehr gut können, weil sie sich mit den anderen Aufgaben überfordert haben. Erst als ihre Lehrer sie kopfschüttelnd verlassen, schwimmen der Fisch und die Ente um die Wette und die Ameise baut sich einen richtig großen Ameisenhaufen. Und sie machen *ihre* Sache richtig gut.

Was sagen Sie dazu? Warum machen wir's nicht so, wie es Platon vorgeschlagen hat? Oder warum lassen wir uns von diesem Buch mit solch aussagekräftigen Bildern nicht endlich wachrütteln?

Eine Reform des Unterrichts ist also schon lange nötig, aber wo liegt nun der Unterschied zwischen all diesen Konzepten?

Warum habe ich gerade Montessori als Basis meiner Arbeit gewählt – und nicht einen anderen der Reformpädagogen?

Ich bin der Überzeugung, dass wir aus keiner Pädagogik eine Religion machen dürfen; auch Maria Montessori hat Fehler gemacht – und die brauchen wir nicht nachzumachen; aber ihr Werk ist so großartig, dass es eine wunderbare Basis für all unser pädagogisches Handeln sein kann; vor allem deshalb, weil diese Pädagogik vom Kinde ausgeht und die Gesetzmäßigkeiten der Kindheit respektiert und sie nicht zu ändern versucht.

Auch das Buch „Wenn die Ziege schwimmen lernt" zeigt deutlich, dass wir auf die Talente und sensiblen Phasen achten sollten, um unsere Kinder nicht immer wieder Situationen auszusetzen, die nur Angst und Leid erzeugen.

Ich möchte jedem einzelnen Lehrer Mut machen, sich aus allen Ansätzen der Reformpädagogen das herauszuholen, was sie auch vertreten können und dann – das ist besonders wichtig – laut und deutlich zu sagen, auf welcher Basis ihr

Unterricht stattfindet und dazu zu stehen, dass sie keine Kopien gewesener Pädagogen sind, sondern eigenständige Menschen mit eigenen Überzeugungen. Sie werden ja den Kindern die Eigenständigkeit nur dann ermöglichen können, wenn sie diese selbst erleben dürfen.

Ich glaube, dass es nie darum gehen darf, den Unterricht von irgendjemandem kopieren zu wollen, nein, es geht um *neue Originale!* Aber es geht auch darum, eine Grundlage für das eigene Unterrichten auszuwählen, damit nicht jeder Lehrer das Rad neu erfinden muss.

Leider gibt es einige Ausbildungsinstitute, die aus der Montessori-Pädagogik ein starres Konzept mit unzähligen Regeln machen wollen und so den Eindruck vermitteln, es gäbe nur eine einzige, genau vorgegebene Antwort auf pädagogische Fragen.

Besonders übel finde ich jene Institutionen, die sich auf Maria Montessori berufen, jedoch den Lehrern während der Ausbildung den Freiraum derart eingrenzen, dass selbst das Führen der Materialmappen genauestens vorgeschrieben und rot ausgebessert wird.

Ich möchte alle Lehrer auffordern, sich jene Ausbildung auszuwählen, wo sie selbst die Inhalte der Pädagogik erfahren dürfen, die sie erlernen sollen.

Wichtig ist es aber, die Grundprinzipien wirklich zu verstehen – die jeweilige Ausprägung dieser Prinzipien ist von den Rahmenbedingungen abhängig und soll jedem Lehrer überlassen werden.

Erst wenn wir es geschafft haben werden, aus dieser Basis „Montessori-Pädagogik" und den anderen Ansätzen eine ganz persönliche Pädagogik entstehen zu lassen, die wir auch selbst leben können, werden wir glaubwürdige Pädagogen und nicht nur Schauspieler sein.

A.2 Kriterien für eine Montessori-Klasse

Eine Montessori-Klasse wird nach den Grundprinzipien der Pädagogik Maria Montessoris unterrichtet. Im jeweiligen Schulsystem gibt es unterschiedliche Möglichkeiten zur Umsetzung dieser Grundprinzipien.

Im Übrigen finde ich es erwähnenswert, dass es auch für die Volksschulen einen allgemein gültigen Katalog von Anforderungen an eine „Montessori-Klasse" nicht geben kann - abgesehen davon, dass es nur eine Montessori-Klasse gab, nämlich die Maria Montessoris, alle weiteren waren und sind „Klassen auf Basis der Montessori-Pädagogik".

Natürlich gibt es die Grundprinzipien der Montessori-Pädagogik – aber wie diese von den einzelnen Lehrern übersetzt werden, ist deren individuell verschiedene Art, diese Pädagogik zu leben. Man sollte sich also immer nur die Frage stellen: „Wie gewährleistet eine bestimmte Schule bzw. ein bestimmter Lehrer die Umsetzung der Grundprinzipien, und sind diese auch das zentrale Konstrukt der Unterrichtstätigkeit?"

Da es schon viele Bücher über die Prinzipien der Montessori-Pädagogik gibt, will ich darauf verzichten, hier eine detaillierte Einführung zu geben, und mich auf eine kurze Auflistung und Beschreibung dieser Grundprinzipien beschränken. Sie sollen einen Überblick geben und Anregung zum weiteren Literaturstudium für all jene sein, die mehr darüber wissen wollen. Auch möchte ich als Basisliteratur auf das von Maria Montessori selbst verfasste Buch „Die Grundlagen meiner Pädagogik" verweisen.

A.2.1 Sensible Phasen

> *„Die innere Empfänglichkeit bestimmt, was aus der Vielfalt der Umwelt jeweils aufgenommen werden soll, und welche Situationen für das augenblickliche Entwicklungsstadium die vorteilhaftesten sind. Sie ist es, die bewirkt, dass das Kind auf gewisse Dinge achtet und auf andere nicht."* [3]

Dieses Prinzip ist sehr wichtig, jedoch im öffentlichen Schulwesen am schwierigsten umzusetzen. Mit Wochenplänen und fixen Daten der Schularbeiten bleibt nicht viel Freiraum für sensible Phasen.

Je älter die Schüler werden, umso länger, intensiver und exzessiver werden die sensiblen Phasen. Es gibt Schüler, die sich in Gebiete so vertiefen können, dass sie zu wahren Spezialisten werden. Hier muss sich jede Gesellschaft überlegen, was zur so genannten Allgemeinbildung gehört und was gegen echtes Spezialistentum eingetauscht werden kann.

Was tun wir denn als Erwachsene, wenn das selektive Wahrnehmungsvermögen uns deutlich zeigt, dass die sensiblen Phasen auch noch – oder immer mehr – im Erwachsenenalter unser Leben bestimmen?

Lesen wir als Erwachsene in unserer Freizeit etwa Bücher, die uns nicht interessieren – ausgenommen für fremddefinierte Aufgabenstellungen wie Prüfungen oder Arbeitsbereiche?

Haben Sie schon einmal die Verschiedenheit zweier Zeugenaussagen zum gleichen Vorgang gehört? Die Personen bezeugen das, was ihre Wahrnehmung selektiert hat. Für jeden ist etwas anderes wichtig, und Unwichtiges selektiert unser Wahrnehmungsvermögen von selbst.

Es wäre also nur legitim, auch unseren Kindern zuzugestehen, dass sie nach diesen Phasen leben dürfen. Sätze wie „Im Leben kannst du auch nicht aussuchen!" sind nur eine Ausflucht, um den bequemen Weg gehen zu können.

A.2.2 Vorbereitete Umgebung

Maria Montessori sagte:

> *„Die Arbeit eint das kindliche Wesen mit der Umgebung. Aber diese Arbeit zeigt sich nur bei den Kindern, die in einer Umgebung leben, die ihnen angepasst ist.*
>
> *Die erzwungene Arbeit schadet dem Kind, weil durch sie der erste Arbeitswiderwille entsteht."* [4]

Es ist Aufgabe des Lehrers, die Umgebung für die Kinder so vorzubereiten, dass sie ihre Arbeit gut machen können.

Wenn Kinder keine eigenständigen Ideen haben und auch nicht bereit sind, neue Aufgabenstellungen selbst einzubringen, hat dies meistens einen einzigen Grund:

Ihre Umgebung ist wahrscheinlich nicht so vorbereitet, dass sie wirklich Freiraum haben; sie sollen in den meisten dieser Fälle ja eigentlich nur alleine auf die Ideen kommen, die der Lehrer vorgedacht hat. Wehe, wenn sie aber Ideen haben, die für den Lehrer nicht im Rahmen des zu erarbeitenden Gebietes liegen. Dann heißt es entweder: „Das gehört nicht dazu!" oder „Dafür haben wir jetzt keine Zeit!" oder es wird gänzlich übergangen. Ganzheitliche, schülerzentrierte Erziehung ist das nicht!

Vorbereitete Umgebung im Sinne Maria Montessoris lässt die Kreativität nicht nur zu, sondern fördert sie durch vielfältiges Angebot.

A.2.3 Polarisation der Aufmerksamkeit

> *„Dies ist offenbar der Schlüssel der ganzen Pädagogik: diese kostbaren Augenblicke der Konzentration zu erkennen, um sie beim Unterricht in Lesen, Schreiben, Rechnen, später in Grammatik, Mathematik und Fremdsprachen auszunützen. Alle namhaften Psychologen sind sich übrigens darin einig, dass es nur eine Art des Lehrens gibt: nämlich tiefstes Interesse und damit lebhafte und andauernde Aufmerksamkeit bei den Schülern zu erwecken."* [5]

Bei meinen Hospitationen in Holland und Deutschland habe ich die Polarisation der Aufmerksamkeit auch in Sekundarstufen-Klassen beobachten können, allerdings nur dort, wo es der jeweilige Organisationsablauf ermöglicht hat. Jedenfalls ist das System der 50-Minuten-Einheiten, das in vielen Schulen verwendet wird, dafür nicht geeignet. Ein Happen „Faust" wird von einem Happen „Integral" abgelöst, der wiederum von einem Happen „Topologie Europas" gejagt wird.

Will man die Polarisation der Aufmerksamkeit erreichen, muss man diese „Happen-Pädagogik" beenden.

A.2.4 Freiheit der Wahl

> *„Die Freiheit der Wahl führt zur Würde des Menschen. Aber die Freiheit kann nicht gegeben werden, sie gehört zur menschlichen Natur und muss gepflegt werden, damit es ihr gelingt, sich zu behaupten."* [6]

Wie viel Würde sind wir also bereit, unseren Kindern zuzugestehen?

Und an anderer Stelle sagt Maria Montessori dann:

> *„Solange die Erziehung fortfährt, den Leitlinien einer erzwungenen Unterwerfung zu folgen, werden die gegenwärtigen Bedingungen bestehen bleiben: die Menschheit wird sich weiterhin aus vielen Menschen zusammensetzen, die von Freiheit sprechen, aber aus sehr wenigen freien Menschen."* [7]

Natürlich stellt sich hier sofort die Frage, wie viel Freiheit des Einzelnen eine Gesellschaft zulässt und aushält.

A.2.5 Kindheit mit ihren eigenen Gesetzmäßigkeiten

Der Bauplan der Natur sorgt dafür, dass Kinder laufen lernen, er sorgt auch für die natürliche Neugierde bei Kindern – bis sie ihnen von Erwachsenen abgewöhnt wird.

Kindheit ist ein besonderes Stadium unserer Entwicklung, ein Stadium mit seinen eigenen Gesetzmäßigkeiten und Schönheiten. Haben Sie schon einmal den zufriedenen Gesichtsausdruck eines Kindes gesehen, das nach 20 gleichen Vorgängen endlich seine eigene innere Ordnung gefunden hat? Haben Sie aber auch schon einmal die Enttäuschung eines Kindes gesehen, das aus der tiefsten Konzentration seiner Tätigkeit gerissen wurde, weil einer der Erwachsenen gerade jetzt ein Küsschen will? Nichts gegen Bekundungen liebevoller Zuwendung – wann aber werden wir lernen, Kinder nicht immer zu überfahren, sondern ihre persönliche Sphäre zu wahren?

Khalil Gibran sagt:

> *„Deine Kinder sind nicht Deine Kinder, sie sind die Töchter und Söhne der Sehnsucht des Lebens nach sich selbst."* [8]

Maria Montessori beobachtete viele Kinder und erkannte dann die Verschiedenheit der kindlichen Strukturen zu denen der Erwachsenen. Sie zeigte diese Erkenntnis anhand der Parabel von Piaget:

„Angenommen, eine närrische Froschmutter würde ihren kleinen Kaulquappen im Teich sagen:

> *„Kommt heraus aus dem Wasser, atmet die frische Luft ein, vergnügt euch im grünen Gras, dann werdet ihr alle zu starken, gesunden Fröschen heranwachsen. Kommt schon mit, Mutter weiß es schon am besten!" Wenn dann die kleinen Kaulquappen versuchten zu gehorchen, würde es gewiss ihr Ende bedeuten. Und doch ist dies die Art, wie so viele von uns versuchen, ihre Kinder zu erziehen."* [9]

Beide brauchen Sauerstoff, doch um ihn aufzunehmen, atmet die Kaulquappe mit einem anderen Organ als der Frosch. In ähnlicher Weise handelt das Kind oft ähnlich wie der Erwachsene, doch mit einer Mentalität, die je nach Alter verschieden ist.

A.2.6 Beobachtung – die neue Lehrerrolle

Maria Montessori charakterisiert die traditionelle Lehrerrolle folgendermaßen:

> *„Die vom Lehrer durchgeführte geistige Erziehung läßt an einen Chauffeur denken, der den Motor abstellt und dann versucht, das Auto mit der Kraft der Arme anzuschieben. Er wird so zum Lastträger und das Auto zu einer nutzlosen Maschine.*
>
> *Wenn dagegen der Motor angestellt ist, bewegt die innere Kraft das Auto, und der Chauffeur muss es nur lenken, damit es die sichere Straße entlangfährt, nicht gegen Hindernisse stößt, nicht in Gräben stürzt und niemandem bei seiner Fahrt einen Schaden zufügt. Diese Lenkung ist das einzig Notwendige; aber der eigentliche Lauf hängt nur vom inneren Antrieb ab, den niemand schaffen kann.“* [10]

So war es zur Zeit Maria Montessoris – aber was hat sich geändert? Ist diese Charakteristik nicht auch heute passend für das, was wir Lehrer traditionell tun?

Alleine schon die Formulierungen der Lehrer:

„Das Kapitel habe ich gemacht!“ oder „Ich versteh' das nicht, ich habe das doch schon dreimal wiederholt, und noch immer kann es die Hälfte der Klasse nicht!“

zeigen doch deutlich, dass hier der Lehrer „die nutzlose Maschine schiebt“.

Die neue Lehrerrolle definierte Maria Montessori so:

> *„Tugenden und nicht Worte sind ihre höchste Vorbereitung. Er muss auf seine eigene Aktivität zugunsten des Kindes verzichten. Er muss passiv werden, damit das Kind aktiv werden kann.“* [11]

Er wird dadurch zum Mitarbeiter und Verbündeten während des Lernprozesses, und nicht zum Be- bzw. Verurteiler. Er kann wieder mit den Schülern staunen.

Dies ist heute unter anderem auch deswegen besonders schwierig, weil die Ausbildung der Lehrer keineswegs diesem Grundsatz huldigt.

Ich möchte an dieser Stelle als Beispiel von einer Lehrerin in Wien berichten, die sich sehr bemüht hatte, in einer neu eröffneten Reformklasse mit dabei sein zu dürfen. Sie war aber in ihrer persönlichen Entwicklung keineswegs schon so weit, sich selbst zurückzunehmen. So stellte sie unbewusst einige Materialien in den Klassenraum, die keineswegs zur selbstständigen Arbeit geeignet waren, sondern der erklärenden Unterstützung durch sie selbst bedurften.

Wegen der Verwendung solcher Materialien war sie wieder sehr zentral gebraucht und hatte die Bestätigung, dass es ohne sie nicht ging. Ja, sie stand sogar so sehr im Zentrum, dass sie keine Zeit hatte, mit den Kindern etwas gemeinsam zu tun – sie wurde immer für Erklärungen gebraucht. Überdies hatte sie so die fälschliche Bestätigung, dass man in der Freiarbeit nicht alleine mit 29 Kindern arbeiten kann – was sie immer behauptet hatte. (In Holland habe ich übrigens bestens funktionierende Freiarbeit mit 32 Schülern und einem Lehrer gesehen – allerdings hatten diese Schüler geeignete Materialien zum selbstständigen Arbeiten zur Verfügung.)

Ich möchte mit diesem Beispiel zeigen, wie schwer es ist, sich von alten Gepflogenheiten zu lösen, besonders dann, wenn die Entwicklung der eigenen Persönlichkeit den theoretischen pädagogischen Vorstellungen nachhinkt.

Eine Typisierung der Lehrer hat Martin Wagenschein aufgestellt. Die Begriffe sind denen, die Maria Montessori verwendete, sehr ähnlich:

● Der Prediger

in weiterer Folge

● der (Er-)Zieher

und dann

● der Mitarbeiter:

Maria Montessori wünschte sich immer nur den Lehrer als Mitarbeiter bzw. Beobachter. Sie hat aber damit nicht gemeint, dass man bloß Pausenaufsicht hält. Ein guter Beobachter erkennt, wo er die Umgebung verändern muss, wo er gebraucht wird und wo er sich besser heraushält.

A.2.7 Fehler und Fehlerkontrolle

Maria Montessori sagte einmal:

> *„Der Lehrer/die Lehrerin muss das Kind, das Fehler macht, respektieren, ohne es zu korrigieren."* [12]

Damit hat sie zwar sicherlich nicht gemeint, dass alles beliebig als falsch oder richtig akzeptiert werden soll, aber sie sieht den Fehler als Chance, nicht als Makel.

Weil so viele Schüler Rechtschreibprobleme haben, möchte ich an dieser Stelle als Beispiel einen Text von Ute Andresen aus ihrem Buch „So dumm sind sie nicht" wiedergeben:

> *„Braucht es so überlegte Methoden, um Rechtschreibung zu lernen? Kann man die Aufgabe, bestimmte Wörter und Texte sich einzuprägen, um sie dann aus dem Kopf richtig zu schreiben, nicht in die eigene Verantwortung der Kinder geben und sich als Erwachsener darauf beschränken, Antwort zu geben, wenn man gefragt wird?"* [13]

Sie schildert dann von der zwölfjährigen Gabi, die ihren Rechtschreibfehlern gegenüber gleichgültig zu sein schien, und mit der sie einen Versuch machte. Sie sagte sich:

> *„Sie hat fast alle die Worte, die sie schreiben muss, sicher längst mehr als einmal gesehen, sie muss sie also im Kopf haben. Die Frage ist nur, ob Gabi ein Wort lange genug sucht und ob sie es erkennt, wenn es sozusagen innerlich vor ihr liegt. Das Suchen und Erkennen will ich mit ihr üben, das müsste helfen."*

Gabi durfte immer fragen, wenn sie etwas nicht wusste, fragen und die Antworten lauteten dann: „Was meinst du? Überleg' mal, du hast es schon oft gesehen, wie hast du es in Erinnerung?"

Damit begann bei Gabi im Laufe der einzelnen Diktate das Suchen nach dem eigenen „*Bild im Kopf*", und die Fehler wurden weniger. Sie dachte nach, anstatt irgendein Angebot für das Wort zu machen.

Diese Übungsmethode habe ich in der Zwischenzeit selbst mit Schülern ausprobiert. Sie funktioniert bestens, allerdings ist sie nur in der Freiarbeit anwendbar, und nicht in der Großgruppe.

Ich halte es aber für sehr wichtig, dass wir uns als Lehrer den Umgang mit Fehlern (oder dem, was wir dafür halten) gut überlegen. Das setzt allerdings voraus, dass wir Fehler nicht zur Machtdemonstration und Machterhaltung missbrauchen.

In herkömmlichen Schulen haben Kinder Angst, Fehler zu machen, weil der Lehrer das *Vergehen* in der Schülerarbeit und in seinem Lehrerheft sofort mit dem Rotstift vermerkt. Der Ausspruch: „Durch Fehler wird man klug!" ist wohl ganz in Vergessenheit geraten.

Eine ganz besonders schlimme Spielart ist es, wenn in der Freiarbeit jeder Handgriff der Schüler sofort notiert wird; dort, wo eigenes Experimentieren und Erfahrung sammeln im Mittelpunkt stehen sollten, wird damit indirekt der Anspruch gestellt, es sofort beim ersten Versuch schaffen zu müssen. Wir täten gut daran, dem entdeckerischen Lernen mit all seinen Fehlversuchen in unseren Schulen viel mehr Raum zu geben, damit das Lernen ein lebendiger Prozess wird und nicht ein stures Nachvollziehen vorgegebener Dinge.

Das alles soll aber keinesfalls bedeuten, dass es in exakten Wissenschaften wie z. B. der Mathematik keine richtigen Resultate geben kann. Es soll jedoch heißen, dass der Weg zu den exakten Resultaten ein Weg mit Fehlern sein darf, damit so alle Seiten einer Erkenntnis und deren Grenzbereiche ausgelotet werden können.

Das beste Beispiel dafür ist der Umgang mit der Rechtschreibung. Selbst bei ganz kleinen Kindern schaffen es die wenigsten Erwachsenen, sich am Geschriebenen zu erfreuen, wenn darin Rechtschreibfehler zu finden sind.

Auch wenn diese kleinen Kinder noch gar kein Verständnis für solche Konventionen der Gesellschaft haben – und etwas anderes sind ja Rechtschreibregeln nicht – wird ihnen andauernd vermittelt: „du kannst das nicht richtig".

Wenn man allerdings Geduld hat und warten kann, bis die Kinder selbst wissen wollen, wie ein bestimmtes Wort geschrieben wird, erlernen sie die Konventionen unserer Rechtschreibung (und seien sie durch Rechtschreibreformen noch so sehr in Frage gestellt) sehr rasch und unproblematisch.

Probleme haben nur jene Kinder, denen ihr eigenes Nachdenken darüber abgewöhnt wurde, weil ihnen immer irgendwer sagte, wie es zu schreiben wäre.

A.2.8 Organisations-Struktur

Damit Freiarbeit gelingen kann, müssen die Materialien in offenen Regalen frei zugänglich sein.

Zu welcher Zeit die Freiarbeitsstunden stattfinden, ist zwar eigentlich egal, doch hat sich in der Praxis folgende Vorgehensweise als besonders sinnvoll gezeigt:

Die Freiarbeit ist immer zu Beginn des Unterrichtes, jedes Kind beginnt dann mit der Arbeit, wenn es dafür bereit ist. In gut geführten Montessori-Klassen beginnt daher der Unterricht gleitend, es gibt auch **keinen** gemeinsamen morgendlichen Sitzkreis.

Ich habe Hans Elsner, einen der begnadetsten Montessori-Lehrer, einmal Folgendes sagen gehört:

> *„Wenn morgens viele Schüler immer später in den Unterricht kamen – zwischen $^3/_4$ 8 und $^1/_4$ 9 Uhr war es möglich – dann wusste ich, dass ich die Umgebung verändern musste; es war nicht mehr genug Reizvolles da, für diese Schüler bot die Umgebung nicht mehr genug Anreiz, etwas zu entdecken."* [14]

Anstatt sich neue Regeln zu überlegen, damit die Schüler pünktlich kämen, überlegte dieser Lehrer, dass er doch etwas für die innere Motivation der Schüler tun könnte – und sie kamen dann von selbst wieder pünktlich.

Wenn wir die Organisationsstruktur so weit offen lassen, und sie nicht bei jeder Gelegenheit wieder enger machen, bleibt Freiraum für die Entwicklung neuer Strukturen und vieler neuer Erfahrungen.

Die Vorbereitung der Umgebung obliegt dem Lehrer, er hat also gegenüber dem Lehrer in der Regelschule veränderte Dienstzeiten. Es kann nicht alles zu Hause vorbereitet werden, einige Zeit muss er außerhalb des Unterrichts in der Schule zubringen.

Die für das Zusammenleben notwendigen Regeln werden immer in einer gemeinsamen Besprechung aller Beteiligten – Sitzkreis genannt – aufgestellt.

Hier haben alle die Möglichkeit, am Zusammenstellen der Regeln mitzuwirken, die dann auch von allen einzuhalten sind.

Wenn sie sich aber nicht beteiligen, *müssen* sie die Regeln so akzeptieren, wie die anderen sie bestimmt haben.

Im Sitzkreis hat jedes Kind die Möglichkeit, von seiner Arbeit während der Freiarbeitszeit zu berichten oder Probleme aufzuzeigen und sich an deren Lösung zu beteiligen.

Im Sitzkreis kann auch auf gruppenspezifische Probleme eingegangen werden. So manches Spiel zum Probleme-Lösen kann hier so integriert werden, dass es ohne viel Aufwand seinen Zweck erfüllt.

Im Sitzkreis sind aber auch demokratische Vorgänge leicht zu erarbeiten, die Kinder entwickeln ein Problembewusstsein und demokratisches Verhalten, wie es manchen Erwachsenen zu wünschen wäre.

Zu Beginn sollte der Lehrer den Sitzkreis leiten, doch ist es empfehlenswert, den Kindern bald auch die Leitung eines Sitzkreises zu ermöglichen.

Die Häufigkeit der Sitzkreise variiert in den verschiedenen Montessori-Klassen sehr. Ich habe Klassen mit täglichem Sitzkreis gesehen, aber auch welche, in denen der Sitzkreis höchstens alle 14 Tage stattfindet, meistens findet er 2–3mal in der Woche statt.

Eines aber sollte der Sitzkreis sicher nie sein – ein versteckter Frontalunterricht. Benutzen Sie nie einen Sitzkreis für das Erarbeiten von Lernzielen oder für gemeinsame Materialdemonstrationen! Die Kinder können dann nicht unterscheiden, was das jeweilige Ziel des Sitzkreises ist, und bleiben immer öfter fern, weil sie z. B. die Materialien schon kennen. Es geht damit ein wertvolles Instrument für demokratische Prozesse verloren.

Im Sinne der Klarheit, die für Kinder ein ausgesprochen wichtiges Element ist, muss der Sitzkreis jene Institution bleiben, in der zwar über Erlerntes berichtet werden kann, in der man aber nicht kognitive Lernziele erarbeitet.

A.3 Warum Freiarbeit?

In unseren Schulen stellen wir immer öfter fest, dass sowohl Schüler als auch Lehrer nicht zufrieden sind und immer unzufriedener werden. Statistiken in Deutschland und Österreich zeigen immer wieder, dass bereits nach einigen wenigen Jahren in der Schule ca. 30 % der Schüler unter schweren körperlichen und psychischen Störungen leiden.

Dazu kommt, dass die Bedeutung der Leistung des Einzelnen immer mehr hinter jener der Teamfähigkeit zurückfällt. Immer mehr Firmen verlangen nach teamfähigen Mitarbeitern, die aus der herkömmlichen Schule jedoch nicht hervorgehen. Der Wettkampf und der immerwährende Vergleich der Schüler mittels Noten führt zu Egoismus, aber sicher nicht zur Teamfähigkeit.

Es gibt viele Theorien und Versuche, diese Zustände zu verändern. Allen gemeinsam ist es, dass die individuellen Stärken und die Kooperation zwischen den Schülern im Mittelpunkt des Interesses stehen müssen. Unbestritten ist auch, dass wir in den meisten Fällen nicht (mehr) an der Grundmotivation der Kinder ansetzen, an ihrer natürlichen Neugierde, sondern dass ein theoretisches Gebilde von Didaktik und Lernprogrammen unser Denken beherrscht.

Maria Montessori und andere Reformpädagogen wie Peter Petersen, Celestin Freinet, Helen Parkhurst oder Hugo Gaudig haben durch Beobachtung der Kinder erkannt, dass die Regeln unseres Unterrichtes nicht mit den Gesetzmäßigkeiten der Kindheit in Einklang zu bringen sind – und haben daher in ihren pädagogischen Systemen Vorschläge zur Veränderung dieser Regeln gemacht, die alle den wesentlichen Wert der „Freiarbeit" erkennen lassen. Was ist aber an der „Freiarbeit" so anders als am herkömmlichen Unterricht? Warum ist also jene Freiarbeit, wie sie üblicherweise in einer Montessori-Klasse Bestandteil des Unterrichtes ist, so wichtig – warum wäre sie eigentlich für alle pädagogischen Einrichtungen so wichtig?

A.3.1 Allgemeines zum Begriff „Freiarbeit"

Lernen kann nur Erfahrung zur Folge haben, wenn es auf der Autonomie des Handelns basiert; andernfalls bringt es nur lexikalisches Wissen. Allgemein gelten daher für „Freiarbeit" folgende Grundüberlegungen:

- Freiarbeit ist *Arbeit*, schulische Arbeit, und nicht Beliebigkeit. Immer wieder wird Freiheit mit Beliebigkeit gleichgesetzt. Das ist falsch und führt nur dazu, dass Montessori-Pädagogik und andere offene Lernformen mit Laisserfaire gleichgesetzt werden – was keineswegs stimmt.

- Oft darf zwar durchaus der Zeitpunkt gewählt werden, wann ein bestimmtes Lernziel innerhalb dieses Zeitabschnittes erarbeitet wird, der Organisationsrahmen kann aber auch hier

Vorgaben stellen. So kann z. B. die gemeinsame Schularbeit ein solches einengendes Kriterium sein.

- Es darf *keinesfalls beliebig* sein, wie sich die Schüler in der Freiarbeit verhalten; ein

Schüler, der die Gruppe andauernd stört, muss im nächsten Sesselkreis mit den anderen Gruppenmitgliedern eine Lösung dieses Problems vorschlagen und erarbeiten.

● Die Freiheit der Wahl ist nicht gleichzusetzen mit „mach halt irgendetwas". Der äußere Organisationsrahmen ist ein Menü, aus dem die Kinder wählen sollen; das kann der geltende Lehrplan sein, muss es aber nicht sein. In den meisten Montessori-Klassen haben die Kinder dafür ein Schülerheft, in dem das Menü für den nächsten Zeitabschnitt, meistens ein Semester, enthalten ist.

● Freiarbeit kann ein durchgängiges Prinzip des Unterrichtes sein, kann aber auch nur in einzelnen Fächern als zeitlich begrenzte Lehrmethode auftreten.

● Freiarbeit benötigt geeignetes *Material*, das den Anforderungen genügt, die für ein schülerzentriertes Arbeiten nötig sind, vor allem zur Erarbeitung neuer Inhalte (siehe dazu Kapitel Material).

● Freiarbeit benötigt geeignete *Räume*, in denen das Material frei zugänglich liegt. Verschlossene Kästen und Räume sind eine Behinderung für echte Freiarbeit.

● Freiarbeit erfordert auch geeignete *Lehrer*, die es zulassen können, dass die Machtstrukturen der Schule aufgelöst werden und entdeckendes Lernen möglich wird. Dazu gehört auch, dass Fehler am Weg zu der Erkenntnis eine notwendige Erscheinung sind und daher nicht mit einer sofortigen Eintragung ins Lehrerbuch geahndet werden dürfen.

● Freiarbeit braucht *Schüler*, denen die natürliche Neugierde noch nicht genommen wurde.

● Freiarbeit gelingt besser, wenn die Kinder auch in ihrem Umfeld zu Hause Freiheit erleben dürfen. Ich möchte hier aber auch betonen, dass Kinder aus Familien, die Freiheit mit Laisser-faire verwechseln, eigentlich die schwierigsten Kinder für Freiarbeit in der Schule sind. Sie verstehen nur ausgesprochen schwer, dass die Freiheit des Individuums dort endet, wo sie mit der Freiheit eines anderen Individuums der Gruppe kollidiert und dass man genau für jene Situationen eben doch Regeln braucht, um nicht nur das Recht des Stärkeren zu unterstützen.

● „Die Freiheit muss aufgebaut werden", sagt schon Maria Montessori. Man kann nicht einem Vogel die Flügel stutzen und ihn dann zum Fliegen auffordern. Kinder, die nicht gelernt haben, mit der Freiheit umzugehen, bedürfen der Führung durch den Lehrer. Diese Führung besteht bei manchen Kinder zu Beginn in gemeinsam mit dem Lehrer erarbeiteten Tagesplänen für den jeweiligen Tag. Erst allmählich – und auch nur dann, wenn sie zwischendurch nicht andauernd hören, dass „das nicht hierher gehört" – lernen sie den Umgang mit längeren Arbeitsphasen.

A.3.2 Aus den Forderungen des Lehrplans

● das Lernen lernen

● Verantwortung für das eigene Lernen entwickeln und übernehmen

● sich für bestimmte Arbeiten entscheiden lernen (Selbstständigkeit)

● eigene Bedürfnisse und auch die der anderen erkennen und berücksichtigen

● gemeinsam mit anderen Mitschülern arbeiten und spielen (Teamfähigkeit)

● eigene Ideen erkennen, entwickeln und verwirklichen (Verantwortung)

● Arbeitsanweisungen verstehen und befolgen

● nach eigenem Rhythmus tätig sein (Selbstverantwortung)

● Mut zur kreativen Tätigkeit zeigen (fast jedes Material birgt vielseitige Verwendbarkeit)

- in der Gruppe sozial agieren (gemeinsames Erstellen aller Regeln des Zusammenlebens)

- Integration je nach räumlichen und situationsbedingten Verhältnissen als Prinzip und nicht als Mitleidsgeste umsetzen. (Es müssen also auch behinderte Schüler die Möglichkeit bekommen, selbstständig zu agieren, ohne dauernd auf das Mitleid und die Hilfe anderer angewiesen zu sein. Nur wenn diese Bedingung gänzlich erfüllt werden kann, sollte Integration versucht werden.)

Die meisten dieser Forderungen sind in den jeweiligen Lehrplänen in ähnlicher Form bereits verankert, der Grad ihrer Anwendung ist aber oft ausgesprochen minimal.

Mit der Freiarbeit wird ein Ordnungsrahmen geschaffen, der die Verwirklichung dieser Zielsetzungen möglich macht.

A.3.3 Vorteile für die Schüler

Schüler können in der Freiarbeit:

- selbstständig entscheiden, wann sie mit einer Arbeit beginnen und wann sie damit aufhören. Im herkömmlichen Unterricht bestimmen dies der Lehrer und die Glocke.

- einen Vorgang so oft wiederholen, wie sie es benötigen. Im herkömmlichen Unterricht bestimmt das der Lehrer nach dem Durchschnitts-Niveau der Klasse.

- auch über Umwege zum Erfolg kommen. Es muss egal sein, wie oft sich ein Schüler irrt und welchen Weg er zum Ziel wählt. Der Lehrer kann bei der Materialdemonstration seinen Weg zum Ziel zeigen, er muss aber die anderen Lösungswege – und seien sie noch so kompliziert – ebenfalls würdigen.

- sich die Arbeitsgruppe wählen oder alleine arbeiten. Da es immer wieder schüchterne Schüler gibt, die zwar gerne mit anderen arbeiten würden, sich aber nicht zu fragen getrauen, sollte der Lehrer öfters auch gemeinsam mit einigen Schülern arbeiten und immer wieder Kinder zum gemeinsamen Arbeiten anregen.

- selbst entscheiden, wie viel sie zu einem Lernziel noch zu üben haben. Der Lehrer sollte nur dann eingreifen, wenn sich ein Schüler nicht gut einschätzen kann.
  Sich diesbezüglich als Lehrer herauszuhalten ist besonders schwer, weil Schülern immer wieder mangelndes Üben vorgeworfen wird – auch und gerade oft in Situationen, wo es nicht um Üben, sondern um fehlendes Verständnis geht, das man jedoch keinesfalls durch häufiges Üben erreichen kann.

- individuelle Arbeits- und Pausenzeiten wählen. Die verschiedenen Typen von Menschen sind auch in ihrer Arbeitsweise sehr verschieden. Manche Menschen arbeiten gerne lange Zeit in einem Stück und machen dann eine große Pause, andere wiederum arbeiten lieber in kürzeren Einheiten mit kürzeren Pausen. Im herkömmlichen Unterricht bestimmen Lehrer und Glocke die Arbeits- und Pausenzeiten und viele Schüler helfen sich mit geistigem Abschalten, wenn sie nicht mehr können.

A.3.4 Vorteile für den Lehrer

Wenn die Anfangsschwierigkeiten überwunden sind, zeigen sich rasch die echten Vorteile.

Der Lehrer kann in der Freiarbeit:

● Schüler während der Arbeit beobachten und daher gezielt für die einzelnen Schüler weitere Unterstützung überlegen.

● durch seine vielen Beobachtungen den jeweiligen Leistungsstand und auch Leistungsfortschritt der einzelnen Schüler sehr gut beschreiben. Dadurch erfahren auch die Eltern Genaueres über die Leistungen ihrer Kinder als durch irgendwelche nichtssagenden Ziffernnoten.

● sein Wissen in die Gestaltung und Vorbereiten der Umgebung einfließen lassen und miterleben, dass Schüler mit diesem Wissen experimentieren und hantieren, ohne direkte äußere Beeinflussung durch den Lehrer.

● sich aus der Rolle des Alleinunterhalters für die ganze Klasse zurückziehen. Es gibt allerdings viele Lehrer, die gerade diese Rolle sehr schätzen und brauchen. Das sind dann die Lehrer, die es schaffen, auch eine Freiarbeit lehrerzentriert zu gestalten.

● mit den Schülern gemeinsam arbeiten; er erlebt den Weg der Schüler selbst mit, wird zum Verbündeten auf dem Weg zum Ziel und ist nicht mehr nur der Beurteiler.

● die Vielfältigkeit der Lernprozesse bei den Kindern miterleben. Er kann dadurch auch die Schwierigkeiten der Kinder viel besser verstehen und sich Mittel und Wege zur Behebung solcher Schwierigkeiten überlegen.

● wieder zu einem normalen Umgang mit den Fehlern finden. Lehrer, die während der Freiarbeit jeden Fehler der Schüler in ihr Lehrerheft eintragen wollen, kommen bald in arge Zeitnot und lernen notgedrungen, nicht mehr jedem Fehler nachzulaufen.

Freiarbeit ist eine Möglichkeit, unser gestörtes Verhältnis zu Fehlern neu zu überdenken und zu verändern, sodass der Fehler wieder als Chance gesehen werden darf.

A.4 Die Stimmen der Lehrer

Die folgenden Stellungnahmen von Lehrern sollen Ihnen Mut machen, es doch selbst zu probieren. Auch diese Lehrer haben einmal begonnen, und es ging nicht gleich alles gut.

Karin Diaz-Figueroa unterrichtet an einer öffentlichen Volksschule in Wien und führt seit 4 Jahren eine Montessori-Klasse. Am Ende dieser 4. Klasse sind die Kinder 10 Jahre alt und haben 4 Jahre Unterricht auf Basis der Montessori-Pädagogik hinter sich.

Sie berichtet aus ihrer Klasse:

Die ersten Kinder kommen schon lange vor dem Läuten in die Klasse, plaudern noch über das gestrige Fußballspiel und besprechen dann ihr Drehbuch für ihren Fernsehwerbespot. Bei uns läuft gerade das Projekt Werbung.

Kurzer Blick auf die Liste vor dem Computer: Wer ist heute als erster dran? „Georg, deine Computerzeit beginnt gleich!" Schon bald sitzen Georg und Theo vor dem Bildschirm und arbeiten am Geografie-Quiz.

Inzwischen haben sich einige Mädchen das Englischvokabel-Material geholt und schreiben und zeichnen emsig ins Vokabelheft. „Schreibt man „pets" mit „ä" oder mit „e"?, wird flüsternd diskutiert. Schließlich holt man das Wörterbuch.

3 Buben verschwinden nach einem kurzen „Guten Morgen" hinaus auf den Gang und beginnen Jakob's selbstgebasteltes Werbe-Spiel zu spielen.

Anita und Conny kommen gähnend in die Klasse. Sie scheinen schlecht geschlafen zu haben und ziehen sich vorerst einmal in die Leseecke zurück. Wenig später kann sie Zlata doch dazu animieren, sich am Rechtschreibquartett zu beteiligen. Dany brütet schon seit 5 Minuten über dem Flächen-Spiel. Er hat es sich mit einem Teppich auf dem Boden bequem gemacht und versucht zu ergründen, woher sich die Flächenformel für das Dreieck ableitet.

„Karin, kannst du mir noch einmal zeigen, wie das Rechnen mit diesem „x" geht?" Anna hat sich hinter dem Gleichungsrahmen im Nebenraum am Boden verschanzt. Jetzt bin ich zum ersten Mal gefragt.

Gleichzeitig möchte aber Karolin wissen, ob ich die Maske, die sie für ein Theaterstück braucht, kopiert habe. Das Theaterstück zum Thema „Werbung" hat ihre Klassenkameradin Susi selbst geschrieben und in einer Woche wird es beim Projektpräsentationsfest aufgeführt werden. Susi ist sehr stolz!

Helene erklärt sich bereit, Anna den Gleichungsrahmen noch einmal zu erklären, und ich kann mit Karolin die Maske für das Theater basteln.

In der Zwischenzeit sind alle Kinder in der Klasse eingetrudelt. Alles läuft wie von selbst und es hat noch nicht einmal geläutet. – Das sind die wohl schönsten Momente für einen Montessori-Lehrer! Die Kinder sind selbsttätig und das wiederum führt zur Selbstständigkeit. Ihre unbeschnittene Neugier, ihr Interesse und ihre Anteilnahme an ihrer Umwelt drängen sie, aktiv zu sein und immer Neues zu erfahren und zu erlernen – fast ohne mein Zutun.

Es erfüllt mich mit Freude, ihnen den dafür nötigen Freiraum zu geben und sie dabei zu beobachten, wie sie sich entwickeln und entfalten und scheinbar auf eine „innere Stimme" hören, die sie weiter vorantreibt.

Meine Arbeit besteht nicht aus dem Vorsetzen fertiggeplanter Unterrichtseinheiten (die ja nie alle Kinder gleich ansprechen können), sondern eher aus dem Reagieren auf die Bedürfnisse der Kinder. Wir alle gemeinsam gestalten unseren Vormittag.

Auch die Arbeit in Projekten möchte ich nicht mehr missen, denn sie bietet den Kindern und auch mir die Möglichkeit, in einem Thema regelrecht zu versinken.

So gestaltet sich der Schulalltag interessant und abwechslungsreich und fordert uns alle immer wieder auf's Neue. Jedes Kind bringt sich je nach seinen Fähigkeiten, Neigungen und Interessen in die Planung, Durchführung und Projektfestgestaltung ein, so mancher hat auf diese Weise z. B. seine schauspielerischen, musischen und gestalterischen Fähigkeiten entdeckt.

In einer Umgebung und Atmosphäre, die Raum dafür bietet, ist alles möglich!

Karin Diaz-Figueroa

Renate Ogrisek unterrichtet in einer öffentlichen Volksschule in Wien und führt ihre Klasse nun das dritte Jahr auf Basis der Montessori-Pädagogik.

Sie zieht Bilanz:

Ich bin seit 30 Jahren Lehrerin und habe sowohl Kinder in der Grundstufe, als auch im Sekundarbereich „unterrichtet". Mein Ziel war und ist es, den SchülerInnen Freude und Selbstständigkeit beim Lernen zu vermitteln.

In der Grundschule arbeitete ich dabei mit den unterschiedlichsten Unterrichtsformen und methodischen Konzepten. Ich verwendete zwar immer die Erfahrungen der vorangegangenen Jahre, nie aber das gleiche „Rezept".

Eine längere Babypause gab mir Gelegenheit, Kinder in ihrer Entwicklung auch außerhalb der Schule zu beobachten. Als meine Kinder dann selbst zu Schulkindern wurden, lernte ich in vielen Gesprächen die Sorgen der Eltern mit dem besonders in der AHS (Allgemeinbildende Höhere Schule) oft sehr starren Schulsystem kennen.

Ich selbst war inzwischen angepasst, aber nicht sehr zufrieden mit dem Unterrichtsmodell der „Wiener Methode" an einer öffentlichen Schule tätig.

Obwohl ich unter großem Einsatz meiner schauspielerischen Talente agierte und versuchte, den Kindern Freiraum zu lassen, stellte mich das Ergebnis meiner Bemühungen von Jahr zu Jahr weniger zufrieden.

Die Zusammensetzung der Klasse wurde immer bunter gemischt, unterschiedlicher Entwicklungsstand bzw. häusliche Förderung, soziale Probleme und Sprachschwierigkeiten ließen meinen Frontalunterricht zur „Ein-Mann-Show" verkümmern. Zum Glück ließen mich das die Kinder spüren. Ich musste vermehrt Druck ausüben, und von Freude am Lernen war immer weniger zu merken.

Ich reagierte, indem ich verstärkt freie Lernphasen anbot, in denen die Kinder nach einem Arbeitsplan in ihrem Tempo, nach ihren Fähigkeiten und in Gruppen- oder Partnerarbeit agierten. Das soziale Klima besserte sich schlagartig und die Rückmeldungen der Kinder zeigten mir, dass ich auf dem richtigen Weg war.

Kurz drauf wurde ich mit den Gedanken und dem Arbeitsmaterial Montessoris konfrontiert und das war eigentlich genau das, nach dem ich noch suchte. Nun hatte ich die Möglichkeit, dass Kinder auch ohne mein Zutun anschaulich arbeiten und „begreifen" konnten und ich wurde in meiner Auffassung bestärkt, dass Kinder gerne und von sich aus lernen, wenn man sie dabei „in Ruhe" lässt.

Ich habe inzwischen zwei Jahre Erfahrungen gesammelt und auch so manches Tief durchtaucht, nämlich jeweils vor Zeugnisterminen, wenn ich gezwungen war, Kinder – in welcher Form auch immer – zu be-urteilen. Das Erfüllen des Lehrplanes von Jahr zu Jahr zwingt mich, doch immer wieder Abstriche zu machen, auch die große Schülerzahl macht zu schaffen.

Trotzdem spüre ich, dass diese Art zu lernen den Kindern sehr entspricht und ihre positiven Äußerungen helfen mir über so manche Durststrecke hinweg.

Abschließend möchte ich sagen, dass ich nie wieder nur frontal unterrichten würde. So wie ich froh bin, dass ich meine Arbeit frei gestalten kann, haben auch die Kinder das Recht, sich individuell zu entwickeln!

Renate Ogrisek

Mag. Utha Mirus unterrichtet an einer öffentlichen Hauptschule in Klagenfurt. Sie hat sich mit zwei weiteren Lehrern dieser Schule entschieden, eine Klasse auf Basis der Montessori-Pädagogik zu unterrichten – und auch die dafür nötigen organisatorische Veränderungen vorzunehmen.

Sie berichtet nach einem Jahr Praxis:

Der Weg ist das Ziel

Es mag kitschig oder banal klingen einen Kurzbericht über das erste Jahr einer Montessori-Klasse mit diesem Satz zu überschreiben, aber dieser Satz beschreibt genau meine persönliche Entwicklung und die der Schüler in diesem Schuljahr.

Ich bin seit 30 Jahren Lehrerin und habe eigentlich immer versucht neue Wege zu gehen um meine (!) Ziele zu erreichen. Einerseits sollte der Lehrplan erfüllt werden (ich habe das übrigens bis heute noch nie geschafft), andererseits sollten Schüler Freude am Lernen und möglichst gute Noten haben.

Ich habe mich mit den unterschiedlichsten Methoden befasst, mein Lehrerverhalten mit der Zeit immer wieder verändert und so zum Teil recht gute Ergebnisse erzielt. Mein Problem war aber immer, dass einige Schüler in jedem Fall auf der Strecke geblieben sind. Es wäre leicht zu sagen, dass manche eben „zu dumm" sind. Aber das stimmt nicht. Meist waren dies Kinder, die in irgendeiner Form mit Problemen belastet waren, mit der Umwelt nicht fertig wurden, mit Lehrern nicht zurechtkamen oder ganz einfach nicht reif

waren. Diese Kinder, die seit der Volksschule immer wieder „Versager" waren und ihre eigenen Fähigkeiten nicht kannten, litten zumeist auch unter dem Zeit- und Notendruck.

Als vor zwei Jahren an unserer Schule Lehrer gesucht wurden, die bereit waren eine Montessori-Ausbildung zu absolvieren und eine Montessori-Klasse in der Hauptschule einzurichten, habe ich mich sofort gemeldet. Es war dies die Gelegenheit, einen für mich neuen Weg kennen zu lernen.

Ein Team von drei Lehrern sollte nun diese Klasse führen.

Wir haben während der Ferien viel gearbeitet – wir haben jede Menge an Materialien und Arbeitsunterlagen vorbereitet, die Organisation, den Ordnungsrahmen und mögliche Projekte besprochen und viele Montessori-Bücher und Artikel gelesen. Wir waren, so glaubten wir, gut vorbereitet und hatten die Erwartung, dass die Schüler, befreit von Leistungsdruck und Zwang, sich mit Freude auf die Materialien stürzen und eifrigst lernen würden.

Wir hatten jedoch nicht damit gerechnet, dass wir fast ausschließlich Problemkinder in die Klasse bekamen. Ein einziger Schüler kam aus einer Montessori-Klasse. Alle anderen Kinder waren Schüler, die in der Volksschule große Schwierigkeiten hatten. Etwa ein Drittel unserer Schüler hatte in der Volksschule eine Klasse ein- oder sogar zweimal wiederholt, bis auf etwa drei oder vier Schüler hatten alle in Deutsch und/oder Mathematik ein Genügend, außerdem hatte etwa die Hälfte der Kinder der Klasse Probleme wegen ihres Verhaltens.

Wir hatten somit eine Klasse voll frustrierter Kinder, die sich keinesfalls freiwillig auf irgendein Material „stürzten", disziplinär kaum zu bändigen waren und ihre neue Freiheit genossen. Sanfte – manchmal weniger sanfte – Aufforderungen, etwas zu tun, wurden meist mit dem Satz „das bringe ich sowieso nicht zusammen" abgewehrt.

Wir drei Lehrer standen nun unter großem Druck. Einerseits erwarteten die Eltern von dieser Methode Wunder, auf der anderen Seite war der kritische Blick der Kollegen („Bei euch dürfen die Kinder den ganzen Tag spielen. Gearbeitet wird bei euch sowieso nicht!"), der Direktor wollte eine Musterklasse zum Vorführen, und wir selbst wollten natürlich unsere Ziele erreichen.

Wir – meine Klasse, das Lehrerteam und die Eltern – haben nun das erste Jahr hinter uns. Keine unserer Erwartungen hat sich erfüllt, keines meiner Ziele habe ich erreicht, und keines der von den Eltern erwarteten Wunder ist eingetreten.

Aber wir alle – Eltern, Lehrer und Schüler – haben uns verändert. Und wir alle haben das Gefühl, dass dieses Jahr sehr erfolgreich war.

Es ist sehr schwer zu beschreiben, was konkret passiert ist, zumal diese Entwicklung in uns allen weitergeht – wir befinden uns noch immer auf dem Weg und irgendwann im Laufe des Jahres ist mir bewusst geworden, dass genau diese Entwicklung das Ziel ist.

Es würde den Rahmen sprengen, alle wichtigen Veränderungen und Fortschritte zu beschreiben. Ich möchte daher nur einige markante Vorgänge exemplarisch darstellen.

Die meiner Ansicht nach wichtigste Entwicklung war das „Wir".

Wir drei Lehrer waren glücklicherweise von Anfang an ein recht gut harmonierendes Team und die Zusammenarbeit bereitete uns keine Schwie-

rigkeiten. Viel problematischer war die Zusammenarbeit der Schüler untereinander und das Verhältnis der Schüler zu uns Lehrern. Das Verhältnis der Eltern zu uns Lehrern war zwar freundlich, doch von einer gewissen Skepsis geprägt. Erst später konnte ich dies mit den Erfahrungen der Eltern und Schüler in der Volksschule in Zusammenhang bringen. Dies hat jedoch nichts mit der Qualität der Volksschullehrer zu tun, sondern damit, dass diese Kinder mit dem System Schule nicht zurechtkamen.

Am Anfang konnten die Kinder ihre neuen Freiheiten noch nicht so richtig begreifen. Sie erwarteten immer wieder Strafen und Konsequenzen, wenn sie beim „Nichtstun" erwischt wurden. Allmählich begriffen sie, dass sie tatsächlich selbst entscheiden konnten. Nach einiger Zeit jedoch verflog die Freude am „Faulenzen", und nach und nach begannen sie unzufrieden zu werden. Im wöchentlichen Sesselkreis beklagten sie sich, dass wir zu wenig Druck auf sie ausübten. Wir sollten sie zum Arbeiten zwingen! Es dauerte noch einige Zeit bis sie begriffen, dass sie Hilfe nur auf Wunsch erhalten.

Diese Zeit war auch für uns Lehrer die schwierigste Phase. Wir konnten uns nur mit Mühe gegenseitig davon abhalten, rigoros einzugreifen. Noch dazu dauerte diese Phase bei weitem länger als von uns erwartet.

Eigenartigerweise begannen die Schüler aber nicht mit den Materialien zu arbeiten, sondern sie suchten sich alle möglichen verlangten und auch nicht verlangten Schreibarbeiten. Erst mit der Zeit verstand ich ihre plötzliche Schreiblust. Wenn sie viele Blätter mit irgendwelchen Abschreibarbeiten voll schrieben, hatten sie das Gefühl von Leistung, konnten etwas vorweisen, ohne die Gefahr des Versagens. Mathematik blieb daher unbeachtet.

Nach und nach begannen sie zu lernen – vor allem jene Lehrinhalte, die man auswendig lernen konnte (Vokabel etc.) und es gab für die Schüler eine neue Erfahrung. Sie konnten nach Bedarf eine Leistungskontrolle machen und es gab keine Note. Wenn die Leistungskontrolle erfolgreich war, gab es ein buntes Pickerl in ihr „Schülerheft", und wenn nicht, konnte man die Leistungskontrolle am nächsten Tag wiederholen. Der „Prüfer-Lehrer" hat seinen Schrecken verloren.

Ganz besonders wichtig dabei war, dass die Leistungskontrolle nicht „öffentlich" abgehalten, sondern eher wie ein Privatgespräch geführt wurde, das heißt, man blamierte sich nicht vor der ganzen Klasse. Wir haben die Leistungskontrollen alle während der Freiarbeit durchgeführt, und kaum ein Schüler hörte zu.

Nachdem immer mehr Schüler die Erfahrung gemacht hatten, dass es nur Erfolge, aber keine Misserfolge (Fünfer) gibt, begannen sie sich an jene Gegenstände heranzutasten, die immer ihre „Angstgegner" gewesen waren, wie zum Beispiel Mathematik.

Ich selbst habe erst nach längerer Zeit erfasst, dass die Schüler Mathematik nur deshalb mieden, weil sie ihre großen Schwächen nicht zeigen wollten. Erst nach einer Übungsarbeit konnte ich sehen, dass kein Einziger der 10-jährigen Schüler dividieren, nur vier Schüler mit zweistelligen Zahlen multiplizieren und fast die Hälfte der Klasse zwei- und dreistellige Zahlen nicht addieren bzw. subtrahieren konnten.

Ich begann nun mit einzelnen Schülern mit dem Material zu arbeiten. Für die Schüler war das eine neue Erfahrung: Ein Lehrer nimmt sich Zeit für einen oder zwei Schüler und arbeitet mit ihnen ohne zu schimpfen. Außerdem konnte man „eine Rechnung angreifen" (Zitat eines Schülers). Plötzlich machte Mathematik Spaß.

Die oben beschriebene Entwicklung hat sich etwa bis Mai hingezogen. Viele Schüler haben nicht einmal die Hälfte des Lehrstoffes bewältigt, manche kaum ein Viertel. Aber alle Schüler haben ihre Schularbeits- und Prüfungsängste verloren. Sie haben gelernt mit dem Lehrer zu arbeiten, und sie haben gelernt sich gegenseitig zu helfen. Wir sind ein Team geworden.

Ein großes Problem waren die Ängste der Eltern. Ihnen fiel es noch schwerer als uns Geduld zu haben. Intensive Gespräche in der Schule und am monatlichen Elternstammtisch und die deutlich sichtbare Veränderung ihrer Kinder überzeugten sie schließlich doch. So hatte eine Mutter beispielsweise berichtet, dass ihr Sohn – ursprünglich ein äußerst aggressiver Raufer – keine Probleme mehr macht; eine andere Mutter erzählte, dass ihre Tochter, die unter schweren Asthmaanfällen und Neurodermitis gelitten hatte, während des ganzen Schuljahres weder einen Asthmaanfall noch Neurodermitis hatte. Etliche Schüler haben ihre Angstzustände, Alpträume, Schlafstörungen und Ess-Störungen verloren und gehen mit großer Freude in die Schule.

Wir haben noch viele Probleme zu bewältigen, müssen noch vieles in unseren Arbeitsabläufen verbessern, an unserem Verhalten und am Ordnungsrahmen arbeiten und außerdem noch neue Arbeitsmaterialien erstellen. Dennoch ist es schon viele Jahre her, dass ich mich auf den Schulbeginn so freue wie in diesem Jahr.

Mag. Utha Mirus

B

Freiarbeit in der Sekundarstufe

B.1 Grundsätzliche Bemerkungen

Bei meinen Hospitationen in Deutschland, Holland und Österreich habe ich viele verschiedene Formen von Klassen auf Basis der Montessori-Pädagogik gesehen.

Ich möchte an dieser Stelle nochmals sehr deutlich betonen, dass es *die* „Montessori-Klassen" in der Sekundarstufe nicht gibt – und es gibt auch *keine allgemein gültigen Richtlinien* dafür; aber es gibt „Klassen auf Basis der Montessori-Pädagogik", die verschiedenartigste Umsetzungen der Prinzipien dieser Pädagogik zeigen.

Je nachdem, wie intensiv die Prinzipien umgesetzt werden, gibt es Klassen, in denen nur das Material verwendet wird, oder solche, in denen auch die Gedanken der Pädagogik Maria Montessoris Einzug gefunden haben.

Maria Montessori hat für Kinder ab ca. zwölf Jahren den „Erdkinderplan" vorgesehen – ein Versuch, die Kinder das Leben im Dorf erleben zu lassen: sie bewirtschaften gemeinsam einen Hof, eine Gaststätte und betreiben Handel.

Ich weiß, dass sie mit ihren Ansätzen Recht hatte, aber ich denke auch, dass unsere Welt in den Städten so weit davon entfernt ist, dass es nicht wirklich möglich ist, dieses System für unsere Kinder heute anzuwenden.

Weil aber andererseits die Organisationsformen der Grundstufe nicht einfach auf die Sekundarstufe übertragbar sind, hat sich eine Vielzahl von Klassen auf Basis der Montessori-Pädagogik gebildet, welche jeweils einige Prinzipien umgesetzt haben. Jeder Verantwortliche, der solche Klassen eröffnet, muss sich die Umsetzung der Grundprinzipien und die Lösung der Grundprobleme selbst überlegen.

So gibt es Klassen, die mit ziemlich wenigen Lehrern geführt werden, damit der Aufbau jenem der Grundstufe möglichst gleich sein kann.

Anderswo gibt es Klassen, die mit zwei Lehrern in der Freiarbeit geführt werden, damit das Funktionieren der Freiarbeit erleichtert wird. Auch sind zwei Lehrer in der Freiarbeit besser imstande, ihrer Beobachtungsaufgabe nachzukommen, als einer alleine.

Das Hauptproblem der Sekundarstufe ist Folgendes:

einerseits

● soll ein möglichst ganzheitlicher Ansatz des Lernens erreicht werden und

andererseits

● soll eine zunehmende Spezialisierung ermöglicht werden, um nicht oberflächlich zu arbeiten.

Diese beiden Forderungen sind nicht leicht zu vereinen!

Während der Ausbildung der Lehrer wird das Spezialistentum gefordert, der ganzheitliche Ansatz meistens zur Gänze negiert.

Die neue Schule fordert den ganzheitlichen Ansatz, die technisierte Umwelt macht ihn immer mehr notwendig, die Lehrer aber sind darauf keineswegs vorbereitet worden.

Es muss also ein Zwischenweg gefunden werden, bei dem beide Forderungen einfließen können, der natürlich ein Kompromiss sein wird. Dafür aber muss jeder Lehrer bereit sein, sich gelegentlich auch mit Dingen zu beschäftigen, die er nicht studiert hat.

In den verschiedenen Schulen haben sich sehr verschiedenartige Lösungen dieses Problems durchgesetzt.

B.2 Räumliche Voraussetzungen

- Die Klassenräume sollten so gewählt werden, dass nicht allzu lange Wege zwischen den Räumen liegen, die gemeinsam benutzt werden können.

- Zwei kleine Räume, die miteinander verbunden sind, sind besser geeignet als ein großer Raum.

- Für die Materialien müssen in den Klassen wesentlich mehr offene Regale zur Verfügung stehen als in der Grundstufe (Ausnahme: bei Organisation nach dem Fachraumprinzip).

- Ein Garten oder ein größerer Freiraum ist wünschenswert.

- Wenn mit Jahrgangsklassen gearbeitet wird, muss jede Klasse einen eindeutig zugeordneten Klassenraum haben – keine Wechselklassen.

- Es muss gewährleistet werden, dass die Klassenräume nicht von Schülern benutzt werden, die mit solchen Materialien nichts anzufangen wissen; oder aber diese Klassen müssen so beaufsichtigt werden, dass die Materialien nicht beschädigt werden, z. B. während einer Teilung im Sprachenunterricht.

- EDV ist ein wesentlicher Bestandteil unseres Lebens geworden – dieses wichtige technische Hilfsmittel soll als Unterstützung im Ablauf des Lernprozesses eingesetzt werden, aber nicht als Attraktion im Mittelpunkt stehen. So sollen sinnvolle Computerspiele genauso wie Lernsoftware im herkömmlichen Sinne eingesetzt werden. In jedem Klassenraum soll aber nur ein einziges EDV-Gerät stehen, damit gewährleistet ist, dass nicht einzelne Schüler ausschließlich mit dem Computer arbeiten.

- Der Computer sollte so im Raum aufgestellt sein, dass er bei multimedialen Anwendungen nicht störend auf andere Schüler wirkt.

- Zusätzlich ist ein kleiner Raum für Fremdsprachen nötig, wo mit Kassettenrecorder (mit Kopfhörern) gearbeitet werden kann. Dieser Raum könnte gleichzeitig als Bibliothek dienen.

- In fast allen Freiarbeits-Klassen wird auch der Gang zum Arbeiten mit einbezogen. Wenn die Klassentüre offen gelassen wird, kann der Lehrer auch mehrere Gruppen, die am Gang arbeiten, beaufsichtigen.

- Je kleiner die Klassen sind, umso mehr sollte man die Benutzung des Ganges fix mitplanen. Es können dann beispielsweise Aktivitäten wie Zeichnen und Malen, aber auch Übungen mit dem Kassettenrecorder, immer am Gang durchgeführt werden.

- Wenn in den Klassenräumen ein Teppichboden liegt, arbeiten die Kinder automatisch auch am Boden, was besonders wichtig für Arbeiten ist, für die man viel Raum benötigt.

- Auch ist es viel leichter möglich, in größeren Gruppen gemeinsam zu arbeiten, wenn man am Boden arbeiten kann.

- Die Tische sollten keine Bankfächer haben, weil die Kinder sonst fast immer am gleichen Tisch mit den gleichen Kindern sitzen und arbeiten.

Tische ohne Bankfächer fördern das Wechseln des Arbeitsplatzes und der sozialen Form der Arbeit.

- Jedes Kind soll aber einen Platz in einem Schrank für sich alleine haben, damit dort die persönlichen Sachen aufgehoben werden können.

B.3 Organisatorische Voraussetzungen

- Die organisatorischen Voraussetzungen für eine gut funktionierende Zusammenarbeit aller beteiligten Lehrer untereinander müssen geschaffen sein, ein Raum für Teamsitzungen muss vorhanden sein.

- Die Kommunikation über die Freiarbeit sollte durch Freiarbeitslisten erfolgen. Diese liegen immer in der Klasse aus, jeder Lehrer bzw. Schüler kann in dieser Liste Ergebnisse der Freiarbeit eintragen.

- Supervision und/oder psychologische Begleitung der Lehrer gibt es für fast allen Formen von Teamarbeit und es wäre höchste Zeit, das auch vermehrt für Schulen anzubieten.

- Die Regale mit den Materialien sind fast immer in den Putzplan miteinbezogen. Da die Schüler während der Freiarbeit auch viel auf Sitzteppichen am Boden arbeiten, muss besonderes Augenmerk auf die Bodenhygiene gelegt werden.

- Die Schüler können während der Freiarbeit selbständig Pausen machen, wodurch eine gemeinsame Pause zwischen den Freiarbeitsstunden nicht nötig ist.

- Nach den 2 oder 3 Freiarbeitsstunden soll eine gemeinsame Pause gehalten werden, die der Summe der Pausenminuten zwischen diesen Freiarbeitsstunden entspricht, also ca. 20 Minuten.

- Für den organisatorischen Ablauf der Stunden schlage ich vor:

  3 Stunden Freiarbeit – ca. 20 Minuten Pause – 3 Stunden Unterricht (mit je 5 Minuten Pause).

- Sowohl Verbrauchsmaterialien wie Papier, Kleber, Moosgummi, als auch Gebrauchsmaterialien wie z. B. Scheren und Buntstifte müssen in genügend großer Anzahl vorhanden sein.

  Diese Materialien muss nicht jedes Kind haben – es ist vernünftiger, wenn diese in der Schule liegen und gemeinsam gebraucht werden können.

B.4 Pädagogische Voraussetzungen

- Der Führungsstil der Montessori-Pädagogik darf nicht mit Laisser-faire verwechselt werden.

- Es gibt genaue Regeln für das Zusammenleben und Arbeiten in der Schule. Diese Regeln werden aber in einem gemeinsamen Gespräch zwischen Lehrern und Schülern erstellt und gegebenenfalls in einem Sitzkreis neu diskutiert. Studien haben gezeigt, dass gemeinsam erstellte Regeln besser eingehalten werden als vorgegebene. So gibt es z. B. keine allgemein gültige Regelung bezüglich des Arbeitslärms in der Klasse – die Regeln dafür werden in einer gemeinsamen Diskussion erstellt.

- Eine Grundregel gilt aber für alle Beteiligten ohne Möglichkeit zur Diskussion darüber:

> *Respekt vor dem Mitmenschen auf jeder Ebene und in jeder Hinsicht.*

Diese Grundregel hat viele andere Verhaltensregeln zur Folge, die in einer zivilisierten Gemeinschaft ohnedies gelten sollten, wie z. B. folgende:

- Keiner darf den anderen verletzen; Material darf nicht böswillig beschädigt werden; jede Lösung eines Problems muss mit allen Beteiligten gemeinsam ausdiskutiert werden, usw.

- Die Lehrer müssen Freiarbeit wirklich und ganz wollen, nicht nur ein bisschen und nach der Art des Lehrers. Dazu müssen demokratische Strukturen ermöglicht und aufgebaut werden.

- Ein beharrliches Durchhaltevermögen, allen anfänglichen Schwierigkeiten zum Trotz, beweist die Überzeugung der Lehrer. Die Schüler müssen die einzelnen Schritte zur offenen Schule hin machen dürfen – und dazu gehört auch, Zweifel und Grenzen auszutesten. Wenn sich die Lehrer bei den ersten Schwierigkeiten wieder auf bekanntes Territorium zurückziehen, ist das ein deutliches Zeichen, dass sie selbst noch nicht die nötige Einstellung und Reife für diese Art von Unterricht haben.

- Die Lehrer müssen die Leistung des Einzelnen wirklich würdigen können, und sei sie noch so wenig messbar.

- Der Lehrer muss die Materialien so weit kennen, dass er gemeinsam mit den Schülern daran arbeiten kann.

- Weiterhin soll es jedes Material in der Klasse nur einmal geben, damit die gemeinsame Arbeit – der soziale Aspekt – gefördert wird.

- Kaputt gegangenes Material baut die Klasse selbst nach; hat ein Schüler böswillig ein Material beschädigt, muss er es alleine ersetzen.

- Die Lehrer sollen ausbessern, indem sie die richtige Lösung daneben hinschreiben, jedenfalls darf es kein Durchstreichen und Überschreiben der Lösung der Schüler geben. Nur wenn es nicht eindeutig zu erkennen ist, soll die Stelle unterstrichen werden.

- Es sollte keine Insellösungen für das Verhalten bei einem bestimmten Lehrer geben oder gar jeder Lehrer eigene Verhaltensregeln mit der Gruppe haben.

- Besonders achten muss man als Lehrer auf die Wortwahl: „Das gehört hier nicht her" fördert nicht gerade den Mut, zu den eigenen Ideen zu stehen, und zeigt, dass dieser Lehrer freie Wahl nicht wirklich meint.

B.5 Personelle Voraussetzungen

Lehrer, die in Sekundarstufen-Klassen auf Basis der Montessori-Pädagogik unterrichten wollen, sollen folgende Voraussetzungen mitbringen:

- Wissen um die Grundprinzipien der Montessori-Pädagogik und deren Umsetzungsmöglichkeiten

- Insbesondere das Prinzip der „Sensiblen Phasen" muss im Zentrum ihrer Bemühungen stehen; sie sollen also darauf bedacht sein, sensible Phasen bei den Kindern zu erkennen und gemäß diesen Phasen die Umgebung der Kinder vorzubereiten.

- Kenntnis grundlegender Montessori-Materialien der Grundstufe – es ist jedoch keineswegs nötig, als Sekundarstufen-Lehrer alle Materialien der Grundstufe zu kennen.

- Kenntnis der Prinzipien von Montessori-Materialien, als Voraussetzung für das eigenständige Erstellen von Materialien

- Bereitschaft, sich mit den Schülern auf neue Erkenntnisse einzulassen; es ist nicht wichtig, alles zu wissen, aber es ist wichtig zu wissen, wo man alles findet.

- Grundkenntnisse im Projektmanagement und in der praktischen Projektarbeit.

- Bereitschaft zur lebenslangen Weiterbildung; immer wieder Neues ausprobieren zu wollen ist eine Lebenseinstellung, die Lehrer in offenen Lernprozessen brauchen!

- Bereitschaft, einige Zeit außerhalb der Unterrichtseinheiten in der Schule zu verbringen – da in der Sekundarstufe immer mehrere Lehrer in einer Klasse tätig sind, bedarf es der Kommunikation untereinander, um ein gemeinsames, gutes Resultat zu erlangen.

- Der Lehrer muss mit nicht vorhersehbaren Situationen leicht fertig werden, flexibel auf Unvorhersehbares reagieren.

- Er sollte ein Mensch sein, der nicht alles im Leben nur nach Plan leben will; er sollte Mut und Entdeckerfreude an nicht planbaren Lernsituationen zeigen. Wenn Kinder frei arbeiten dürfen, sind die Lernprozesse nicht mehr gänzlich im Vorhinein planbar. (Sie sind es im Übrigen auch nicht im Frontalunterricht, auch wenn viele gerne dieser Illusion frönen – Kinder sind eben keine Maschinen.)

- In solchen Klassen können nur jene Lehrer wirklich gut unterrichten, die keinen Notendruck als autoritäres Mittel brauchen. Diese Lehrer sollten also alternative Beurteilungsmöglichkeiten nicht nur kennen, sondern auch vertreten können.

- Sie sollten sich als Beobachter und Helfer verstehen, immer für Auskunft und Hilfestellung zur Verfügung stehen, ihre Hilfe aber nie aufdrängen und vor allem nicht ausbessern, wenn der Schüler es nicht selbst verlangt.

- Es dürfen ihnen die Schularbeiten nicht so wichtig sein, sie sollten andere Formen der Leistungsüberprüfung kennen, die Voraussetzungen dafür sowie deren Auswirkungen.

- Diese Lehrer müssen ihre Schüler so akzeptieren, wie sie sind – die Kinder kommen aus ihrem Umfeld, das sie prägt und das auch ihre Verhaltensweise in der Schule mitbestimmt.

Ziel muss es sein, die Kinder mit all ihren Begabungen und Eigenheiten sinnvoll in die Gemeinschaft zu integrieren.

- Sie sollten auch durch das Vorleben ihrer Ideale ein Vorbild für Jugendliche sein – das Predigen von Idealen glauben Schüler den Erwachsenen ja nur sehr begrenzt.

B.6 Stundenplan

Die Verteilung der Stunden für die Freiarbeit erfolgt am besten nach folgender Vorgangsweise:

- Alle Lehrer überlegen, wie viel Erarbeitungsmaterialien sie für ihre Fachgebiete haben und für welche Lernziele es keine derartigen Materialien geben wird.

- Daraus ergibt sich der Prozentsatz jener Lernziele, die in der Freiarbeit erarbeitet werden können.

- Der gleiche Prozentsatz wird von der Gesamtanzahl der zu unterrichtenden Stunden berechnet – und ergibt so die Anzahl von Freiarbeitsstunden pro Lehrer.

Hat also z. B. ein Lehrer nur für die Hälfte der Lernziele gute Materialien, so kann er auch nur die Hälfte seiner Stunden in die fächerübergreifende Freiarbeit abgeben.

Genau dabei passiert häufig der Fehler, dass Lehrer das Ausmaß der Freiarbeitsstunden unabhängig von der Menge des zur Verfügung stehenden Materials bestimmen – und zwar in beiden Richtungen:

einerseits habe ich Freiarbeits-Klassen gesehen, die in der Materialmenge fast erstickten, aber nur 4 Stunden Freiarbeit in der Woche hatten;

andererseits habe ich Klassen gesehen, die mit ein paar Materialien 10 Stunden Freiarbeit in der Woche abhalten sollten. Alle haben sich gewundert, dass die Kinder so gar kein Arbeitsverhalten an den Tag gelegt haben. Wie sollten sie bloß – es war ihnen stinklangweilig.

Außerdem sind noch folgende Punkte zu bedenken:

- Jeder Lehrer hält also genauso viele Stunden in der Freiarbeit, wie er aus seiner Lehrverpflichtung in die Freiarbeit abgegeben hat. Zusammen mit den Stunden für den gebundenen Unterricht, den KV-Stunden und den Projektstunden muss sich als Summe die gesamte Lehrverpflichtung ergeben.

- Da die Besetzung der Projektstunden nicht zur Gänze vorgeplant werden kann, werden in den meisten Freiarbeits-Klassen bei Bedarf Projektstunden mit Freiarbeitsstunden getauscht.

- Im gebundenen Unterricht hat jeder Lehrer die Möglichkeit, eine gemeinsame Stunde für jedes Fach zu halten. Diese Stunden sollen aber nach Möglichkeit nicht zum gemeinsamen Erarbeiten des Lernstoffes, also der kognitiven Lernziele, verwendet werden, sondern z. B. für Diskussionen, Geschichten aus der Mathematik, Logikspiele, Diskussionen über politische und wirtschaftliche Themen, Gruppenarbeiten zu diesen Themen, usw.

- Der Unterricht in der gebundenen Stunde kann auch einmal in zwei Wochen stattfinden: z. B. heißt M/D im Stundenplan, dass in dieser Stunde wochenweise abwechselnd Mathematik und Deutsch unterrichtet wird. Es kann aber auch nach Übereinkommen blockweise unterrichtet werden – nur die Summe muss pro Semester stimmen.

- Je geringer die Anzahl der Freiarbeitsstunden ist, umso mehr gebundene Stunden muss es im Stundenplan geben; umso höher ist aber auch die Gefahr, dass die Freiarbeitsstunden zu kostenlosen Nachhilfestunden mit Betreuung verkommen.

- Bei mehreren parallelen Klassen, die Freiarbeit haben, muss besonders beachtet werden, dass zur gleichen Stunde verschiedene Fächer eingeteilt werden, damit die fächerübergreifende Arbeit möglich wird.

Ein möglicher Vorschlag für einen Stundenplan mit 15 Stunden Freiarbeit ist folgender:

	Montag	*Dienstag*	*Mittwoch*	*Donnerstag*	*Freitag*
1. Stunde	Freiarbeit	Freiarbeit	Freiarbeit	Freiarbeit	Freiarbeit
2. Stunde	Freiarbeit	Freiarbeit	Freiarbeit	Freiarbeit	Freiarbeit
3. Stunde	Freiarbeit	Freiarbeit	Freiarbeit	Freiarbeit	Freiarbeit
4. Stunde	KV	LÜ	ME	LÜ	Fremdspr.
5. Stunde	M/D	Projekt	M/D	Projekt	LÜ
6. Stunde	Bio/Geo	Projekt	BE/WE	Projekt	KV

Für die Berechnung der Lehrverpflichtung ist es am günstigsten, in den Stundenplan die Namen der Lehrer einzusetzen, die in den Freiarbeitsstunden in der Klasse sind. Jeder Lehrer ist für genau so viele Stunden in der Freiarbeit eingeteilt, wie er Stunden seines Faches in die Freiarbeit abgegeben hat.

B.7 Verschiedene Formen der Freiarbeit

Für die Freiarbeit haben sich verschiedene Organisationsformen etabliert:

B.7.1 Fachraumprinzip

- Es gibt für jedes Fach einen eigenen Raum. So sind z. B. im Mathematik-Raum alle Materialien für die Abdeckung des Lehrplanes in Mathematik für alle erforderlichen Jahrgangsklassen vorhanden. Ebenso sind in einem weiteren Raum z. B. für Deutsch alle Materialien vorhanden, die zur Abdeckung der Lernziele gebraucht werden, welche die Kinder in der Freiarbeit selbstständig erarbeiten sollen.

- In jedem dieser Räume befindet sich während der gesamten Freiarbeit ein Lehrer, der für dieses Fach zuständig ist.

- Diese Räume dienen während des gebundenen Unterrichtes der Beherbergung der einzelnen Jahrgangsklassen. Der Biologie-Raum ist also z. B. der Klassenraum der 2.B, der Mathematik-Raum der Klassenraum der 1.A, usw.

- Es gibt also die Jahrgangsklassen im herkömmlichen Sinn, nur verbringen die Schüler wenig Zeit in dieser Zusammensetzung. Damit treten alle Probleme in den Hintergrund, die aufgrund der rein altersmäßigen Zugehörigkeit zu Jahrgangsklassen entstehen.

- Während der Freiarbeit gibt es kein Klassensystem, sondern ein Fachsystem, d. h. dass jeder Schüler in den Raum geht, der seinem momentan ausgewählten Wunschfach zugeordnet ist. Die Anwesenheit wird in einer Liste mit Namen / Zeit vermerkt. Der Weg zwischen den Räumen ist nicht kontrollierbar, will man die Schule nicht in ein high-tech-Zentrum für Spionage-Abwehr umwandeln. Es müssen aber alle Schüler wissen, dass stichprobenweise zu vorher nicht angekündigten Zeitpunkten der Aufenthaltsort einzelner Schüler nachgeprüft wird.

● Für den Beginn der Durchführung – wenn noch nicht genügend Jahrgangsklassen vorhanden sind – gilt folgende Übergangslösung:

Die Materialien werden in den zur Verfügung stehenden Klassen aufgeteilt – es gibt also immer genau so viele parallel zu wählende Räume, wie es Klassen dieses Modells gibt. Also bei zwei Klassen kann das gesamte Material eben auf zwei Klassen aufgeteilt werden, und die Schüler können zwischen zwei Klassen wählen. Bei vier beteiligten Klassen wird das gesamte Material auf diese vier Klassen nach Fachgruppen aufgeteilt – immer unter der Voraussetzung, dass sie zur gleichen Zeit Freiarbeit haben.

● Sind schon mehrere verschiedene Jahrgänge beteiligt, kommt der große Vorteil zutage: Die Materialien sind nicht nach Jahrgängen in Klassen getrennt, sondern nach Fächern; wenn also ein Material von früher zum Wiederholen gebraucht wird, steht es im selben Raum zur Verfügung.

● Die Schüler sind nicht nur mit Gleichaltrigen gemeinsam im Raum – es ist dabei zu beobachten, dass sie viel mehr untereinander klären und weniger den Lehrer brauchen.

● Die Schüler wählen den Raum nach ihren Interessen und nach den Erfordernissen des Schülerheftes.

● Während der Freiarbeit sind – zumindest in der Übergangsphase – Lehrer auch für Fächer zuständig, die nicht ihren Studienfächern entsprechen. Im Sinne eines ganzheitlichen Unterrichtes ist es auch unbedingt notwendig, sich als Lehrer nicht nur mit den eigenen Fächern zu beschäftigen. Überdies betrachte man die Aussage: „Das ist nicht mein Fach, das weiß ich nicht" einmal von der Seite des 10-jährigen Schülers. Er muss nämlich von allen Fächern das alles können, was der Lehrer mit obiger Bemerkung abtut.

Die Spezialisierung muss mit dem Alter der Kinder zunehmen, damit sie die nötige Vorbereitung auf wissenschaftliches Arbeiten in einzelnen Spezialgebieten aufbauen können und nicht Gefahr laufen, Vertiefungen zugunsten eines Überblicks zu vernachlässigen.

Diese Spezialisierung mittels Fachraumprinzip ist solange kein Widerspruch zum ganzheitlichen Ansatz, als die Lehrer die Material-Anschaffungen aufeinander abstimmen.

In Holland habe ich gesehen, dass es in vielen Schulen den „Kosmischen Raum" gibt; er ist ein Versuch, die ganzheitliche Sicht trotz Fachraumprinzip aufrecht zu halten. In diesem Raum sind alle Materialien, die sich auf Biologie, Geografie, Geschichte und Religion beziehen, viele davon natürlich fächer- und jahrgangsübergreifend.

B.7.2 Jahrgangsklassen

Es gibt viele Montessori-Schulen, die das Fachraumprinzip nicht umgesetzt haben, sondern in herkömmlichen Jahrgangsklassen unterrichten.

In der Bischöflichen Gesamtschule Krefeld wurde z. B. bewusst darauf verzichtet, jahrgangsübergreifende Elemente zu integrieren – hier legt man Wert auf die gute Kommunikation innerhalb der Jahrgänge.

Diese Schule ist daher für jeweils vier Parallelklassen gebaut worden, die in Form eines Kleeblattes mit einem gemeinsamen Verbindungsraum angelegt sind. Der Zwischenraum ist aber nicht groß genug für alle gemeinsam verwendeten Materialien, sodass in Krefeld jede Klasse ihr eigenes Material im Klassenraum hat.

Dadurch müssen natürlich viele Dinge viermal vorhanden sein, weil es eben vier Parallelklassen gibt. Auch besteht hier wenig Möglichkeit, für Schüler, die etwas nachholen mussen, Materialien von unteren Jahrgängen zu bekommen. Jede Klasse braucht ihr Material selbst.

Allerdings habe ich beobachtet, dass die Schüler mit Materialien, die nur ihrer Gruppe gehören, sorgfältiger umgehen als mit Material, das der gesamten Schule gehört.

B.7.3 Epochenunterricht

Im traditionellen Fachunterricht werden im 50-Minuten-Takt die einzelnen Fachinhalte bunt gemischt über die Schüler gestülpt. 50 Minuten „Iphigenie auf Taurus", 50 Minuten „Kurvendiskussion", danach 50 Minuten „Temperaturzonen Deutschlands" usw.

Die Idee des Epochenunterrichtes setzt genau bei diesem Makel an:

- Statt 2 Stunden Geschichte und 2 Stunden Biologie das ganze Jahr hindurch werden jeweils ein halbes Jahr 4 Stunden von einem der beiden Fächer geführt.

- Manche Formen des Epochenunterrichtes gehen sogar so weit, an einem Tag nur zwei Fachgebiete zu unterrichten. Ein Zwei-Stunden-Fach wird im ganzen Jahr ca. 80 Stunden unterrichtet. Wenn nun in einem Block mit 3 Stunden je Tag unterrichtet wird, sind diese 80 Stunden in 27 Tagen aufgebraucht. So ein Fach wird dann üblicherweise in zwei Blöcken zu je 14 Tagen angeboten, meistens je ein Block in je einem Halbjahr.

- Epochenunterricht ergibt fast zwangsläufig auch eine Öffnung in Richtung zum schülerzentrierten Unterricht, weil nur eigenständiges Arbeiten so intensive Beschäftigung mit Themenbereichen möglich macht.

B.7.4 Familiengruppen

In der Grundstufe gibt es einige Versuche, die Jahrgangsklassen aufzulösen und eine Art von „Familiengruppen" zu führen.

Das ist eine Zwischenlösung zwischen Jahrgangsklassen und Fachraumprinzip. Allerdings braucht diese Art von Organisation am meisten Material, weil ja für alle Kinder jeder Altersstufe die erforderlichen Materialien in ihren Räumen zur Verfügung stehen müssen.

In manchen Schulen werden dann 2–3 Familiengruppen zusammen genommen und in gemeinsame Materialräume eingeteilt. Es werden also Elemente des Fachraumprinzips übernommen, damit nicht alle Materialien in vielfacher Zahl vorhanden sein müssen. Es gibt auch einige Schulen, die über die Familiengruppen zum Fachraumprinzip gefunden haben.

C

Weitere Themen der Sekundarstufe

C.1 Gebundener Unterricht

Damit sind jene Stunden gemeint, die nicht in der Form der Freiarbeit stattfinden.

Folgende Inhalte *sollten* im gebundenen Unterricht gehalten werden:

- Inhalte, für die man kein Erarbeitungsmaterial hat.

- Inhalte, die man als Lehrer nicht in die Verantwortung der Kinder geben möchte. Allerdings möchte ich hier darauf hinweisen, dass Sätze wie der folgende kein Argument sind: „Weil dieses Gebiet so wichtig ist, dass es alle richtig machen müssen, mach' ich es als Lehrer selbst". Der Irrglaube, dass es alle Schüler können, weil ich es als Lehrer im Unterricht durchgenommen habe, ist zwar weit verbreitet, aber deswegen wird er nicht richtiger. Viele Statistiken geben den Prozentsatz der Schüler, die im Frontalunterricht etwas wirklich verstehen, mit 3 % an.

- Gemeinsames Musizieren – das kann man nur bedingt in der Kleingruppe.

- Das Gleiche gilt für Rollenspiele.

- Einzelne Teile des fremdsprachlichen Unterrichtes.

Folgende Inhalte *können* im gebundenen Unterricht gehalten werden, weil es in größeren Gruppen leichter und lustiger ist:

- Spiele sportlicher Art und Wettkampfspiele

- Gymnastik

- Diskussionen

- Geschichten erzählen, andere Formen der aktiven Kommunikation

- Referate und Präsentationen, Erfahrungsberichte

- Organisatorisches zur Klassenstruktur und zu Projekten

Es soll aber keinesfalls kognitiver Lerninhalt erarbeitet werden; der Lehrstoff soll nicht gemeinsam erarbeitet und in der Freiarbeit nur geübt werden.

Je weniger man an gemeinsamen, zu Vergleichen dienenden Aktivitäten festhält, umso mehr wird die Freiarbeit leben können.

C.2 Klassenstunden

Klassen-Stunden oder Klassenvorstands-Stunden werden üblicherweise als Gruppenstunden durchgeführt, allerdings ohne Verpflichtung zur Teilnahme. Als Alternative kann eine stille Übung gewählt werden, damit niemand gestört ist.

Natürlich gibt es manchmal Kinder, die nicht daran teilnehmen wollen. Erfahrungsgemäß kommen solche Kinder wieder von selbst dazu, wenn sie nicht dazu gezwungen werden und wenn die Stunden gut sind.

Klassenstunden haben auch die Aufgabe, organisatorische Dinge abzuhandeln. Es sollte aber nicht passieren, dass die Stunden nur damit verbraucht werden. Für die Schüler ist es viel wichtiger, die anderen Ziele der Klassenstunde erleben zu dürfen.

C.2.1 Bildungs- und Lehraufgabe

Die Klassenstunden haben folgende besondere Aufgabenstellung:

- Vermittlung sozialer Fähigkeiten

- Sensibilisierung für Bedürfnisse und Gefühle anderer

- Hinführung zum Mitgestalten des Schulalltags durch Schüler

- Konfliktbewältigungsstrategien erlernen

- Gesprächskultur in der Klasse pflegen

- Polarität „Gemeinschaft – Individualität" auf gleicher Ebene erleben lassen

C.2.2 Inhalte der Klassenstunde

Die nachstehende beispielhafte Auflistung der möglichen Inhalte einer Klassenstunde entspricht den üblicherweise für 10- bis 12-jährige Schüler notwendigen Entwicklungsprozessen:

- den anderen kennen lernen, Kontakte und Freundschaften aufbauen

- streiten lernen, ohne zu verletzen

- Außenseiterrollen und Geschlechterrollen thematisieren, Feindbilder abbauen, Gruppenbildung unterstützen

- Unterschiede akzeptieren lernen, die zur fundierten Selbsteinschätzung leiten

- Besonderheiten der Pubertät thematisieren, Gleichberechtigung fördern

- Selbstständigkeit fördern, Verhalten während der Freiarbeit erarbeiten

- Auseinandersetzung mit Autoritäten

- Demokratie in Schule und Umgebung fördern

- organisatorische Inhalte abhandeln: Klassendienste, Sitzordnung, Klassensprecher, Arbeitsformen, Arbeitsplatzgestaltung

- Thema „Gewalt" in geordneten Formen zu erleben; nicht Gewalt negieren, sondern den richtigen Umgang mit ihr lernen

C.2.3 Möglichkeiten der Umsetzung

- Gesprächsrunden mit abwechselnder Gesprächsleitung

- Spiele zur Förderung der Interaktion zwischen Schülern

- Spiele zur Förderung der Interaktion zwischen Schülern und Lehrern

- Spiele ohne Gewinner und Verlierer, um die Teamfähigkeit zu erarbeiten

- Rollenspiele

- Pantomime und Tanz

- Feste organisieren und feiern

- Einzelgespräche zwischen Schülern und zwischen Schülern und Lehrern

- gemeinsames Arbeiten, z.B. gemeinsam die Klasse putzen

Die Klassenstunden sollten von Lehrern geführt werden, die mehrere Stunden in der Klasse unterrichten. Für viele Spiele ist ein Vertrauensverhältnis zwischen Schüler und Lehrer notwendig, damit sie gute Erfolge bringen.

Die Klassenstunde sollte daher nicht einem Lehrer gegeben werden, der sich damit ein besseres Verhältnis zur Klasse erhofft, sondern einem Lehrer, der zur Klasse ein gutes Verhältnis hat.

Auch sollte die Klassenstunde nur von Lehrern gehalten werden, denen die genannten Themen ein Anliegen sind. Wenn die Klassenstunden von Lehrern gehalten werden, die eben die Stunden brauchen und sie nicht wirklich halten wollen, bringen sie meistens nur weitere Probleme mit sich.

Nicht jeder Lehrer kann mit Gruppenphänomenen gut umgehen, auch wenn er es gelernt hat. Gruppenphänomene kommen aber in solchen Stunden viel mehr an die Oberfläche als in anderen Stunden.

C.3 Projekte

Projektunterricht ist eine Form des offenen Unterrichts. In der Literatur gibt es eine Menge von Definitionen für den Projektunterricht. Viele Forderungen werden an den so genannten Projektunterricht gestellt. So hat sich für den Schulbetrieb ein gänzlich anderer Begriff „Projekt" entwickelt, als er für Projekte in der Wirtschaft gilt.

Ich glaube, dass dies der falsche Weg ist. Es gibt eindeutige Eigenschaften, die ein Projekt aufweisen muss, damit es in einer Firma als solches gelten darf. Diese Forderungen lassen sich ohne Probleme auch in der Schule anlegen. Wenn wir – wie auf vielen anderen Gebieten auch – in der Schule ein Ghetto mit eigenen Regeln errichten, die in der Wirklichkeit nicht gelten, laufen wir Gefahr, dass uns keiner mehr ernst nimmt.

Ich möchte anschließend einige Eigenschaften auflisten, die ein Projekt in der Schule haben muss, um auch in der Wirtschaft als solches gelten zu dürfen:

- Situationsbezug:
  Projekte sind an die Lebenssituation der Beteiligten gebunden, keinesfalls sind sie an Fachwissenschaften oder Schulfächer gebunden oder danach orientiert.

- Pluralität:
  Projekte sollen größtenteils jahrgangsübergreifend ausgeschrieben werden – es können aber sinnvolle Beschränkungen vorgenommen werden. Auch sollten die Beteiligten vielfältige Interessen mitbringen – die Züchtung von extremem Spezialistentum, in dem andere keinen Zugang mehr finden, ist kein Ziel.

- Projektarbeit ist die Summe der einzelnen Gruppenarbeiten:
  Projekte werden in gemeinsamen Besprechungen zwischen Schülern und Lehrern entwickelt, alle haben die Aufgabe und die Möglichkeit, an der weiteren Entwicklung eines Projektes mitzuwirken.

- Proponent darf nicht Projektleiter sein:
  Es kann aber auch Projektvorschläge geben, die ausschließlich vom Lehrer-Team kommen. Damit soll gewährleistet sein, dass Lehrinhalte, die Lehrer besonders hervorheben möchten, auf jeden Fall berücksichtigt werden. In diesen Fällen darf aber der Lehrer (als Proponent) nicht der Projektleiter sein, weil das zu Einseitigkeit führen würde.

- Zielorientierung:
  Ein Projekt ohne ein definiertes Ziel ist kein Projekt. Projekte können gesellschaftliche Praxisrelevanz haben, wenn z. B. im Zuge des Projektes eine gefährliche Kreuzung entschärft wird. Sie sind aber auch ein wichtiges Element zum Erkennen und zur Förderung der speziellen Talente von Schülern. Keine andere Unterrichtsform lässt es so wie die Projektarbeit zu, die eigenen Talente in eine Gruppenarbeit einfließen zu lassen.

- Produktorientierung:
  Nicht ein mehr oder weniger überprüfbarer Lernerfolg, sondern ein Videofilm, eine Ausstellung oder eine Zeitung sind das Produkt eines Projektes.

- Interdisziplinarität:
  Phänomene des Lebens begegnen uns meist in einem ganzheitlichen Problemzusammenhang. Projekte müssen daher Fachgrenzen überschreiten. Das können sie aber nur, wenn sie von Beginn an nicht den Fachgebieten zugeordnet werden, sondern der Problemrelevanz.

- Organisierte und eingeteilte Phasen:
  Die Phasen eines Projektes müssen mit einem Projektplan und geplanten Zwischen-Checks definiert sein, damit das Handwerkszeug für zielgerichtetes und geplantes Arbeiten erlernt wird.

C.4 Eltern als Partner

● Es muss Vorsorge getroffen werden, dass die Eltern in das Schulgeschehen mit eingebunden sind. Also müssen öfters Elternabende geplant und durchgeführt werden, in zumindest 2-monatigen Abständen sind sie unbedingt notwendig.

● Von der Schulverwaltung muss es organisatorisch ermöglicht werden, diese Elternabende in der Schule abzuhalten.

● Erfahrungsgemäß ist es sehr schwer, die verschiedenartigen Vorstellungen der Eltern nebeneinander bestehen zu lassen, sie aber auf ein gemeinsames Wollen zusammenzuführen. Wenn die Schüler von zu Hause z. B. gedrängt werden, endlich Mathematik zu machen, momentan aber keine sensible Phase dafür haben, werden sie in argen Zwiespalt kommen. Sowohl bei der Aufnahme eines Schülers als auch bei der Gestaltung von Elternabenden bzw. Montessori-Abenden muss auf diese Schwierigkeit immer wieder hingewiesen werden.

● Die Eltern müssen über die wichtigsten Grundelemente genau informiert werden, vor allem aber muss klar sein, dass die Zusammenarbeit Eltern-Lehrer-Schüler-Direktion sehr wichtig ist. Zeitsparend ist sicher, zu sagen: „Wir lassen uns nicht dreinreden", besser und demokratischer, aber schwerer ist es, sich mit allen Beteiligten gemeinsam um eine Lösung zu bemühen.

● Eltern als Partner – davon ist die Schule meilenweit entfernt. Als Eltern dürfen wir doch meistens nur akzeptieren, was uns vorgesetzt wird; solange sind wir auch Partner, aber wehe, wenn wir kritisieren oder auch nur auf Missstände aufmerksam machen. Ich habe als Elternteil erlebt, wie viel möglich ist, wenn Lehrer, die es richtig machen wollen, durch Eltern in ihrem Tun unterstützt werden; ich habe aber auch erlebt, was alles nicht möglich ist, wenn man die Lehrer als Elterngruppe nicht andauernd gegen Vorgesetzte und Behörden unterstützt. Die alte Denkweise sitzt in den Gehirnen so fest, dass nur andauerndes gemeinsames Bestreben von Lehrern und Eltern das System so weiten kann, dass Schüler überhaupt die organisatorische Möglichkeit zum eigenständigen Tun bekommen.

● Eltern und Kinder sind in unseren Schulen die Kunden – wann werden sie aber auch König sein ?

Ich möchte an dieser Stelle noch von einem Versuch berichten, bei dem die beteiligten Eltern und Kinder wussten, was sie wollten, und ihre Forderungen bei der Behörde formell auch durchsetzten. Erst in der Realität zeigten sich die wirklichen Hürden:

– Sie kamen in Form von Aufsichtsbeamten, die durch ihr Nichtwissen um die Materie vieles zerstörten.

– Sie kamen in Form von Lehrern, die bei der kleinsten Schwierigkeit sich am alten System anklammerten und Angst vor dem eigenen Mut bekamen.

– Sie kamen in Form von Neidern aus allen beteiligten Gruppen, die jedes Thema so lange diskutierten, bis es alle satt hatten.

Ich möchte damit nicht Angst machen, aber sehr zur Vorsicht raten.

Wenn an Schultoren die Aufschrift: „Die Eltern werden gebeten, ihre Kinder nur bis zum Schultor zu begleiten" in großen Lettern prangt, braucht man wohl nicht mehr viel zu hinterfragen, wie in dieser Schule die Zusammenarbeit mit den Eltern klappt. Ach ja, fast hätte ich vergessen, es gibt doch eine sinnvolle Erklärung dafür: Man will die Schüler davor bewahren, mit bösen Fremden konfrontiert zu werden, weil dann doch jeder herein könnte.

C.5 Ratschläge für das Schulprofil

Wenn eine Schule Klassen mit offenen Lernformen plant, ist es sehr ratsam, noch vor Beginn gemeinsam und sehr genau die zu treffenden Definitionen im Schulprofil festzulegen. Damit kann man gut dokumentieren, welche Absichten man hat, und die Eltern und Schüler haben wirkliche Informationen über den Ablauf des Schulalltages zur Verfügung.

Damit ist auch der Zufriedenheitsgrad der Eltern und Schüler ein viel höherer, weil sie von allem Beginn an immer gewusst haben, wofür sie sich anmelden.

Die Benennung der Form ist ausgesprochen wichtig, weil mit einigen Begriffen eindeutige Formen verbunden werden. So sagt der Begriff „Montessori-Klasse" eben schon aus, dass nach den Grundprinzipien dieser Pädagogik unterrichtet wird. Da Maria Montessori ein so vollständiges Konzept entwickelt hat, ist es umso schwerer, all diesen Anforderungen gerecht zu werden. Ratsam ist es daher, solche Klassen eher als „Klassen auf Basis der Montessori-Pädagogik" oder „Klassen mit offenen Lernformen" zu nennen.

Da aber die Beschreibung der pädagogischen Grundlagen auch zur Klärung bei den Lehrern beiträgt, rate ich dringend, eine genaue Beschreibung der Ablauforganisation in solchen Klassen niederzuschreiben. Interessierten Eltern kann man diese Niederschrift dann auch übergeben – und diese sehen wiederum, dass sich die Schule mit der Materie auseinander gesetzt hat und nicht planlos arbeitet.

C.6 Ratschläge für Eltern

Suchen sie für ihr Kind und letztlich die ganze Familie einen Schulplatz, der ungefähr den Gegebenheiten in der Familie entspricht! Kinder werden schizophren, wenn sie in der Schule einen völlig anderen Stil erleben als zu Hause.

Machen sie in der Schule sehr deutlich von ihrem Mitsprecherecht Gebrauch, aber werden Sie nicht zur Nervensäge. Wenn die Schulsituation jeden Tag Anlass zur fämiliären Erregung gibt, stimmt die Auswahl des Schulplatzes nicht. Ziehen sie die Konsequenzen – eine ganze Schule können sie nicht verändern, wenn die Beteiligten nicht wollen.

Es gibt vereinzelt schon Lehrer, die Mitarbeit von Eltern nicht als Einmischung, sondern als Hilfe sehen. Bieten sie die Mitarbeit an und organisieren sie sich als Eltern, damit auch jene Eltern einbezogen werden, die nicht so gut Bescheid wissen.

Eltern, die nicht wissen wollen, wie es in der Schule ihrer Kinder zugeht, vergessen wohl, dass die Kinder dort einen beträchtlichen Teil ihres Lebens zubringen.

Nützen Sie den „Tag der offenen Tür" und schauen Sie mit ihrem Kind beim Unterricht in mehreren Schulen zu!

Wenn Sie dabei eine Klasse mit offenen Lernformen betreten und dort die Kinder völlig lautlos bei ihren Arbeiten sitzen, sollten Sie die Schule nur dann wählen, wenn ihnen Drill und Macht lieber sind als Experimentieren und Forschen in eigenständiger Arbeit. Es ist eine ganz besonders schlimme Form von Drill, den Arbeitslärm während der Freiarbeit komplett zu verbieten.

Wie sonst sollen Kinder sozial lernen, wenn ihnen die Kommunikation zu den anderen untersagt wird!?

41

D

Leistungs-beurteilung

D.1 Kritische Bemerkungen zur Beurteilung mit Ziffernnoten

Ziffernnoten sind das arithmetische Mittel aller Leistungen eines Schülers in einem Fach. Es sollten uns aber doch nicht die Mittelwerte über alle Leistungen, sondern die einzelnen Leistungen für sich interessieren.

Was bedeutet denn ein „Befriedigend" ? Die Note „Befriedigend" kommt zustande, wenn dieser Schüler:

1. alles nur mittelmäßig kann, oder

2. vieles besonders gut, dafür vieles überhaupt nicht kann, oder

3. einiges schlechter, einiges besser und vieles mittelmäßig kann.

Aber eigentlich sollte uns doch genau das interessieren, was dieser Schüler wirklich kann! Wo hat er besondere Stärken, wo muss man ihn unterstützen, wo hat er seine Schwächen?

Warum lassen wir jahrzehntelang ein Notensystem zu, das uns den genauen Einblick in die eigentlichen Talente und Schwächen unserer Kinder verwehrt? Warum gehen nicht schon lange Eltern auf die Barrikaden und fragen, was ihr Kind nun wirklich nicht kann? Was sagt uns als Eltern denn schon ein „Genügend"? Worin sollte das Kind besondere Unterstützung bekommen? Oder interessiert das Eltern und Lehrer nicht wirklich?

Ich kann nicht verstehen, dass so viele Eltern, Lehrer und Schüler sich so lange Zeit mit Krücken zufrieden geben, wenn sie auch andere Formen der Beurteilung haben könnten, die ihnen wirklich Aufschluss über die Leistungen ihrer Kinder oder Schüler geben!

Ich meine jedoch, dass unser bestehendes Schulsystem mit der Forderung nach alternativen Beurteilungsformen genau an dem Punkt getroffen wird, an dem es zu notwendigen Änderungen der Organisationsformen kommen muss:

Im Regelunterricht mit einem sehr hohen Anteil an Frontalunterricht kann eine individuelle Beurteilung zu jedem Lernziel nicht erfolgen, weil es der Lehrer einfach nicht wissen kann. Kein frontal unterrichtender Lehrer kann von jedem einzelnen Schüler sagen, was er von dem eben durchgenommenen Kapitel auch wirklich kann.

Frontalunterricht spart Zeit, weil man sich eben nicht mit jedem einzelnen Schüler extra auseinander setzen muss, sondern nur mit der gesamten Gruppe, aber auf Kosten des persönlichen Fortschrittes des einzelnen.

Hin und wieder fällt ein Mitglied dieser Gruppe besonders auf – und das sind dann die besonders guten oder schlechten Schüler - alles andere ist Mittelmaß. Ich weiß das genau, ich habe schließlich jahrelang auch so unterrichtet.

Einmal hatte ich eine Klasse mit 37 Schülern in der ersten Klasse, also 10-jährige Schüler. Am Ende von manchen Stunden wusste ich oft gar nicht, ob besonders stille Schüler heute anwesend waren oder nicht. Es war nicht genug Zeit für alle – wenn eine Unterrichtsstunde 50 Minuten hat und die Klasse 37 Kinder, ergibt die einfache Division, dass für jedes Kind ungefähr *eine Minute* Zeit bleibt, wenn für organisatorische Dinge ca. 10 Minuten gerechnet werden.

Noch dazu ist die größte Hürde beim Frontalunterricht, dass nie alle Kinder den selben Wissensstand haben – dies auszugleichen, damit wenigstens einige Schüler dem Unterricht wirklich folgen können, bedarf ungefähr der Hälfte der Zeit. Während dieser Zeit langweilen sich einige Schüler, andere aber sind überfordert und würden noch mehr Anknüpfungspunkte an Bekanntes brauchen, damit sie den Ausführungen überhaupt folgen können.

In offenen Lernformen ist dies anders, weil da die Kinder vieles miteinander arbeiten und sich gegenseitig helfen. Da beim offenen Unterricht für jedes Lernziel Material in der Klasse liegt, kann der einzelne Schüler immer dort beginnen, wo er Förderung braucht.

Die Vergleichbarkeit schulischer Leistungen ist eine verwaltungsrechtliche Fiktion – Leistungen sind durch die Interaktionen zwischen Lehrer und Schüler bestimmt und daher schon definitionsgemäß nicht auf andere Prüfungssituationen übertragbar.

Die Objektivität bei der Leistungsbeurteilung ist zwar immer Thema in unseren Schulen, bloß sollte man den Schülern nicht Objektivität zusichern, sondern individuelle Gerechtigkeit. Es ist wichtig, jedem Kind seinen persönlichen Fortschritt zu spiegeln und zu bestätigen. Es ist aber nicht richtig, alle Kinder über den gleichen Kamm zu scheren und dadurch all ihre Verschiedenheiten zu nivellieren.

Vielmehr verdienen es unsere Kinder, durch subjektive und individuelle Förderung zu einer unverwechselbaren Persönlichkeit heranwachsen zu dürfen. Es stellt sich hier aber wiederum die Frage, wie viel Individualität unsere Gesellschaft aushält? Und wie stark müssen Kinder sein, um anders sein zu dürfen?

Wenn man immer wieder Situationen erlebt, in denen Kinder nur lernen, dass man sich besser nicht beschweren soll, weil man sonst Repressalien verschiedenster Art zu befürchten hat, bleibt die dringende Frage offen: „Wer lässt wo wie viel Andersartigkeit zu?" und „Wer nützt seine Macht, um ja keine anderen Meinungen hochkommen zu lassen?" Ich glaube, dass wir unsere Kinder nicht nur fördern müssen, anders sein zu dürfen, wir haben auch die Pflicht, sie stark zu machen, um auch gegen Widerstand zu ihrer Einzigartigkeit stehen zu können.

Andernfalls ist es Betrug am Kind, weil diese Kinder außerhalb der geschützten Einrichtung Schule sofort erleben, dass sie sich gegen andere mit ihrer Meinung nicht durchsetzen können, weil sie nicht darauf gefasst sind, dass man sie bekämpft, sobald sie anders sein wollen.

Besonders zu denken aber geben doch Berichte folgender Art:

„Micha hat sich sehr verändert, seit sie nicht mehr neben Doris sitzt."

„Jeden Nachmittag kleben August und Franz aneinander, für die Aufgaben haben sie keine Zeit."

„Seit Georgs Mutter gestorben ist, hat er nur mehr schlechte Schulleistungen."

Ist unsere Schule denn wirklich nicht imstande, Einflüsse aus den Lebensbereichen der Schüler zu verstehen und Vorkehrungen zu treffen, diese Kinder nicht noch mehr zu verletzen? Was nützt es, soziales Lernen einzuführen, wenn unsere Schule nicht einmal sozial reagieren kann oder will?

Erziehen zu Kooperation kann nicht durch vergleichendes Beurteilen erfolgen, denn dieses fördert und fordert nur den Wettbewerb untereinander.

Das Ziffernnotensystem arbeitet mit der Vorspiegelung der Einteilbarkeit aller Kinder in 5 oder 6 Stufen. Noten sagen nichts über den Leistungsstand, sie stellen nur eine fiktive, hierarchische Ordnung in der Klasse her.

Schlechte Noten demotivieren, gute Noten bringen nur in den seltensten Fällen Antrieb oder Bestätigung, meistens bringen sie Druck. Was geht wohl in Kindern vor, die bereits bei der Note „Gut" in Panikstimmung fallen? Viele gute Schüler geraten so in eine Art von Dauerspannung.

Kurt Singer hat in seinen Schriften, die von der „Aktion Humane Schule Bayern" veröffentlicht werden, viele Überlegungen zum Thema „Noten" niedergeschrieben.

Besonders aufgefallen ist mir das Heftchen „Ohne Noten lieber lernen", in dem er die Nachteile und Auswirkungen der Ziffernnoten sehr drastisch schildert. Hier ein Zitat zum Nachdenken:

„Den Grundschullehrplan erfüllen heißt: die Noten abschaffen

Die für die Zensurengebung Verantwortlichen bezweifeln nicht, dass Kinder durch Noten in Not kommen. Deshalb beginnen sie regelmäßig vor den Zeugnistagen zu beschwichtigen. Es werden Sorgentelefone eingerichtet – anstatt die Kinder gar nicht erst in Sorge zu stürzen. Noten-Notdienste sollen verzweifelte Schüler trösten – anstatt dass die staatlich verordnete Noten-Not beseitigt wird.

Den Eltern wird plötzlich geraten, die Noten nicht so wichtig zu nehmen – anstatt den Notendruck von Schul- und Familienalltag zu nehmen.

Wie groß das Noten-Leid sein kann, zeigt sich darin, dass Kinder an der Notenangst psychisch und psychosomatisch erkranken können.

Dabei fordern die Grundschullehrpläne dazu heraus, das Zensurensystem zu verändern. Ihre Leitziele sind nur mit zensurenfreier Leistungsbeurteilung zu verwirklichen. Nach dem bayerischen Grundschullehrplan zum Beispiel sollen Lehrerinnen und Lehrer jedem Kind Hilfen zu einer bejahenden Lebenseinstellung in einer Atmosphäre der Anerkennung, des Vertrauens und der Geborgenheit geben. Die Lehrenden sollen sich bemühen, die Lernfreude durch Erfolgsbestätigung zu erhalten und zu stärken.

Aber jene Kinder, die durch Ziffernnoten laufend geängstigt und verurteilt werden, können keine bejahende Lebenseinstellung erwerben. Sie erleben keine Atmosphäre der Anerkennung, sondern werden verunsichert; sie fühlen sich nicht geborgen, sondern bedroht. Weil sie durch die Ziffernnoten keine Erfolgsbestätigung erfahren, ist es nicht möglich, die Lernfreude zu erhalten und zu stärken." [15]

Ein Schüler hat das so in Worte gefasst:

„Wir haben gelernt und gepaukt, um gute Noten zu bekommen, wir haben die leichtesten Fächer gewählt, um möglichst ohne Anstrengung zu guten Noten zu kommen. Wir haben immer für die nächste Arbeit gelernt, wir haben für Lehrer gelernt, die Noten geben, aber wir haben sicher nie für das Leben gelernt."

Viele Eltern sind so in das Leistungsdenken geraten, dass sie nicht mehr wahrnehmen, was ihre Kinder brauchen, um sich gesund entwickeln zu können. Oft müssen Eltern auch eigene Erfahrungen verdrängen und können daher nicht mit ihren Kindern fühlen.

Wenn diesen Eltern aufgezeigt würde, dass ihre Kinder ohne Noten lieber und besser lernen könnten, würden sie nicht Noten fordern – wie ihnen oft vorgeworfen wird.

Das Ausleseprinzip in der Schule bewirkt immer schlechtere Leistungen, als unter guten Bedingungen möglich wären. Kann es überhaupt eine Aufgabe der Schule sein, Kinder auszulesen?

Das Konkurrenzdenken ist nicht von Natur aus da, es wird den Kindern anerzogen. Vielleicht sollten wir etwas mehr darüber nachdenken, wann es angebracht ist und wann nicht. Mit dem maßlosen Konkurrenzdenken in unseren Schulen machen wir jedenfalls nicht nur die Schüler kaputt, auch die Lehrer können ihrer eigentlichen Aufgabe, Lernprozesse zu begleiten, nicht nachkommen.

Beim Beurteilen wird aus dem Helfer ein Richter, allein wegen der angeblichen Objektivität muss der Lehrer auf Distanz gehen, was nicht unbedingt Ausdruck einer guten Beziehung zu den Schülern sein kann.

Der Schüler bezieht die Note auf seine ganze Person, je jünger, umso mehr. Die meisten Kinder übersetzen schlechte Noten mit:

„Der Lehrer mag mich nicht, weil ich schlecht bin."

D.2 Alternative Beurteilungsformen

In Klassen mit offenen Lernformen, also auch in den meisten Montessori-Klassen, ist eine lernziel-orientierte Beurteilung üblich.

Für den Erfolg alternativer Beurteilungsformen sind folgende Voraussetzungen nötig:

- Der Lehrer führt genaue Aufzeichnungen über die erledigten Arbeiten jedes Schülers. Bei extremen Abweichungen wird gemeinsam mit dem Schüler der Grund gesucht und ein Lösungsvorschlag erarbeitet. Solange der Schüler glaubt, ungerecht beurteilt worden zu sein, liegt ein Verständigungsproblem vor, das im Interesse einer guten Weiterarbeit beseitigt werden muss.

- Es gibt in fast allen Montessori-Klassen für jedes Fach und jedes Schuljahr einen Plan der erforderlichen Lerninhalte, die über die Materialien transportiert werden. Alle Materialien sind eindeutig gekennzeichnet und einem Jahrgangsplan zugeordnet. Dieser Jahresplan, den die Schüler für jedes Fach ihrer Jahrgangsklasse bekommen, ist die Grundlage ihrer Beurteilung. In welchen Abschnitten bzw. Unterteilungen der Jahrgangsplan an die Schüler ausgegeben wird, ist sehr von den existierenden Rahmenbedingungen abhängig.

- In vielen Klassen mit offenen Lernformen gibt es fix vereinbarte Schularbeitstage, der zu prüfende Lehrstoff wird vom Schüler gewählt. Innerhalb seines Jahrganges muss der Schüler aber die vorgegebenen Lehrstoffe zumindest einmal gewählt haben. Bei jeder Schularbeit werden jene Lernziele abgezeichnet, die der Schüler erledigt hat. Einige besonders fächer-übergreifend organisierte Schulen haben nur allgemeine Schularbeitstage, der Schüler kann an diesen Tagen Fach und Lernziele des Faches wählen. Die Anzahl der Schularbeiten pro Fach ist fix.

Folgende Punkte sollten eingehalten werden:

- Zur Beurteilung gibt es nur „erreicht" oder „nicht erreicht". Es geht nur um das Erreichen des Lernzieles, nicht aber um den Vergleich mit anderen, die das Lernziel erreicht haben.

- In vielen Klassen gibt es für jeden Schüler eine Mappe mit „Informationen zum Lernprozess", in die Schüler und Lehrer eintragen. Der Lehrer zeichnet hier z. B. die Rubrik „beherrscht" nur dann ab, wenn die Schüler auf eigenen Wunsch das Können demonstriert haben. Außerdem trägt er die Schularbeitsergebnisse unter Angabe der erledigten Kapitel ein. Aus dieser Mappe kann jederzeit der momentane „Lernstand" abgefragt werden.

- Der Umstieg in eine andere Schule muss jederzeit möglich sein. Nötigenfalls muss beim Verlassen der Schule ein Ziffernnotenzeugnis ausgestellt werden. Das ist eines der Zugeständnisse an das bestehende System.

- Bei jeder alternativen Beurteilungsform muss Sorge getragen werden, dass die Eltern wissen, was die Eintragungen im Pensenbuch bedeuten und welche Vorteile diese Form von Beurteilung bringt. Dafür ist es unerlässlich, einen Elternabend diesem Thema zu widmen.

- Auch die Kinder sollen die Eintragungen im Schülerheft (dem Jahrgangsplan) und Pensenbuch verstehen. Jeder Lehrer muss dies mit den Schülern gemeinsam erarbeiten.

Man kann nun einerseits die Lernziele auflisten und bei jedem Schüler einfach vermerken, ob er dieses Lernziel bereits erreicht hat oder nicht – und andererseits kann man das Erreichen von Lernzielen verbal beschreiben.

Die folgenden Beispiele von Jahrgangsplänen, genannt Schülerheft, zeigen auf, wie einzelne Lehrerteams die Anforderungen an die Schüler formulieren:

Bildnerische Erz. – 1. Klasse AHS

10 Insekten			
11 Pfützen spritzen			
12 Der Tanz der Vampire			
13 Ein Vulkan bricht aus			
14 Die Vogelscheuche			
15 Schrift			
16 Clowns und Narren			
17 Cordeldruck-„Bäume"			

wähle 5 Gebiete aus; 15 – Schrift muss auf jeden Fall dabei sein

Mathematik – 1. Klasse AHS

Umwandlungsketten – 3 Wochen	a) Längen b) Flächen c) Raummaße d) Gewichte		
Umfang – 1 Woche			
Flächen – 3 Wochen	a) Rechteck, Quadrat b) zusammengesetzte Flächen c) Oberflächen		
Volumen – 2 Wochen			
Nagelbrett – 1 Woche			
Geometriekasten – 1 Woche			
Streckenzüge – 1 Woche			

Deutsch – 1. Klasse AHS

Februar/März:

Werbetexte, Werbemärchen			
Karten und Briefe schreiben, Lesebuch			
Satzstern/Einführung Bauen von Sätzen			
– Satzstern (Hauptsatz, Gliedsatz) V 29			
Großschreibung II 5			

April/Mai:

Humor/Witz/Scherz, Lautmalerei, Nacherzählen von Filmen			
Lesebuch, Finden von Texten, Verfassen eines Muttertagsgedichtes			
Partnerdiktate, Zwillingsdiktate II 6/7			
Hilfsverben, Modalverben V 28			

6 Schularbeiten im Jahr: Wähle aus folgenden Punkten die Reihenfolge selbst.

Deutsch – 1. Klasse AHS

Verbquartett V 27/28			
4-Fälle-Kästchen V 10			

Juni:

Tierbeobachtungen, Tierbeschreibungen			
Lesebuch, Bücher			
Adjektiv, Adverb V 15			
Collegemappe V 13–V 16 beenden			
Kluppenkästchen beenden			
3 Arbeiten zum Lyrikkasten III 3			

Bildgeschichte, Erzählkern, Erlebnisaufsatz, Reizwortgeschichte, Beschreibung, Nacherzählung

D.2.1 Pensenbuch

In einem Pensenbuch werden alle Lernziele einzeln aufgelistet und zu jedem dieser Lernziele notiert, ob es der betreffende Schüler bereits erreicht hat oder noch nicht.

Es gibt keine Ziffernbenotung, sondern immer nur „erreicht" oder „nicht erreicht". Bei fast allen Vorträgen äußern an dieser Stelle meine Zuhörer ihre Bedenken, ob dies nicht den Eifer der Schüler bremst, wenn sie es nur zu erreichen brauchen und kein Unterschied zu besonderem Können dokumentiert ist.

Solche Fragen zeigen deutlich, dass es diesen Personen noch immer um den Vergleich mit anderen geht; Kindern aber geht es – außer in Wettbewerbssituationen, in die sie sich freiwillig begeben – immer um die Freude am Tun und Entdecken.

Es ist ihre Leistung, und die wird nicht besser oder schlechter, weil es daneben eine bessere oder schlechtere Leistung gibt oder nicht gibt.

Kinder fragen auch nicht: „Bin ich besser als die Susi oder der Hans?", nein, sie fragen fast immer: „War das jetzt gut?"

Erst unser Ziffernnoten-Bewertungssystem macht viele Leistungen schlechter, weil es daneben eine andere gibt, die (mit mangelhaften Messinstrumenten) als besser gemessen wird.

Die Eintragungen im Pensenbuch sollten so formuliert sein, dass es sowohl die Kinder als auch deren Eltern gut verstehen können. Die Formulierungen im Lehrplan sind für die Kinder und Eltern ungewohnt und in „Amtsdeutsch" geschrieben; sie sind daher nicht ohne Veränderungen in das Pensenbuch übertragbar.

Es ist überdies zu empfehlen, zumindest einen Elternabend dem Thema „Beurteilungsform Pensenbuch" zu widmen. Da können alle Informationen dazu vermittelt und Fragen behandelt werden.

Jeder Lehrer bzw. jedes Lehrerteam, das ein Pensenbuch zur Beurteilung verwenden will, muss sich zuerst einmal die Frage stellen: „Was sollen die Kinder am Ende des Jahres können?"

Danach muss er diese Forderungen an die Kinder in ähnliche Form gießen, wie es unten beispielhaft angeführt ist.

Als Beispiele für ein Pensenbuch sind anschließend Formulierungen für die 5. Schulstufe zu finden – zu betonen ist, dass es sich um Auszüge aus Pensenbüchern handelt, nicht um vollständige Fachlisten.

Ein fertiges Pensenbuch, das für jede beliebige Klasse und jeden beliebigen Lehrer gültig ist, kann es nicht geben. Jeder Lehrer setzt z. B. im Rahmen-Lehrplan verschiedene Gewichtungen, die natürlich auch in die Beurteilung einfließen müssen.

Deutsch

Sprechen:

1)	kann verständlich und zusammenhängend erzählen	
2)	kann beim Erzählen anderer bewusst zuhören und sich zu Gehörtem äußern	
3)	kann mit der Sprache spielerisch und kreativ umgehen	
4)	verfügt über einen guten Wortschatz und kann diesen treffend gebrauchen	
5)	beteiligt sich am Rollenspiel und bringt kreative Vorschläge ein	

Verfassen von Texten:

1)	hat Freude am Verfassen von Texten gewonnen	
2)	verwendet schriftliche Äußerungen zielgerecht	
3)	kann eine Gliederung in den Text einbringen	

Geografie

a)	kennt den Globus als verkleinerte Gestalt der Erde	
b)	begreift/kennt die Aufteilung von Land- und Wasserpflanzen auf der Erde	
c)	benennt die Erdteile und die Weltmeere richtig	
d)	kann mit einem Kompass umgehen	
e)	kennt Haupt-, Neben- und Zwischenhimmelsrichtungen und kann diese Kenntnisse auf der Karte anwenden	
f)	kennt die Position der Erde im Weltraum (Sonne/Mond) und hat Grundkenntnisse über die Entstehung von Tag und Nacht	
g)	kennt die Lage des Heimatlandes in Europa und ortet die wichtigsten europäischen Staaten und Hauptstädte	

Mathematik

Geometrie

a)	kann die verschiedenen Körper unterscheiden	
b)	hat ein Quadermodell angefertigt	
c)	kann mit grundlegenden geometrischen Begriffen arbeiten	
d)	kann Lagebezeichnungen (Gerade, Ebene) angeben	
e)	hat Rauminhaltsvergleiche angestellt	

D.2.2 Direkte kommentierte Leistungsvorlage

Bei dieser Art von Beurteilung wird das ganze Jahr über in einer Mappe von den Schülern gesammelt, was sie sammelnswert erachten, und zweimal im Jahr den Eltern präsentiert und gemeinsam mit ihnen besprochen.

Auf diese Art bekommt man einen guten Eindruck von den Leistungen während eines längeren Zeitraumes, allerdings gibt es viele Kinder, die ihre Leistungen nicht hergeben wollen – auch nicht in die Mappe. Und so kommt es immer wieder zu sehr leeren Mappen, obwohl die Kinder das ganze Jahr über fleißig waren. Wenn man eine brauchbare Lösung für dieses Problem findet, die nicht mit Druck auf die Schüler zu tun hat, ist diese Beurteilungsform eine durchaus akzeptable Ausprägung.

Bei der Direkten Leistungsvorlage gibt es zwei Grundformen:

Bei der einen Form werden die Leistungen gesammelt – und nicht vom Lehrer kommentiert. Die Schüler erzählen beim Präsentieren, was sie das Jahr über getan haben.

Bei der anderen Form werden die gesammelten Leistungen vom Lehrer kommentiert. Deshalb wird diese Form nicht mehr nur „Direkte Leistungsvorlage" genannt, sie heißt „Direkte kommentierte Leistungsvorlage".

Die wesentlichsten Vorteile der direkten Leistungsvorlage sind:

- das Kind kann sich selbst äußern

- das Kind steht im Mittelpunkt, nicht die Beurteilung an sich

- die Form des Dialogs erfordert das Auseinandersetzen mit den Leistungen der Kinder, was jedem Kind gut tut

- es gibt wenig Bürokratie, sie steht jedenfalls nicht im Mittelpunkt

- die Kinder lernen eine Möglichkeit kennen, wie Schulpartnerschaft gut funktionieren kann

- die Kinder lernen, über ihre Leistungen und über sich zu sprechen, sich selbst anzunehmen

Die wesentlichsten Nachteile dieser Form der Beurteilung sind:

- Kinder müssen oft auch erkennen, dass die Sprache nicht ausreicht, um die Prozesse mancher Vorgänge zu beschreiben, sie finden keine Worte für das, was sie geleistet haben – weil es z. B. keine messbaren Leistungen waren

- wenn Kinder sich nicht gerne von ihren Leistungen trennen, bleibt die Mappe leer – es scheint so, als ob das Kind nichts getan hätte, und es kann dann auch nichts präsentieren

- wenn der Lehrer der Meinung ist, dass das Kind die Klasse wiederholen muss, kommt oft das Gegenargument: „Wenn sie das Kind geprüft hätten, würden sie sehen, dass das Kind genug kann!"

Dieses Argument stimmt leider sogar manchmal: Kinder, die sich mit Dingen nicht weiter beschäftigen, weil sie diese schon durch Beobachten und Zuschauen erlernt haben, geben Lehrern nicht immer die Möglichkeit zu erkennen, was sie können.

Ich bin der Meinung, dass die direkt kommentierte Leistungsvorlage vom Lehrer sehr gute Beobachtungsgabe erfordert – oder zwischenzeitlich öfters andere Überprüfungsmethoden notwendig macht, um Fälle, wie sie oben beschrieben sind, zu verhindern.

D.2.3 Verbale Beurteilung

Hier wird die Leistung der Schüler in Worten beschrieben. Wenn nicht allgemeine Floskeln zur Gewohnheit werden oder verbale Untergriffe mit der feinen Klinge durchgeführt werden, kann sie sehr motivierend und genau sein.

In einer Schule in Dietramszell bei München habe ich eine Methode gesehen, die mir sehr gut gefallen hat:

Dort schreibt sowohl der Lehrer als auch der Schüler in Form von Sätzen nieder, wie seine Einschätzung des momentanen Leistungsstandes ist. Danach setzen sich beide zusammen und besprechen die eventuellen Unterschiede oder Übereinstimmungen. Der Zufriedenheitsgrad mit dieser Art der Beurteilung ist laut Berichten sehr hoch.

Weil dabei gemeinsam beide Beschreibungen diskutiert werden, ist das eine der wenigen Formen von Lcistungsbeurteilung, bei der es wirklich um die individuelle Leistung geht.

D.2.4 Zusammenfassung

Jetzt stellen vielleicht einige Leser die Frage, warum denn die Ziffernbenotung für mich so gar nicht in Frage kommt.

Ich habe zwar in einigen Montessori-Klassen in Holland und Deutschland auch Ziffernbenotung gesehen, jedoch war in diesen Klassen eindeutig der verminderte Bezug zur eigenen Leistung zu

sehen. Schüler feilschen um Noten, täuschen Leistungen vor und diffamieren Mitschüler, nur um besser dazustehen – das gibt es nur bei Ziffernbenotung. In Klassen mit alternativen Beurteilungsformen war derartiges Verhalten nicht zu beobachten, weil es auch nicht nötig wird – es geht ja nicht um die Auf- oder Abwertung eines Schülers im Vergleich zu einem anderen; es geht um seine eigene Leistung – im Vergleich mit seinen eigenen vorhergegangenen Leistungen.

Wer sich mit dem Thema „Ziffernbenotung" auseinander setzen will, sollte die Texte von Kurt Singer aus der „Aktion Humane Schule Bayern" als Lektüre wählen.

Hier noch ein paar Auszüge zum Gustieren:

„Die Kinder und Jugendlichen erfahren durch die Ziffer nichts darüber, worin sie gut oder schlecht sind, und auf welche Weise sie ihre Leistung verbessern können."

„Zu den pädagogischen Nachteilen der Ziffernbenotung kommt dazu, dass diese nicht objektiv sind. Die Zensuren fallen in allen Unterrichtsfächern, bei verschiedenen Lehrern, in verschiedenen Klassen, an verschiedenen Orten unterschiedlich aus."

„Auch in Mathematik unterscheiden sich die Beurteilungen bis zu drei und vier Notenstufen."

„Wenn Kinder Noten haben wollen, dann deshalb, weil sie nichts anderes kennen."

„Durch Ermutigung und Zusammenarbeit statt Konkurrenz werden Kinder zu sozial fähigen Mitgliedern unserer Gesellschaft, und nicht zu Egoisten."

E

Anmerkungen zum Material

E.1 Material – Kategorien

Material, das in der Freiarbeit verwendet werden soll, kann entweder **Erarbeitungs-** oder **Übungsmaterial** sein, es eignet sich also entweder zum selbstständigen Erarbeiten eines Lernzieles oder zum Üben von bereits erarbeiteten Lernzielen.

Die meisten Erarbeitungsmaterialien können auch, zumindest für eine gewisse Zeit, zum Üben und Festigen des jeweiligen Lernzieles verwendet werden. Das hat auch Maria Montessori selbst in ihren Kinderhäusern so gehalten.

Reine Übungsmaterialien hingegen sind nicht dafür gedacht oder geeignet, Inhalte selbstständig zu erarbeiten.

Für mich ist die Existenz von ausreichend viel Erarbeitungs-Material ein wesentliches Kriterium einer Klasse auf Basis der Montessori-Pädagogik, das auch bei der Entwicklung und Beschaffung von Materialien bedacht sein will.

E.1.1 Erarbeitungsmaterial

Dieses ermöglicht selbstständiges Erarbeiten eines Lernzieles ohne fremde Hilfe oder Anleitung durch den Lehrer.

Nach dem Prinzip der *Isolierung von Schwierigkeiten* (nach Maria Montessori) soll jedes Material, das auf Basis der Montessori-Pädagogik entwickelt wurde, **nur einem** Lernziel – manchmal sogar nur einem Teilziel – gewidmet sein.

Damit wird sichergestellt, dass sich der Anwender auf diese einzige isolierte Schwierigkeit konzentrieren kann.

Erfahrungsgemäß ist es nach diesem Schritt sehr einfach, mehrere getrennt erarbeitete Lernziele zu einem größeren und komplexeren Lernziel zusammenzuführen. Allfällige Schwierigkeiten bei solchen kombinierten Lernzielen können auf Schwierigkeiten mit einzelnen Lernzielen zurückgeführt und damit leichter behoben werden.

Beispiel

Lernziel:
Lösen von Gleichungen mit einer Variablen in Q (mit Bruchzahlen). Dieses Lernziel kann in 2 Teilziele zerlegt werden:

a) Lösen von Gleichungen in N
b) Grundrechnungsarten mit Bruchzahlen

Es soll also Erarbeitungs-Material zu jedem der beiden Teilziele geben, aber nicht zum kombinierten Lernziel. Sehr wohl aber soll es viele Übungsmaterialien zum kombinierten Lernziel geben.

Ein Erarbeitungsmaterial zum ersten Teilziel ist z. B. der Gleichungs-Rahmen. Er bietet eine vollständige Darstellung des Lösungsvorganges von Gleichungen mit einer Unbekannten mit ganzzahligen Lösungen. Es werden also die Vorgänge beim Lösen von Gleichungen mit Natürlichen Zahlen sichtbar und begreifbar gemacht.

Zum zweiten Teilziel gibt es viel Erarbeitungsmaterial aus dem klassischen Montessori-Material, wie z. B. die Bruchrechen-Kreise und die Bruch-Kegel.

Hat nun ein Schüler Schwierigkeiten beim Lösen von Gleichungen mit einer Variablen mit Bruchzahlen, muss man feststellen, ob die Schwierigkeit beim Lösungsvorgang von Gleichungen besteht oder beim Umgang mit Brüchen. Je nachdem soll dann mit dem Gleichungsrahmen oder z. B. den Bruchrechenkreisen gearbeitet werden; erst zum Festigen des bereits Erlernten sollen Übungsmaterialien zum kombinierten Lernziel verwendet werden.

E.1.2 Übungsmaterial

Dient ein Material zum Üben von bereits erlerntem, aber noch nicht gefestigtem Wissen, so können und sollen auch mehrere Lernziele in einem Material umgesetzt werden – besonders dann, wenn diese Kombination eine in sich geschlossene Einheit bildet, die einer einzigen Aufgabenstellung entspricht.

Aus obigem Beispiel ist zu erkennen, dass Übungsmaterial für „Gleichungen mit einer Variablen mit Bruchzahlen" erforderlich ist, wenn diese Kenntnisse im Jahresziel verankert sind.

Übungsmaterialien zu diesem Gesamtziel können etwa Karteien mit Übungsaufgaben oder Legespiele mit Gleichungskärtchen sein.

Eine Art von Übungsmaterialien sei hier besonders betont, nämlich die so genannten Vergleichsmaterialien; sie dienen dazu, vergleichende Studien anzustellen, Zusammenhänge und Verschiedenheiten besonders hervorzuheben und zu erkennen (z. B. Legespiel zu den Klimazonen – hier sind die Unterschiede zwischen den Klimazonen und auch die gleichen Eigenschaften besonders gut zu sehen).

E.2 Anforderungen an alle Materialien, die in der Freiarbeit verwendet werden

Damit Schüler in der Freiarbeit wirklich eigenständig arbeiten können und nicht andauernd die Anleitung und Kontrolle des Lehrers brauchen, müssen die Materialien, die in der Freiarbeit verwendet werden, mehrere Anforderungen erfüllen. Aus den Materialien und den Büchern von Maria Montessori lassen sich wesentliche Forderungen erkennen, die ich in folgende 9 Punkte gliedern möchte:

E.2.1 Optisch auffordernde Darbietung

Material soll zum Hingreifen auffordern – das kann es nur, wenn es optisch gut aufbereitet ist, und das wird durch die Entwicklung aller Medien um uns herum von Tag zu Tag wichtiger.

Wer beschäftigt sich denn schon gerne mit Dingen, die man nicht gut lesen kann, die abgegriffen sind oder die eine solche unüberschaubare Fülle signalisieren, dass einem der Mut schon beim Hinschauen vergeht?

Warum glauben wir also, dass Kinder in den so genannten Schulbüchern gerne lernen? Ich habe

eine Schülerin einmal sagen gehört: „Wenn ich dieses dicke Buch nur sehe, weiß ich doch schon, dass ich das nicht alles schaffen kann!"

E.2.2 Ermöglichung eigener Tätigkeit

Jedes Material sollte Tätigkeit nicht nur zulassen, sondern gerade dazu auffordern, damit die Kinder zu ihren eigenen Erkenntnissen kommen dürfen – und nicht nur uns Wissenden alles glauben müssen.

Wenn ein Material nur zum Anschauen, aber nicht zur eigenständigen Tätigkeit anregt, wird es den

Kindern schnell langweilig. Das ist besonders oft an unseren Lehrbüchern zu sehen; manche Lehrbücher sind gut aufbereitet und trotzdem wollen die Kinder nicht gerne damit arbeiten – sie haben dabei nichts zu tun, sie sind bloß Zuschauer bei schon durchgeführten Prozessen, an ein Nachvollziehen ist nicht gedacht.

Welches Kind bekommt in unserer Gesellschaft genügend Zeit und die Möglichkeiten, um auszuprobieren, wie oft der Inhalt eines Kegels in einem Zylinder gleicher Grundfläche und gleicher Höhe Platz hat? Sie lernen es auswendig, weil der Lehrer es aufgeschrieben hat oder weil es im Lehrbuch abgebildet ist – und vergessen es genauso schnell wieder.

Ich habe unlängst meine Tochter nach 1 $^1/_2$ Stunden verdächtiger Ruhe im Bad gefunden – sie saß in der Badewanne mit den Füllkörpern und hat alle Volumina ausprobiert. „Mama, schau, der passt dreimal in den hinein, aber in diesen da nicht" – meinen Sie nicht auch, dass sie das nicht so schnell vergisst? Was steht dazu im Lehrbuch: „Das Volumen eines spitzen Körpers entspricht einem Drittel des Volumens des zugehörigen geraden Körpers."

Richtig interessant aber wurde es dann für mich, denn meine Tochter gab mir einen Messzylinder mit einer bestimmten Menge Wasser und dazu drei Körper – sie fragte dann: „Mama, glaubst du, dass du die drei damit anfüllen kannst?" Sogleich ertappte ich mich beim Versuch, die Volumina der Größe nach zu berechnen und dann zu summieren. Sie wollte aber keine mathematische Erklärung von mir, sie wollte mein Gefühl für diese Dinge testen – es sollte heißen: Ich habe jetzt so viel probiert, ich kann das gut abschätzen – kannst du das auch?

Martin Wagenschein sagt: „Ein Aspekt kann nur dann durchschaut werden, wenn man *tätig dabei ist*, wie er *wird*."

E.2.3 Wiederholbarkeit

Wenn mit einem Material nicht jederzeit immer wieder gearbeitet werden kann, nimmt man den

Kindern die Möglichkeit, ihre innere Ordnung aufzubauen. Ein Kind arbeitet mit einem bestimmten Material nur einmal, ein anderes Kind vielleicht sogar 25-mal; durch das Wiederholen erkennt das Kind die Ordnung, die diesem Material immanent ist, und findet so seine eigene innere Ordnung.

Bei vielen Materialien erhält man jedes Mal das selbe Resultat; natürlich gibt es auch Materialien, die bei mehreren Wiederholungen der gleichen Aufgabenstellung immer wieder individuell verschiedene Ausführungen zulassen, ja sogar fordern – wie z. B. Kombinationen aus Text-Teilen oder Material zum kreativen Gestalten. Hier wäre es fatal, jeweils das identische Ergebnis zu erwarten.

Es muss also immer die Möglichkeit vorhanden sein, die jeweilige Aufgabenstellung in gleicher Art und Weise öfters durchführen zu können – die Resultate aber müssen und können nicht immer die selben sein.

Bei Versuchen mit Verbrauchsmaterialien muss man darauf achten, dass immer genügend davon vorhanden ist, weil das verwendete Material durch den Versuch so verändert wurde, dass es nicht mehr in den Anfangszustand zurückzuführen ist. Gerade solche Versuche machen Kinder meistens öfters, weil sie die Resultate zu Beginn nicht glauben können und immer wieder ausprobieren, ob das Resultat gleich bleibt oder nicht.

„Es kommt nichts weg" ist die vorwissenschaftliche Form der Sätze von der Erhaltung der Masse und der Energie, welche dem Menschen offenbar von Kind an ein Bedürfnis sind. Auch hofft der Mensch (in fast jeder Religion finden sich dafür Algorithmen), dass man scheinbar Verschwundenes in irgendeiner Form „wieder holen" kann.

Kleine Kinder müssen das Umfüllen einer Flüssigkeit von einem Gefäß in ein anderes sehr oft probieren, damit sie erkennen, dass zwar aus dem einen Gefäß etwas wegkommt, aber im anderen genauso viel dazukommt. Das ist in Ordnung, es stimmt. Aber was ist mit der Dunkelheit; sie geht, und der Tag kommt. Aber wohin geht die Dunkelheit?

Die Suche nach dem Bleibenden ist ein innerer Motor für viele Wiederholungen, die Kinder brauchen, um diese Ordnung bestätigt zu bekommen. Je jünger sie sind, umso mehr brauchen sie das, um Vertrauen in die Welt aufbauen zu können. Was richten wir also an, wenn wir unsere Kinder auffordern, stereotype Wiederholungen abrupt zu beenden, weil sie uns nerven?

Prof. Dr. Oswald Kroh hat in den Dreißigerjahren 1600 Protokolle an Volksschulen in Stuttgart und Tübingen zum Verständnis physikalischer Sachverhalte bei Kindern angefertigt. Auch er hat dabei festgestellt, dass eine höhere Stufe der Erkenntnis erst erreicht wird, wenn die Gesetzmäßigkeiten als Basisinformationen klar sind und nicht mehr in Frage gestellt werden.

Wahrscheinlich haben so viele Schüler Probleme in Physik, weil sie diese grundlegenden Erkenntnisse nicht wirklich erfahren durften und sie daher auch in späteren Jahren noch immer in Frage stellen. Erkenntnisse, die man in Frage stellt, kann man aber noch nicht anwenden, also erklärt sich von selbst, dass solche Kinder die Grundgesetze nicht anwenden können. Die primitiven Auffassungen verschwinden langsam mit dem Fortschreiten der rationalen Erkenntnis, aber – wie Kroh feststellte – verschwinden sie nie ganz.

Martin Wagenschein schreibt: „Kinder denken immer von der Sache aus, von ihrer Sache aus, die sie antreibt."

Wagenschein stellt auch fest, dass Kinder unerwarteten Naturphänomenen so begegnen, dass sie versuchen, sie in die gewohnte Ordnung einzuordnen. Es muss sie in Unruhe versetzen, wenn diese gewohnte Ordnung, die Regelmäßigkeiten, aus denen sie in ihrem bisherigen Leben das notwendige Vertrauen gewinnen konnten, durch das Phänomen gestört wurde.

E.2.4 Selbstkontrolle

Durch die Möglichkeit der Selbstkontrolle wird dem Schüler die Chance gegeben, die Richtigkeit seiner Lösung selbstständig feststellen und gegebenenfalls seine Fehler alleine zu korrigieren – ohne Beihilfe oder Zurechtweisung eines Erwachsenen, im Speziellen des Lehrers. Dies ist besonders für schlechte Schüler wichtig, um die andauernden Misserfolge nicht immer mit öffentlicher Demütigung gekoppelt zu bekommen.

Die Realisierung der Möglichkeit der Selbstkontrolle ist für mich ein weiteres, sehr zentrales Kriterium für Lernmaterialien, die für die Freiarbeit geschaffen wurden.

Solange wir Lehrer unsere jahrzehntelang eingelernte Be- und Verurteiler-Rolle behalten und diese Funktion nicht den Materialien und den Schülern selbst überlassen, solange werden wir keine Chance haben, Partner im Lernprozess unserer Schüler zu sein – wir werden immer Aggressionen schüren und sie als Reaktion der Schüler auch spüren.

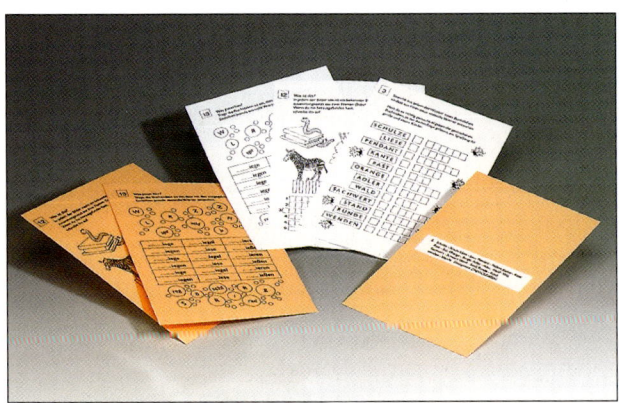

Welche Möglichkeiten der Selbstkontrolle gibt es nun?

● Lösung auf der Rückseite anschreiben

● Gleiche Symbole für zusammengehörige Elemente eines Materials verwenden (meist auch auf der Rückseite)

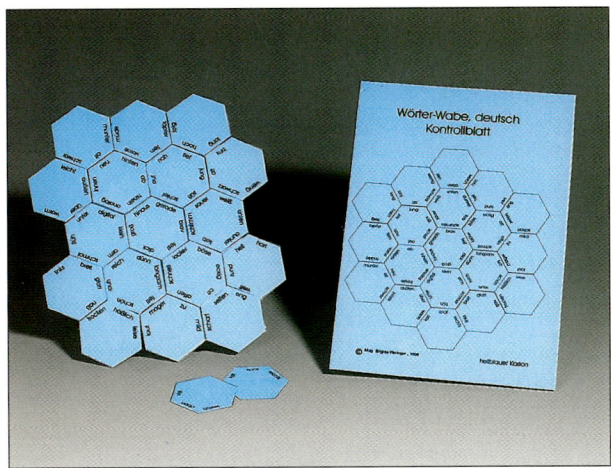

Welchen Weg die Kinder zum Erlernen einschlagen, sollte ihnen überlassen werden – sie sind doch alle sehr verschieden in Ausdruck, Wesen und Lebensform. Warum also sollten sie gerade beim Lernen alle die gleichen Wege gehen müssen?

Wenn wir uns Gedanken machen, warum wir Lehrer so immens auf Fehlersuche getrimmt sind, relativiert sich so manches Verhalten von Schülern – und wird klar verständlich als Reaktion auf eine vorher gesetzte Aktion des Lehrers.

● Beigelegte Lösungskarten verwenden, auf denen eine Abbildung der richtigen Lösung mit dem Material vorzufinden ist

E.2.5 Eindeutigkeit und Leitsysteme

Das von Maria Montessori zusammengetragene und dann von ihr teilweise weiterentwickelte Material – bekannt unter dem Begriff „Montessori-Material" erfüllt gewisse Gesetzmäßigkeiten, wie z. B. durchgehende Farbgebung und eindeutige Symbolzuordnungen.

● Materialimmanente Selbstkontrolle (durch ein Muster, durch die Vollständigkeit oder durch eine Struktur, die sich ergibt)

Wenn die Kontrolle seiner Arbeit dem Schüler selbst ermöglicht wird, braucht kein Lehrer in eine zentrale Rolle als Schiedsrichter zu schlüpfen, er kann Partner beim Lernprozess bleiben.

Jedes Kind kann selbst bestimmen, wann es die Lösung aufdeckt. Viele Kinder drehen die Kärtchen oft schon zu Beginn um, ohne vorher zu überlegen. Das ist aber auch kein Problem – es geht doch nur um den Wissenserwerb.

So ist etwa die Ziffer vier immer mit der Farbe gelb verbunden, ein Verb ist immer ein roter Kreis. Jedes Material, das auf Basis der Montessori-Pädagogik entwickelt wird, sollte solche Gesetzmäßigkeiten einhalten, damit sich die Kinder auf diese Ordnung verlassen können. Ein einmal zugrunde gelegtes Muster, das zu einem „Bild im Kopf" führt, sollte man nicht ohne wichtigen Grund ändern; solche Veränderungen führen besonders dann zu Vertauschungen und Verunsicherungen, wenn die innere Ordnung noch nicht wirklich hergestellt ist – und der Sinn des Leitsystems geht verloren.

E.2.6 Isolierung von Schwierigkeiten

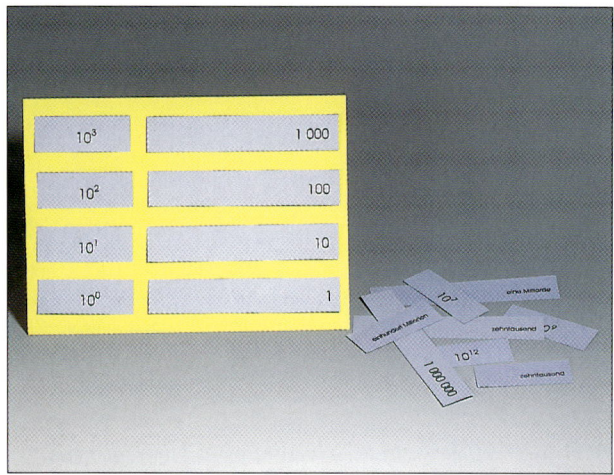

Jedes Erarbeitungsmaterial für den Unterricht in Montessori-Klassen darf nur einem Lernziel, besser noch einem Teilziel, zugeordnet sein, damit sich das Kind ganz auf dieses konzentrieren kann und nicht durch andere Anforderungen abgelenkt wird. (Maria Montessori nennt dieses Phänomen „Polarisation der Aufmerksamkeit".)

Anders sind alle Übungsmaterialien für zusammengesetzte Lernziele, die also zum Üben der Zusammenführung mehrerer Fertigkeiten dienen sollen; sie können naturgemäß diesem Prinzip nicht entsprechen. In der Freiarbeit müssen aber beide Kategorien von Materialien vorhanden sein, damit auch die komplexen Aufgabenstellungen geübt werden können.

E.2.7 Vielfältiges Abbild der Wirklichkeit

Man sollte versuchen, vielfältige Darstellungen unserer Welt und deren Phänomene in Materialien abzubilden, damit nicht eine einseitige Sichtweise determiniert wird. Wenn also z. B. Bruchzahlen immer nur als Kreissektor dargestellt werden, entsteht ein sehr enges Bild von Bruchzahlen und die Analogie, eine Bruchzahl als Teil eines Rechtecks oder eines Dreiecks darzustellen, geht unter.

Je vielseitiger und abwechslungsreicher die Ansätze und Darstellungsarten in den Materialien sind, umso weniger läuft man Gefahr, die Anwender mit der eigenen Sichtweise zu manipulieren.

Je vielfältiger die Material-Angebote je Gebiet sind, umso mehr kann man auch den verschiedenen Lerntypen entgegenkommen.

E.2.8 Fachliche Richtigkeit

Jedes Material für die Freiarbeit muss besonders genau auf seine sachliche und fachliche Richtigkeit geprüft werden, weil ein einmal eingelernter Fehler nur sehr schwer zu korrigieren ist.

Allerdings darf man dabei auch nicht übertreiben und z.B. die eindeutige Metrik der Mathematik auf die Sprachen anwenden wollen. In der Mathematik ist das meiste eindeutig messbar, es gibt mittlerweile für fast alle Werte eindeutige Werteskalen.

Es wäre aber fatal, das gleiche Maß auf die Sprache anwenden zu wollen. Nicht einmal mehr in der Rechtschreibung gibt es ein eindeutiges Richtig oder Falsch – die Grenzen verwischen sich gerade jetzt besonders stark.

Oder vielleicht sollte diese Form von Metrik auf die Sprache gar nicht angewendet werden?

Ganz sicher darf man das Streben nach sachlicher Richtigkeit nicht so weit treiben, dass die Schüler dadurch mit Unklarheiten – manchmal Spitzfindigkeiten – konfrontiert werden, über deren Auslegung sich die intellektuellen Köpfe diverser Akademien und Universitäten streiten und nicht einigen können.

In diesem Sinne halte ich von Vereinfachungen und Einschränkungen an geeigneter Stelle mehr als vom Aufbau theoretischer Gebilde, die schon beim ersten Einwand wie Kartenhäuser zusammenfallen.

Die in den meisten Materialien verwendete Sprache ist die Erwachsenen-Sprache; durch die verschiedenen Materialien aber wäre eine Führung
von der Kinder-Sprache zur Erwachsenen-Sprache anzustreben.

Sehr problematisch ist es, wenn in der Kinder-
Sprache abgefasste Werke von Lehrern mit Rotstift korrigiert werden. Die Kinder-Sprache ist
nicht falsch, sie ist nur ein notwendiger Entwick-
lungsschritt unserer Kinder.

E.2.9 Beständigkeit

Kinder wollen Materialien nicht zerstören, es ist
ihnen normalerweise auch sehr unangenehm,
wenn sich Material in ihren Händen beim Arbeiten auflöst. Das heißt nicht, dass nur robustes
Material verwendet werden kann – Kinder arbeiten auch sehr gerne mit zerbrechlichen Materialien; aber zerbrechlich heißt nicht unbeständig.

Die Beständigkeit der Materialien erhöht sich
enorm, wenn man einige grundlegende Punkte
bedenkt:

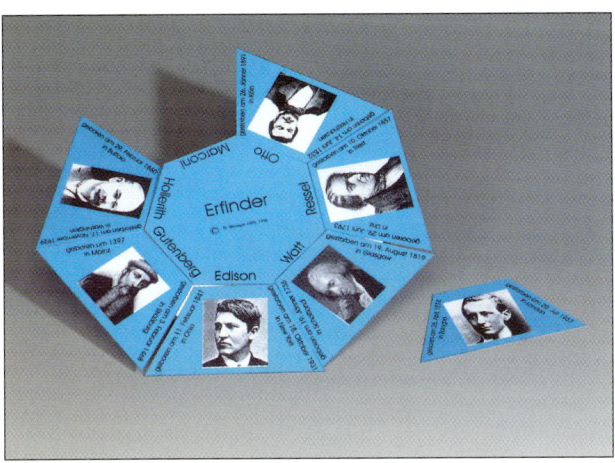

- Holz-Material ist beständiger als Karton-Material. Wenn die Wahl besteht, sollte man Holz
wählen.

- Lackierungen machen Informationen haltbar
und Holz beständig.

- Kartei-Karten sind in einer durchsichtigen
Schachtel besser aufgehoben, als frei liegend
im Regal. Plastik-Dosen gibt es in jeder Größe
und Form.

- Kleinteile sollten immer in Behältnissen liegen – so gehen sie viel weniger oft verloren,
als wenn sie frei herumliegen.

- Papier- oder Karton-Material sollte immer
laminiert, also mit einer durchsichtigen Folie
hitzeverschweißt werden. Die Materialien sind
dann gegen Nässe beständiger und lassen sich
auch nicht so leicht verbiegen.

E.3 Unterschiede zwischen anderen offenen Lernformen und Montessori-Pädagogik

Da immer mehr Kinder und Eltern Interesse an Montessori-Klassen anmelden und die Schüler dann oft mangels Angebot in Klassen mit anderen offenen Lernformen landen, soll hier zur besseren Unterscheidungsmöglichkeit auf die wesentlichen Merkmale der verwendeten Materialien eingegangen werden. (Im Kapitel A sind die organisatorischen und methodischen Unterschiede dieser beiden Unterrichtsformen zu finden.)

Was ist nun wirklich der Unterschied zwischen Materialien, die in „Offenen Lernformen" verwendet werden, und den Materialien, die in der Freiarbeit in Montessori-Klassen eingesetzt werden?

Übungsmaterialien werden in beiden Formen des Unterrichts verwendet. Der wesentliche Unterschied liegt beim *Erarbeitungsmaterial,* das für die Freiarbeit nach Maria Montessori gefordert wird, für die anderen offenen Lernformen aber nicht Bedingung ist.

Daher sollten Schulklassen, in denen kein Erarbeitungsmaterial verwendet wird, eindeutig *nicht* als Montessori-Klassen bezeichnet werden.

In Montessori-Klassen wählen die Kinder üblicherweise selbstständig Material aus einem großen Angebot. Sie können dann mit dem Material auf selbst gewählte Art arbeiten, so lange sie das Material nicht zerstören oder beschädigen; der Lehrer zeigt bei den Demonstrationen, wie er selbst mit den Materialien arbeitet. Dadurch wird die Kreativität der Kinder besonders gefördert, die Arbeitsweise, die der Lehrer vorschlägt, ist eine von vielen, aber nicht die einzige.

Nicht so ist es bei den meisten anderen offenen Lernformen. Der Lehrer bestimmt dort üblicherweise sehr genau, welche Materialien in dieser Stunde – bestenfalls in dieser Woche – von den Schülern bearbeitet werden müssen.

Fast immer wird in Gruppenarbeit oder Stationenbetrieb gearbeitet. Beim Stationenbetrieb legt der Lehrer die örtliche Aufteilung der Materialien und die Auswahl derselben fest. Oft gibt er auch noch die Reihenfolge vor, manchmal kann diese von den Schülern frei gewählt werden.

Das eigenständige Erarbeiten eines völlig neuen Lehrstoffes ist ebenfalls ein der Montessori-Pädagogik innewohnendes Prinzip, das in anderen offenen Lernformen nicht oder nur sehr geringfügig gefordert und verwirklicht wird.

Fazit: In den meisten Formen des Offenen Lernens geht es darum, durch Material und Selbsttätigkeit der Schüler den Unterricht aufzulockern. Es geht aber meistens nicht um die selbstständige Auswahl der Materialien und auch nicht um die eigenverantwortliche zeitliche Einteilung der Erarbeitung der Lehrstoffgebiete, wie es die Montessori-Pädagogik fordert. Überdies geht es nur in der Montessori-Pädagogik darum, den Schülern auch die Erarbeitung von neuen Stoffgebieten mit geeigneten Materialien zu ermöglichen – in anderen offenen Lernformen tut dies immer der Lehrer.

Ich möchte hier noch einmal darauf hinweisen, dass ich jede offene Lernform gut finde – jedenfalls besser als die meisten Formen des Frontalunterrichtes. Ich möchte aber auch betonen, dass die Rücksichtnahme auf die sensiblen Phasen und daraus resultierend die Bereitstellung von Erarbeitungsmaterialien und die freie Einteilungsmöglichkeit durch den Schüler selbst die besonderen Vorteile der Montessori-Pädagogik gegenüber anderen offenen Lernformen charakterisieren.

E.4 Der Umgang mit dem Material

Abhängig von der Form der Freiarbeit kann man feststellen, dass mit dem Material sehr verschiedenartig umgegangen wird. Da ich die Freiarbeit in ihrer vollendeten Form – nämlich fächerübergreifend und mit Erarbeitungsmaterialien – als erstrebenswert halte, beziehen sich auch die folgenden Äußerungen auf diese Form der Freiarbeit.

Für die *anderen* Formen der Freiarbeit gibt es entsprechend weniger spezifizierte Forderungen, der Umgang mit dem Material wird in solchen Klassen so wie viele andere Dinge auch vom Lehrer reglementiert und beobachtet.

- Jedes Material darf beliebig verwendet werden, der Kreativität sind keine Grenzen gesetzt, aber

- Material darf nicht beschädigt oder so weit verändert werden, dass es nicht mehr in seinen ursprünglichen Zustand zurückversetzt werden kann (außer einige Versuchsmaterialien, deren Verwendung so definiert ist).

- Die verschiedenartigen Lösungswege sollten unterstützt, und nicht verboten werden. Sie sind nicht Dummheit, sondern Spielarten der kreativen Auseinandersetzung mit Phänomenen!

- Fördern der eigenen Denkansätze und Interpretationen führt also zu kreativen Lernprozessen, Nachplappern macht auf die Dauer sprachlos.

- Für einzelne Materialien gibt es Empfehlungen, die sich auf die Voraussetzungen für die Arbeit mit diesem Material beziehen. Wichtig ist, dass die Kinder wissen, dass dies wirklich Empfehlungen und keine Grundregeln sind – es muss immer möglich sein, an ein Material ohne die vom Lehrer vorgeschlagenen Voraussetzungen heranzugehen. Der Schüler soll also selbst feststellen dürfen, ob für ihn persönlich noch weitere Vorarbeiten für die Arbeit mit einem bestimmten Material notwendig sind oder nicht.

- Aufeinander aufbauende Materialien müssen eine eindeutige Kennzeichnung dieser Abhängigkeiten erkennen lassen. Bei jedem Material müssen etwaige Voraussetzungen deutlich erkennbar vermerkt sein. Die Schüler sollen die Möglichkeit haben, schon vor Beginn der Arbeit zu sehen, was als Voraussetzung für die Arbeit mit diesem Material vom Lehrer vorgeschlagen wird. Die Entscheidung bleibt beim Schüler, ob er es trotzdem probiert.

- In Wahrheit ist nicht so vieles aufeinander aufbauend, wie wir in der Schule immer vorgeben – ausgenommen grundlegende Erkenntnisse wie die vier Grundrechnungsarten oder die Buchstaben und das Lesen. Wenn man anfängt zu überlegen, bleiben einige wenige Dinge übrig, die echte Voraussetzungen für andere Erkenntnisse sind.

- Es darf keine fixen Programme geben, nach denen die Materialien in Art und Reihenfolge durchgearbeitet werden müssen, weil der innere Aufbau und die Struktur von verschiedenen Menschen meistens auch verschieden ist. Auch wenn immer wieder einige Lehrer glauben, dass nur sie entscheiden können, in welcher Reihenfolge Materialien begriffen werden können – die Struktur des Lernens der Kinder ist so grundverschieden, dass man sich keinesfalls anmaßen sollte, zu glauben, **den richtigen Weg** für alle gefunden zu haben.

Ganze Generationen von Lehrern haben Lernprogramme und pädagogische Treppen erstellt, für die Schüler alle Eventualitäten vorgedacht und genauestens vorbestimmt.

Lesen sie doch bitte einmal, was Freinet zu diesem Thema schreibt:

Adler steigen keine Treppen

Vom methodischen Treppensteigen

Der Pädagoge hatte seine Methoden aufs genaueste ausgearbeitet, er hatte – so sagte er – ganz wissenschaftlich die Treppe gebaut, die zu den verschiedenen Etagen des Wissens führt; mit vielen Versuchen hatte er die Höhe der Stufen ermittelt, um sie der normalen Leistungsfähigkeit kindlicher Beine anzupassen; da und dort hatte er einen Treppenabsatz zum Atemholen eingebaut und an einem bequemen Geländer konnten die Anfänger sich festhalten.

Und wie er fluchte, dieser Pädagoge! Nicht etwa auf die Treppe, die ja offensichtlich mit Klugheit ersonnen und erbaut worden war, sondern auf die Kinder, die kein Gefühl für seine Fürsorge zu haben schienen.

Er fluchte aus folgendem Grund: solange er dabei stand, um die methodische Nutzung dieser Treppe zu beobachten, wie Stufe um Stufe emporgeschritten wurde, an den Absätzen ausgeruht und sich an dem Geländer festgehalten wurde, da lief alles ganz normal ab.

Aber kaum war er für einen Augenblick nicht da: sofort herrschte Chaos und Katastrophe! Nur diejenigen, die von der Schule schon genügend autoritär geprägt waren, stiegen methodisch Stufe um Stufe, sich am Geländer festhaltend, auf dem Absatz verschnaufend, weiter die Treppe hoch – wie Schäferhunde, die ihr Leben lang darauf dressiert wurden, passiv ihrem Herrn zu gehorchen, und die es aufgegeben haben, ihrem Hunderhythmus zu folgen, der durch Dickichte bricht und Pfade überschreitet.

Die Kinderhorde besann sich auf ihre Instinkte und fand ihre Bedürfnisse wieder:

eines bezwang die Treppe genial auf allen Vieren, – ein anderes nahm mit Schwung zwei Stufen auf einmal und ließ die Absätze aus, – es gab sogar welche, die versuchten rückwärts die Treppe hinaufzusteigen und die es darin wirklich zu einer gewissen Meisterschaft brachten. Die meisten aber fanden – und das ist ein nicht zu fassendes Paradoxon – dass die Treppe ihnen zu wenig Abenteuer und Reize bot. Sie rasten um das Haus, kletterten die Regenrinne hoch, stiegen über die Balustraden und erreichten das Dach in einer Rekordzeit, besser und schneller als über die sogenannte methodische Treppe, – einmal oben angelangt, rutschten sie das Treppengeländer runter … um den abenteuerlichen Aufstieg noch einmal zu wagen.

Der Pädagoge macht Jagd auf die Personen, die sich weigern, die von ihm für normal gehaltenen Wege zu benutzen. Hat er sich wohl einmal gefragt, ob nicht zufällig seine Wissenschaft von der Treppe eine falsche Wissenschaft sein könnte, und ob es nicht schnellere und zuträglichere Wege gäbe, auf denen auch gehüpft und gesprungen werden könnte, ob es nicht nach dem Bild Victor Hugos eine Pädagogik für Adler geben könnte, die keine Treppen steigen, um nach oben zu kommen. [16]

Freinet meint also, dass man doch Vertrauen in die Natur des Kindes haben sollte – gegebenenfalls stellt man schon fest, dass ein Schüler weitere Hilfe braucht.

Wichtig ist es, die Hilfe nicht aufzudrängen, sondern anzubieten, nach dem Motto:

„Wenn du mich brauchst, bin ich da!"

aber sicher **nicht** nach dem Motto:

„Ich muss es den Schülern doch sagen, sonst werden sie es nie wissen!" Letzteres nennt man in der Fachsprache „Helfersyndrom" und es dient nur dem Unterstreichen der eigenen Wichtigkeit, hilft jedoch dem Schüler überhaupt nicht weiter, denn es unterdrückt ihn, statt ihn zu unterstützen!

E.5 Materialdemonstration

Wenn man Materialien demonstriert, sollte man Folgendes überlegen:

- An einer Materialdemonstration sollten immer nur jene Schüler teilnehmen, die dies freiwillig tun wollen.

  Zum einen merken sich Schüler, die man dazu verpflichtet, höchstens einen Bruchteil dessen, was sie bei freiwilliger Teilnahme aufnehmen würden;

  zum anderen braucht man freiwillig anwesende Schüler kaum zur Aufmerksamkeit zu ermahnen – sie nehmen ja teil, weil sie es wissen wollen.

- Planen Sie genügend Zeit für die Demonstration ein, damit auch Fragen beantwortet und Variationen erprobt werden können.

- Wenn Schüler bei einer Demonstration stören, lassen Sie diese Störung nicht zu. Bieten Sie diesen Schülern eine andere Betätigung an, fordern Sie die Schüler auf, dies zu unterlassen oder integrieren Sie diese Schüler aktiv in das Geschehen der Demonstration.

- Man sollte immer gemeinsam mit den Schülern arbeiten, sonst wird es ein Frontalvortrag.

- Verwenden Sie stets die Formulierung: *„Ich* arbeite mit diesem Material so …“ – damit wird immer betont, dass die Schüler das Material auch anders verwenden dürfen, damit ihre Kreativität nicht unterdrückt wird.

- Sowohl der Lehrer als auch alle anderen Beobachter dürfen sich keinesfalls – und ganz besonders nicht während einer Demonstration – mit „guten Ratschlägen" einmischen. Jeder soll genügend Ruhe zum Arbeiten haben. Schaffen Sie als Lehrer die geeignete Atmosphäre dafür.

- Für jedes Material, das einer Demonstration bedarf, sollte eine solche mehrmals im Jahr vom Lehrer angeboten werden.

- Die Ankündigung zu einer Materialdemonstration sollte deutlich und rechtzeitig erfolgen; wenn bereits die Mehrzahl der Schüler mit einer Arbeit beschäftigt ist, war die Ankündigung sicher zu spät und die Kinder werden wieder aus ihrer Konzentration gerissen.

- Einige Materialien sollten nicht demonstriert werden, man spielt sie lieber gemeinsam mit den Schülern. So würde ich z. B. nie den „Fragenweg" demonstrieren, das Mitspielen bringt aber immer wieder neue Erkenntnisse über manche Schüler, die man sonst nie erfahren würde.

- Wenn man eine Materialdemonstration immer unter Einbeziehung von Schülern und nie alleine macht, läuft man nicht Gefahr, über die Hintertüre wieder zum Frontalunterricht zu kommen.

  Außerdem sieht man an der Reaktion der beteiligten Schüler sofort, welche Bereiche genauer erarbeitet werden müssen.

- Materialdemonstrationen sollten grundsätzlich nie länger als 10 Minuten dauern, damit die meiste Zeit für eigenständiges Arbeiten, und nicht für Zuhören, bleibt.

- Materialdemos gehören nicht in den gebundenen Unterricht.

- Eine Grundregel für die Teilnahme an Materialdemonstrationen, welche ich sehr oft gesehen habe und sehr sinnvoll finde, lautet folgendermaßen:

  „Die Teilnahme an Materialdemos ist grundsätzlich freiwillig, aber wer sich einmal dafür entschieden hat, muss bis zum Schluss dabei bleiben."

E.6 Montessori-Material als Hilfe bei Lernschwierigkeiten

Wenn Kinder Lernschwierigkeiten haben, wird oft zu häufigem Üben geraten. Wie kann man aber etwas üben, was man nicht verstanden hat? Das Resultat sind dann nur auswendig gelernte Vorgänge, die der Schüler in keiner Weise verstanden hat – wen kann es dann noch wundern, dass dieser Schüler den Inhalt nach kurzer Zeit vergessen hat?

In Wirklichkeit muss zuerst geklärt werden, welches Lernziel oder Teilziel nicht verstanden worden ist!

Wenn also z. B. ein Schüler eine Multiplikation mit Dezimalzahlen nicht richtig rechnen kann, muss zuerst festgestellt werden, ob dieses Kind die Multiplikation nicht beherrscht oder mit Dezimalzahlen nicht umgehen kann.

Im ersten Fall wird Material zur Erarbeitung der Multiplikation nötig sein, im zweiten Fall Material zur Erarbeitung der Dezimalzahlen. Erst wenn diese Lernziele erarbeitet wurden, kann an die Verbindung beider Lernziele gedacht werden, nämlich die Multiplikation von Dezimalzahlen.

Verständnisschwierigkeiten kann man nur mit Erarbeitungsmaterial beheben – es muss also geeignetes Erarbeitungsmaterial gesucht und angeboten werden.

Die Verwendung von Übungsmaterialien würde nur zum Auswendiglernen, aber nicht zum Verständnis führen. Einzig bei häufigen Konzentrationsfehlern – wie z. B. bei Rechenfehlern – kann mit Übungsmaterialien die nötige Festigung und Sicherheit erarbeitet werden.

Sicherlich ist der große Erfolg von Montessori-Klassen auch darauf zurückzuführen, dass ein Kind bei Lernschwierigkeiten Erarbeitungsmaterial für jedes Teilziel vorfindet und daher die Wurzel des Übels angepackt, nicht nur das Symptom behoben wird.

Für Kinder, die keine Montessori-Klasse besuchen, kann man bei auftretenden Lernschwierigkeiten Erarbeitungsmaterialien auch zu Hause anbieten; diese können viele Nachhilfestunden ersparen.

E.7 Praktische Tipps

- Viele Lernspiele, die ursprünglich für die private Verwendung hergestellt wurden, sind mit geringfügigen Veränderungen für den Unterricht brauchbar. Da diese Materialien in der Schule meistens wesentlich öfter benützt werden als daheim, muss auf jeden Fall Vorsorge getroffen werden, dass die Materialien dem standhalten können – also z. B. soll Papiermaterial foliert oder auf Karton aufgezogen werden. Vielleicht kann das Spiel auch dahingehend geändert werden, dass mehrere Kinder gleichzeitig mitspielen können, bei Fragespielen könnte man z. B. die Fragekärtchen verdoppeln, usw.

- Holzkistchen sind zwar dauerhaft und schön, aber bei kleinem Budget lassen sich auch Behältnisse aus Plastik oder Pappe finden.

- Aus einem Buch eine Kartei zu machen ist nicht sehr aufwändig und bringt rasch ein neues Material für die Freiarbeit, mit dem gleichzeitig mehrere Kinder arbeiten können.

- Für den Beginn der Freiarbeit ist nicht gleich das gesamte Material für eine Schulstufe erforderlich; gerade dann, wenn auch nicht alle Schüler aus Freiarbeits-Klassen kommen, ist es besser, zu Beginn nur ausgewählte Materialien eines Jahrganges im Klassenraum zu haben. Es fällt ungeübten Kindern leichter, aus weniger Materialien auszusuchen, als aus sehr vielen.

- Wenn die Möglichkeit besteht, Material anzukaufen, überlegen sie vor dem Ankauf, welche Systeme sie in den Klassen haben wollen. Bedenkt man das nicht, hat man unweigerlich gemischtes Material – und verwirrt die Kinder,

statt sie durch Leitsysteme in ihren Lernprozessen zu unterstützen.

- Gibt es keine Möglichkeit, in einer Freiarbeits-Stunde zwei Lehrer pro Klasse einzuteilen (weil es nicht bezahlt wird), versuchen Sie, Kollegen, die Vertretungs-Stunden haben, zur Mitarbeit einzuladen. Sie lernen dabei schließlich selber viel dazu.

- Materialverwaltung kann auch von Kindern gut gemanagt werden, nur müssen die Kinder dafür gute Listen haben, um die Vollständigkeit rasch kontrollieren zu können.

E.8 Materialbeschaffung für die Sekundarstufe

Jeder Lehrer, der auf Basis der Montessori-Pädagogik unterrichten will, muss sich überlegen, woher das Material für die Freiarbeit kommen soll.

Klassisches Montessori-Material gibt es für Kinder bis ungefähr zum 12. Lebensjahr; danach gibt es Materialien, die nicht von Maria Montessori selbst erstellt wurden, aber unter Berücksichtigung der Prinzipien ihrer Pädagogik.

Wo bekommt man Material für die Freiarbeit?

Einerseits haben einige Arbeitskreise „Materialbeschaffung" erkundet, wo es Materialien gibt (diese Arbeitsgruppen agieren länderübergreifend) – in Holland gibt es viele gute Materialien, auch in Deutschland, ansatzweise vereinzelt auch in Österreich.

Andererseits gibt es schon viele Verlage und Firmen, die sich um solche Freiarbeitsmaterialien kümmern.

Es gibt zwar nur wenige davon, die fertige Materialien für die Freiarbeit anbieten, aber viele Ver-

lage, die Halbfertigprodukte oder Kopiervorlagen anbieten.

Gemeinsam mit den Eltern können solche Material-Ideen in richtige Materialien umgesetzt werden. Es ist um vieles leichter, mit anderen gemeinsam Materialien zu basteln als alleine. Auch haben mehr Personen fast immer mehr Ideen als einer alleine.

Direktion und vorgesetzte Behörden müssen dafür Sorge tragen, dass für Klassen mit offenen Lernformen auch Materialien bzw. Geld zur Beschaffung dieser Materialien vorhanden sind.

In Holland müssen Lehrer ihre volle Lehrverpflichtung in der Schule verbringen – daher ist alles Material, das in dieser Zeit mit Mitteln der Schule angefertigt wird, auch Eigentum der Schule.

In Österreich sind die Arbeitsplätze der Lehrer nicht zum Arbeiten in der Schule geeignet – daher müssen Lehrer ihre Vorbereitungszeiten auch nicht in der Schule verbringen. Die meisten Materialien sind also mit eigenen Mitteln der Lehrer hergestellt – und daher Eigentum der Lehrer.

In Deutschland gibt es diesbezüglich keine einheitliche Regelung. In vielen Privatschulen ist die Dienstzeit wie in Holland geregelt.

Die Ideen zu den Materialien stammen größtenteils von Lehrern selbst; in letzter Zeit haben einige Verlage solche Ideen übernommen und sie zum Verkauf aufbereitet.

Auch in Holland gibt es nicht für jede Schulstufe zu jedem Lernziel genügend Materialien – vieles muss der Lehrer selbst erstellen. Allerdings sind Arbeitsbücher in Holland so gestaltet, dass die Schüler selbstständig und alleine damit arbeiten können – was man ja von Arbeitsbüchern in Deutschland und Österreich nicht gerade oft behaupten kann.

Material ist teuer, daher muss man mit dem Geld gut wirtschaften. Besonders für die Sekundarstufe, für die es noch nicht so viele fertige Materialien gibt, sind folgende Überlegungen wichtig:

- Schulbücher der herkömmlichen Art werden nicht oder nur vereinzelt gebraucht, das Geld dafür sollte für Materialien oder adäquate Bücher zur Verfügung stehen.

- Einige Materialien kann man selbst leicht herstellen; auch Eltern sind immer wieder gerne bereit, etwas zu basteln.

- Materialien können auch an andere Klassen weitergegeben werden, wenn sie nicht mehr gebraucht werden – sie müssen nicht gehortet werden.

- Viele Klassen mit offenen Lernformen organisieren jedes Jahr Veranstaltungen, damit sie mit dem Gewinn wieder neue Materialien kaufen können.

In vielen Schulen wird von den Eltern ein gewisser Beitrag zum Ankauf neuer Materialien erbeten, manchmal ist er auch verpflichtend.

Dabei ist allerdings äußerste Vorsicht geboten; in Österreich ist Schulgeld – und etwas anderes ist es ja nicht – an Schulen des Landes oder Bundes gesetzlich verboten.

Auch läuft man schnell Gefahr, dass nur mehr jene Eltern ihre Kinder anmelden, die sich diesen Beitrag auch leisten können – eine Eliteschule ist das Resultat. Aber gerade für Kinder, die zu Hause aufgrund mangelnder finanzieller Mittel weniger Förderung bekommen, ist offenes Lernen sehr notwendig, um diese Defizite rasch ausgleichen zu können.

Im Materialteil dieses Buches ist zu jedem Material eine Bezugs-Quelle angeführt.

Die Idee und das Design der meisten Lernmaterialien, die bei WeMont *erhältlich sind, stammen von Brigitta Weninger, manches auch von anderen Lehrern. Diese Lernmaterialien sind teils Erweiterungen oder Weiterentwicklungen von bekannten Montessori-Materialien, teils jedoch wurden sie auf Basis dieser Pädagogik mit besonderer Ausrichtung auf die Sekundarstufe völlig neu entwickelt. Seit mehreren Jahren sind diese Materialien in Grund- und Sekundarstufen-Klassen erprobt und werden erfolgreich eingesetzt.*

Bezugsquelle:
WeMont,
A-1190 Wien, Heiligenstädter Straße 54/14
Tel. +43-664-33 81 072, Fax +43-1-36 89 363
und E-mail: brigitta@montessori.co.at

© Das Copyright der beschriebenen Lernmaterialien liegt jeweils bei der als Bezugsquelle angegebenen Firma oder bei jener, welche durch diese vertreten wird.

E.9 Kritische Bemerkungen zu Materialien

E.9.1 Ziffer – Stellenwert

Ich möchte hier auf eine Ungereimtheit in den Materialien Maria Montessoris aufmerksam machen:

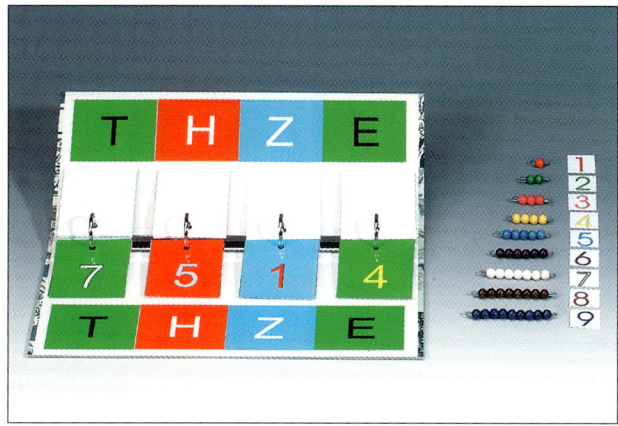

Die Farben „grün – blau – rot" hat Maria Montessori für das Stellenwertsystem verwendet und leider auch gleichzeitig für einzelne Ziffern. So ist rot die Farbe für „1", grün die Farbe für „2" und blau wird gleich zweimal verwendet, nämlich hellblau für „5" und dunkelblau für „9".

Es ist wichtig, dass wir uns bewusst machen, dass diese Farbüberschneidungen zu einiger Verwirrung führen können. Wenn z. B. am Schachbrett für die Multiplikation auf einem blauen Feld ein grünes Perlenstäbchen liegt, entspricht dies 2 Zehnern, weil die Ziffer 2 – also das grüne Perlenstäbchen – auf einem Zehnerfeld – also einem blauen Feld – liegt.

Liegt umgekehrt ein blaues Stäbchen auf einem grünen Feld, entspricht das 5 Einern oder 9 Einern, je nachdem, ob es sich um ein hellblaues oder dunkelblaues Perlenstäbchen handelt. Es wäre viel leichter, wenn die beiden Systeme farbdisjunkt wären, also für Ziffern und Stellenwerte keine gemeinsamen Farben verwendet würden.

In einigen Diskussionen mit namhaften Montessori-Pädagogen habe ich festgestellt, dass dieses Problem eigentlich allen bewusst ist, aber niemand hat sich wirklich um eine Veränderung bemüht.

Nun kann man zwar als Lehrer in seiner Klasse andere Farben verwenden, es bringt aber den Nachteil, dass man keine fertigen Materialien mehr kaufen kann, sondern alle selbst herstellen muss.

Da dies nicht immer möglich sein wird und ich dies auch nicht für sehr sinnvoll erachte, habe ich im Zuge der Vorbereitungen für dieses Buch beschlossen an die Internationale Montessori-Gesellschaft mit Sitz in Aachen zu schreiben und um eine Stellungnahme zu ersuchen.

Ich habe mich sehr oft gefragt, ob Maria Montessori die Problematik dieser Überschneidungen wohl bemerkt hat?

Vielleicht hat es zur Zeit Maria Montessoris nur nicht so viele verschiedenfarbige Perlen gegeben, sodass sie keine andere Wahl hatte?

Vielleicht gibt es aber auch einen Grund, warum sie das sogar bewusst so gemacht hat?

Vielleicht aber hat auch Maria Montessori einen Fehler gemacht. Das ist wahrscheinlich die menschlichste und einfachste Erklärung.

E.9.2 Veränderungen der Leitsysteme

Maria Montessori hat in ihren Materialien Leitsysteme immer eindeutig durchgezogen, sie hat z. B. die Farbgebung durch alle Materialien nie gewechselt. Leider gibt es einige Ausbildungszentren, die diesen Grundsatz nicht einhalten.

So finden sich alleine im Raum Wien vier verschiedene Leitsysteme für die Wortarten-Symbole.

Ich meine, dass man damit den Kindern und Lehrern nichts Gutes tut. Weil es kaum Firmen gibt, die mehrere verschiedene Farbgebungen bei den Sprachmaterialien anbieten, sind die Lehrer damit gezwungen, sich sämtliches Material selbst zu erstellen, wenn sie einmal mit einem unüblichen System begonnen haben.

Aber auch für die Kinder ist es nicht unbedingt von Vorteil, wenn sie bei einem Schulwechsel auch gleich alle Farbleitsysteme umlernen müssen.

E.9.3 Wortarten

Auf einigen Gebieten gibt es selbst unter den bekannten Experten sehr große Auffassungsunterschiede, beispielsweise dann, wenn es um bestimmte Wortarten geht.

So habe ich in verschiedenen Grammatik-Büchern Definitionen von Adverb und Adjektiv gefunden, die einander total widersprechen:

- in *einem* Buch steht: ein Adverb gehört zum Verb – wie der Name schon sagt, es bestimmt das Verb näher; also z. B.: ich fahre schnell – hier ist „schnell" ein Adverb zum Verb „fahren".

- in *einem anderen* Buch steht: ein Adverb ist nicht deklinierbar, Steigerung ist nicht möglich und es beschreibt die Umstände einer Tätigkeit (Verb); also z. B. ich werde morgen kommen – hier ist „morgen" ein Adverb zum Verb „kommen". Aber was ist dann mit obigem Beispiel aus dem anderen Buch?

- im *nächsten* Buch steht: es gibt bestimmte Worte, die ein Adverb sein können – und die sind: hier, dort, morgen, noch ziemlich, allzu, daher, darum, ... – alle anderen Worte können kein Adverb sein. Dafür sind diese Worte immer ein Adverb – egal wie sie verwendet werden. Also ist z. B. der morgige Tag eine unzulässige Abwandlung oder ist hier morgig ein Adverb?

Offensichtlich gibt es hier keine objektiv richtige oder allgemein anerkannte Lehre.

Ein „adverbiell gebrauchtes Adjektiv" ist eine sanfte Umschreibung der Tatsache, dass durch die vielseitige Verwendung der Worte in der Sprache eine Kategorisierung sehr schwierig ist.

Einerseits:

Wenn ein Wort in einem Satz steht, kommt es mir schon komisch vor, nur eine Wortartenbestimmung durchzuführen ohne Berücksichtigung der – in diesem Satz speziellen – Verwendungsart.

Andererseits:

Die Verwendungsart kann viele Wortarten verändern; in einem Satz ist das Wort dann z. B. ein Adverb und in einem anderen Satz das gleiche Wort ein Adjektiv. Dann bestimmt also die Verwendungsart die Wortart!?

Es stellt sich demnach die Frage, ob ein adverbiell verwendetes Adjektiv ein Adjektiv bleibt oder durch die Verwendung zum Adverb wird.

Da es auch auf diese Frage keine eindeutige Antwort gibt, habe ich für die Materialien, die in meiner Firma verlegt werden, die zweite Definition zugrunde gelegt.

Auch jeder einzelne Lehrer muss für seinen Unterricht eindeutig eine Entscheidung treffen, damit die Kinder dann bei ihrer Arbeit mit den Wortarten ebenso klare Entscheidungen treffen können.

Die häufigen und leider endlosen Diskussionen über dieses Thema haben mich aber darin bestärkt, dass es nicht so wichtig ist, ob es sich um ein Adjektiv oder ein Adverb handelt. Es gibt so viele verschiedene Sichtweisen unserer Welt, sie können gar nicht alle richtig oder falsch sein, sie sind für jeden Einzelnen richtig, der sie so sieht.

Ausgewählte Materialien

Es ist nicht Ziel dieses Buches, die Verwendung von Montessori-Grundmaterialien zu beschreiben – das finden Sie in den meisten Büchern für die Grundstufe.

Im Material-Teil dieses Buches finden Sie vorwiegend Materialien, die für den weiterführenden Unterricht geeignet sind, die meisten Materialien sind für Kinder im Alter zwischen 8 und 14 Jahren geeignet.

Einige der Lernmaterialien sind sowohl für die Grundstufe, als auch für die Sekundarstufe geeignet.

Einerseits sollte in der Sekundarstufe auch noch Material aus der Grundstufe vorhanden sein, damit in der 1. Klasse der Sekundarstufe noch Möglichkeit zum Rückblick und zur nochmaligen Übung gegeben ist.

Andererseits sollte auch in Grundstufenklassen ein weiterführendes Angebot an Materialien verfügbar sein, damit die Schüler sich gemäß ihrem aktuellen Interesse spezialisieren können.

Es gibt auch viele Gebiete, die sowohl in der Grundstufe, als auch in der Sekundarstufe Lernstoffgebiete sind – wenn die sensiblen Phasen ausgenützt werden, braucht man Kapitel nicht endlos oft zu wiederholen, sondern man muss sie nur einmal gründlich anbieten.

Grundsätzlich können zu jedem Material vom Lehrer zusätzliche Auftragskärtchen beigefügt werden. Diese können eine Anregung für Kinder sein, ein Material einmal anders zu sehen und sich vielleicht auch anderweitig damit zu beschäftigen.

Es kann aber auch zu einem gewaltigen Stress führen, wenn Lehrer glauben, alles und jedes in Auftragskärtchen fassen zu müssen, „weil ja sonst das eine oder andere Kind sich manche Frage nie stellen würde". Das ist das Denken im Frontal-Unterricht, im offenen Unterricht wäre etwas mehr Vertrauen in die natürliche Neugierde der Kinder sehr hilfreich. Es sei denn, die Aufgabenstellungen sind für Kinder nicht von Interesse – dann aber sollten sie auch in unserem Unterricht nichts verloren haben.

F.1 Mathematik – Materialien

F.1.1 Exponenten-Spiel

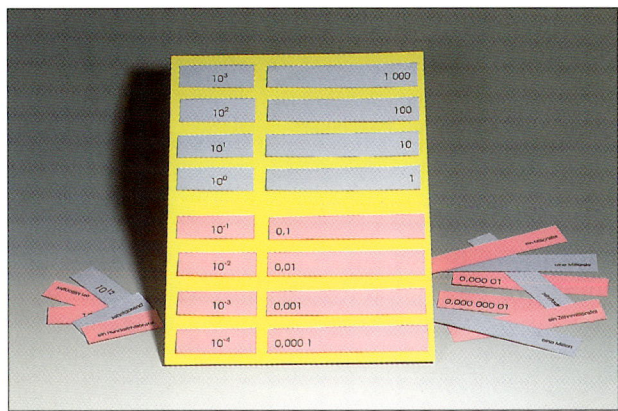

Art des Materials:

Erarbeitungsmaterial

Materialbeschreibung:

Zahlenkärtchen von Billiarde (10^{15}) bis Hundertmillionstel (10^{-8}), als Zahl bzw. in Exponentendarstellung, jeweils auf der Rückseite ist der Zahlenwert als Wort ausgeschrieben (lila Kärtchen für positive, rosa für negative Exponenten).

Lernziele/Ziele:

„Exponentendarstellung von dekadischen Einheiten"

Selbstkontrolle:

Auf der Rückseite der Kärtchen sind die Zahlen in Worten ausgeschrieben.

Voraussetzungen für den Einsatz:

Zahlenaufbau im dekadischen Zahlensystem

Verwendungsvorschläge:

Jeder Zahl soll ihre Exponentendarstellung zugeordnet werden; wenn man die Reihenfolge nach den Hochzahlen wählt, wird der Aufbau des dekadischen Zahlensystems sehr gut sichtbar.

Von den großen zu den kleinen Zahlen fällt auch die Hochzahl, für die Zahlen kleiner als 1 sind die negativen Hochzahlen reserviert.

Legt man die Zehnerpotenzen mit den negativen Exponenten neben die zugehörigen positiven Exponenten, so sieht man die Analogien sehr deutlich.

So ist „1000 – tausendmal Eins" mit „1/1000 – einem Tausendstel von Eins" vom gleichen Typ, was an den Hochzahlen erkennbar ist – 10^3 und 10^{-3} lassen die Analogien erkennen.

**Besondere Hinweise
für die Materialdemonstrationen:**

Wenn man die Reihenfolge der Exponenten der Größe nach ansteigend aus dem negativen Bereich einhält, sieht man neben den anderen Gesetzmäßigkeiten sehr deutlich, dass 1 mit 10^0 identisch ist.

Wenn man bei der Materialdemonstration die Zahlen mit ihren Potenzen laut spricht, wird die Reihe mit ihren Gesetzmäßigkeiten besser erkannt.

Wenn man Ziffernplättchen zu den Potenzen legt, sieht man die Entstehung einer Zahl im dekadischen Zahlensystem deutlich vor sich.

Herstellung/Beschaffung:

erhältlich bei: WEMONT

Dieses Spiel kann man sehr leicht auf andere Zahlensysteme transponieren. Für das Dualsystem werden z. B. die 2er-Potenzen der Reihe nach aufgelegt und ergeben so die Schreibweise einer Zahl im Dualsystem.

Wenn man nun wieder zu den Potenzen die Ziffernplättchen dazulegt, sieht man den Aufbau einer Zahl im Binärsystem.

F.1.2 Bino-Puzzle

Art des Materials:

Übungsmaterial

Materialbeschreibung:

Das Bino – Puzzle besteht aus 24 Quadraten aus Karton (mit 4-farbiger Unterteilung) und 4 Farbkärtchen zur Auswahl der Spielfarben.

Lernziele/Ziele:

Vorbereitung der Formel für $(a+b)^2$

Selbstkontrolle:

Wenn jede Linie der Quadrate verlängert werden kann, wurde richtig angelegt.

Voraussetzungen für den Einsatz:

Spieler dürfen nicht farbenblind sein.

Verwendungsvorschläge:

- 2–4 Spieler wählen sich aus den 4 Farbkärtchen ihre Spielfarbe und legen dieses Farbkärtchen offen vor sich hin, damit es während des gesamten Spieles für alle Mitspieler sichtbar ist.

- Die quadratischen Kärtchen werden ausgeteilt.

- Ein Spieler beginnt und legt ein Quadrat-Kärtchen in die Mitte.

- Reihum versucht nun jeder Spieler, bei seinem Spielzug ein Quadrat-Kärtchen so anzulegen, dass möglichst viele Teile seiner Farbe aneinander liegen. (Die anderen versuchen, das zu verhindern.) Dabei muss immer die Grundstruktur – wie sie auf jedem Quadrat eingezeichnet ist – eingehalten werden.

- Man darf nicht zwei gleich große Quadrate aneinander legen, in diagonaler Richtung muss immer auf ein kleines Quadrat ein großes folgen – die Teilungslinien müssen also durch das ganze Spiel weitergezogen werden, nach der Form $(a+b)^2$.

- Gespielt wird, bis die Spieler alle Kärtchen aufgelegt haben.

- Zum Schluss werden die erreichten zusammenhängenden Flächen nach folgendem Schlüssel ausgewertet:

10 Punkte: für ein vollständiges Quadrat (wenn alle vier Teilflächen einer Farbe einander berühren und miteinander wieder ein Quadrat bilden)

5 Punkte: für jede zusammenhängende Kombination von 3 Teilen einer Farbe

3 Punkte: für jede Zweierkombination einer Farbe.

Besondere Hinweise für die Materialdemonstrationen:

Das Bino-Puzzle sollte nicht demonstriert, sondern mit den Kindern gespielt werden.

Beschaffung:

erhältlich bei: WEMONT

F.1.3 Binomischer und Trinomischer Würfel

Art des Materials:

Erarbeitungsmaterial (Montessori-Material)

Materialbeschreibung:

Farbige Würfel und Quader, die den Teilen der Formel $(a+b)^3$ bzw. $(a+b+c)^3$ entsprechen, dazu Kärtchen mit den einzelnen Formelgliedern

Lernziele/Ziele:

„Rechnen mit Binomen". Dieses Material wird auch schon in den Kindergärten verwendet – die Kinder versuchen dort, aus all diesen Bauklötzen einen großen Würfel zusammenzubauen und arbeiten dabei mit geometrischen und algebraischen Grundstrukturen.

Selbstkontrolle:

Materialimmanente Selbstkontrolle – man sieht, dass der Würfel richtig zusammengestellt wurde, wenn er vollständig ist und in jeder Ebene das Abbild des Deckels sichtbar wird.

Voraussetzungen für den Einsatz:

Keine, aber zum Erarbeiten der Formeln sind Grundkenntnisse der Volumenberechnung eines Quaders und Würfels nötig.

Verwendungsvorschläge:

Zuerst geht es einfach darum, den Würfel selbstständig und ohne Anleitung zusammenzubauen. Dabei muss es auch erlaubt sein, den Würfel in beliebiger Art und Weise zusammenzusetzen. Es soll klar werden, dass all diese Teile gemeinsam einen großen Würfel ergeben.

Wenn man dann nur die Teile für den binomischen Würfel – also für $(a+b)^3$ – auswählt, kann man auch aus diesen Teilen einen Würfel zusammensetzen. Er ist viel kleiner als der erste Würfel. An diesen kleinen Würfel kann man dann außen die restlichen Quader und Würfel anbauen und es entsteht der trinomische Würfel.

Damit kann man erkennen, dass die Formel $(a+b)^3$ in der Formel $(a+b+c)^3$ enthalten ist.

Beim Zusammensetzen des jeweiligen Würfels braucht man keine Formeln zu können oder mathematische Inhalte zu erkennen:

Die Kinder im Kindergarten setzten den Würfel zusammen, indem sie Farbe an gleiche Farbe legen, also ein Stein mit einer roten Seitenfläche braucht wieder eine rote Seitenfläche daran.

Will man jedoch die Struktur der jeweiligen Formel sichtbar machen, kann man folgendermaßen vorgehen (es ist einfacher, zuerst den binomischen Würfel zu wählen):

Die Kärtchen können den Einzelteilen des *Binomischen Würfels nach Maria Montessori* zugeordnet werden.

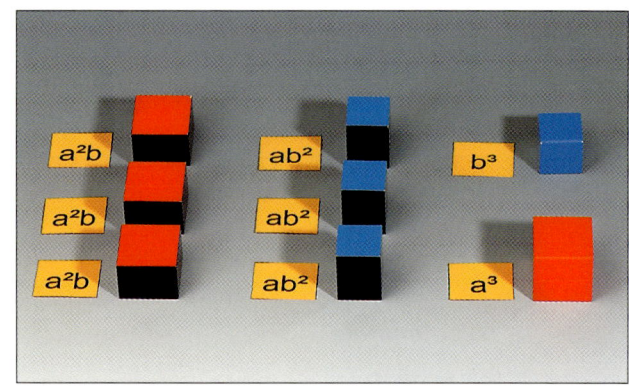

Wenn man die Formel betrachtet, erkennt man eben diese Gruppen – wie aus der Herleitung zu sehen ist.

$$
\begin{aligned}
(a+b)^3 &= (a+b)^2 \cdot (a+b) = \\
&= (a^2 + 2ab + b^2) \cdot (a+b) = \\
&= a^3 + 2a^2b + ab^2 + a^2b + 2ab^2 + b^3 = \\
&= a^3 + 3a^2b + 3ab^2 + b^3
\end{aligned}
$$

Betrachtet man hingegen den trinomischen Würfel, sieht man Folgendes:

Durch Gruppierung gleicher Teile wird die Struktur der Kubik-Formel sichtbar. Die Farbgebung der Kärtchen zeigt ebenfalls deutlich, dass der Binomische im Trinomischen Würfel enthalten ist.

Wenn man gleichartige Quader und Würfel gruppiert, erkennt man, dass es zwei Dreiergruppen und zwei einzelne Würfel gibt.

Die Würfel entsprechen a^3 und b^3, die einzelnen Quader entsprechen a^2b und ab^2, sind also Quader mit quadratischer Grundfläche.

Die Zuordnung der Kärtchen zu den Würfeln und Quadern ergibt nach der Gruppierung:

- drei einzelne Würfel, die a^3, b^3 und c^3 entsprechen

- 6 Dreiergruppen, die a^2b, ab^2, a^2c, ac^2, b^2c und bc^2 entsprechen

- sowie eine Sechsergruppe, die den Quadern abc entspricht

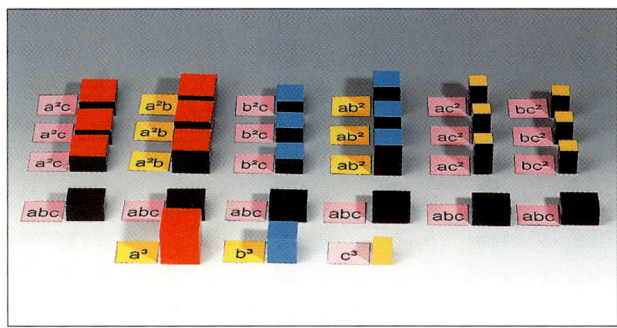

Bei der Herleitung der trinomischen Formel sieht man:

$$(a + b + c)^3 = (a + b + c)^2 \cdot (a + b + c) =$$

$$= (a^2 + b^2 + c^2 + 2ab + 2ac + 2bc) \cdot (a + b + c) =$$

$$= a^3 + ab^2 + ac^2 + 2a^2b + 2a^2c + 2abc +$$
$$+ a^2b + b^3 + bc^2 + 2ab^2 + 2abc + 2b^2c +$$
$$+ a^2c + b^2c + c^3 + 2abc + 2ac^2 + 2bc^2 =$$

$$= a^3 + b^3 + c^3 + 6abc +$$
$$+ 3a^2b + 3ab^2 + 3a^2c + 3ac^2 + 3b^2c + 3bc^2$$

So wird die Grundstruktur dieser Formel sehr gut sichtbar.

**Besondere Hinweise
für die Materialdemonstrationen:**

Dieses Material ist besonders gut für die Arbeit mit einer Gruppe geeignet. Je nachdem, wie lange die Gruppe braucht, sich auf eine Vorgehensweise zu einigen, kann man auf den Konfliktgrad dieser Gruppe schließen.

Zu allererst versuchen alle gemeinsam, den Würfel zusammenzustellen. Wenn dies nur ein oder zwei Gruppenmitglieder alleine tun, und die anderen schauen zu, kann man fast immer auf einen (oder zwei) so genannte α-Typen schließen. Wenn mehrere, im Idealfall alle gemeinsam, den

Würfel bauen, kann man auf eine teamfähige, relativ gleichstarke Gruppe schließen. Aus der Gruppentheorie weiß man, dass mehr als zwei α-Typen in einer Gruppe immer endlose Streitereien führen. Wenn man es verändern kann, ist es empfehlenswert, in einer Gruppe immer nur einen α-Typ übrig zu lassen.

Wenn der Würfel gebaut ist, sollen alle gemeinsam versuchen, die Kärtchen zu den Quadern bzw. Würfeln zuzuordnen.

Meistens beginnen Kinder dann ganz selbstständig zu ordnen und finden die Dreiergruppen, wenn man sie dabei nicht stört und ihnen genügend Zeit dafür lässt.

Gruppen mit ausschließlich erwachsenen Teilnehmern brauchen zu dieser Ordnung um ein Vielfaches mehr Zeit als Kinder. Ich habe sogar einmal eine Gruppe von Erwachsenen erlebt, die alleine zu überhaupt keiner Ordnung kam. Keiner machte auch nur annähernd den Versuch, die Würfel und Quader nach gleichartigen zu sortieren.

Auf meine Nachfrage bekam ich zur Antwort, dass alle Teilnehmer dieser Gruppe zu Hause ein fürchterliches Durcheinander hatten – sie hatten den Bezug zur Ordnung (zu ihrer inneren Ordnung) verloren, deshalb konnten sie die zugrunde liegenden Strukturen auch nicht erkennen.

Beschaffung:

Würfel erhältlich bei: Fa. Nienhuis mit ihren lokalen Wiederverkäufern

Kärtchen erhältlich bei: WEMONT

Von der eigenhändigen Herstellung des Trinomischen Würfels kann ich nur dringend abraten; wenn die Teile nicht maschinell genau geschnitten sind und alles im rechten Winkel liegt, kann man den Würfel nie wirklich zusammensetzen.

F.1.4　Flächen-Spiel

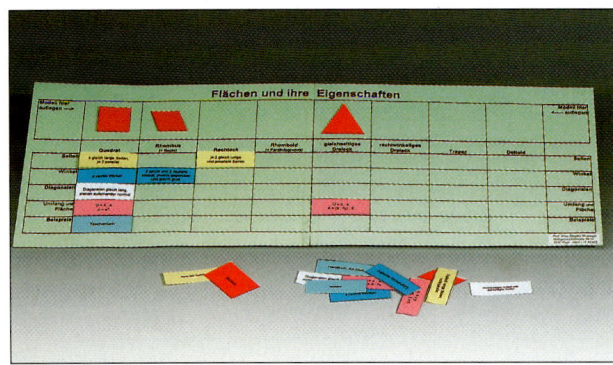

Art des Materials:

Erarbeitungsmaterial, das auch als Übungsmaterial verwendet werden kann

Materialbeschreibung:

Spielplan mit 8 Flächenmodellen, sowie Kärtchen mit Eigenschaften dieser Flächen (Seiten, Winkel, Diagonalen) und Formeln (Umfang und Flächeninhalt) dieser Flächen. Jede Kategorie dieser Kärtchen hat eine andere Farbe, damit sie unter den vielen Kärtchen leichter erkannt werden können.

Lernziele/Ziele:

„Eigenschaften von Flächen und Flächenberechnungen". Das Flächenspiel kann im Rahmen der Freiarbeit für Schüler im Alter von 8 bis 14 Jahren sinnvoll eingesetzt werden.

Selbstkontrolle:

Auf der Rückseite der Kärtchen sind die Antworten vermerkt.

Die Eigenschaften können zusätzlich auch an den Flächenmodellen gesehen werden.

Voraussetzungen für den Einsatz:

Grundlagen zur Berechnung von Umfang und Fläche

Definition von Längen, Flächen und Diagonalen

Verwendungsvorschläge:

● Man sucht die Flächenmodelle und die Zuordnungskärtchen heraus und legt sie auf die dafür vorgesehenen Felder am Spielplan

● Die Lösung befindet sich zur Kontrolle auf der Rückseite der Kärtchen

● An den Flächenmodellen kann man die Eigenschaften sehen – man braucht sie nicht auswendig zu können, sondern kann sie an den Modellen erkennen

Jeder Lehrer kann durch selbst erstellte Fragekärtchen auf besondere Gesetzmäßigkeiten hinweisen. Eine Frage könnte z. B. lauten: „Welche Flächen haben aufeinander normal stehende Diagonalen?"

Besondere Hinweise für die Materialdemonstrationen:

Bei der Demonstration zeigt man sehr deutlich mit den Fingern auf die Eigenschaften der Flächen – damit wird klar, dass nicht alles aus dem Gedächtnis gelöst werden soll.

Beschaffung:

erhältlich bei: WEMONT

F.1.5 Flächen-Diktat

Art des Materials:

Erarbeitungsmaterial, das auch als Übungsmaterial verwendet werden kann

Materialbeschreibung:

10 Flächen (starker Karton) und Bildkärtchen mit Vorgaben und Beschreibung.

Lernziele/Ziele:

„Eigenschaften von Flächen und Flächenberechnungen". Das Flächendiktat kann im Rahmen der Freiarbeit für Schüler im Alter von 7 bis 14 Jahren sinnvoll eingesetzt werden.

Selbstkontrolle:

Vergleich des Bildes und der Beschreibung mit der gelegten Aufgabe

Voraussetzungen für den Einsatz:

Keine, die Bezeichnung der Flächen liegt dem Spiel bei und kann je nach Alter der Kinder mehr oder weniger mathematisch genau genommen werden.

Verwendungsvorschläge:

● Die Flächenmodelle sollen den in der Beschreibung angeführten Bezeichnungen zugeordnet werden (1. Stufe des Lernens)

● Ein Spieler sucht ein Bild aus und diktiert einem anderen mit eigenen Worten, wie die auf dem Foto abgebildete Figur aus den vorhandenen Flächenmodellen zusammengesetzt werden soll (3. Stufe des Lernens). Falls erforderlich, kann der Text auf dem Kärtchen als Hilfe herangezogen werden.

Der andere Spieler versucht, die Figur nach diesem Diktat aufzubauen (2. Stufe des Lernens). Wenn die Figur fertig ist, kann man sie mit jener auf dem Foto vergleichen.

● Eine schwierigere Version des Spieles ist es, die Figur mit verbundenen Augen zu bauen. Hier entdecken Kinder, dass sie sich mit einiger Übung auch auf andere Sinne verlassen können. Einige Schüler wurden bereits wahre Meister im „Blind-Diktat"!

Besondere Hinweise für die Materialdemonstrationen:

Wenn man bei der Demonstration mit den Fingern die Konturen der Flächen nachzieht, werden die Eigenschaften der Flächen betont. Verlangen sie nicht übermäßig genaue Formulierungen, die Kinder kommen selbst drauf, dass sie nicht verstanden werden, wenn sie ungenau formulieren; manchmal verstehen sich aber zwei auch ohne viele Worte – auch das sollte man bemerken und entsprechend würdigen.

Beschaffung:

erhältlich bei: WEMONT

F.1.6 Körper-Spiel

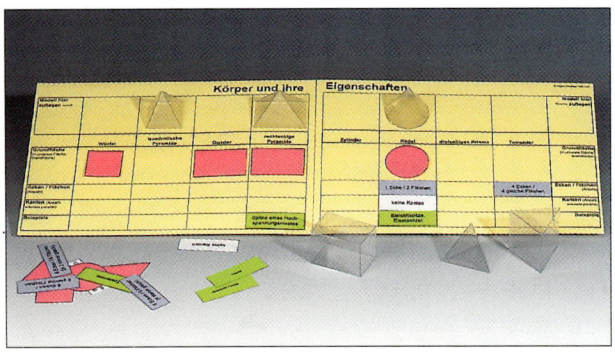

Art des Materials:

Erarbeitungsmaterial, das auch als Übungsmaterial verwendet werden kann

Materialbeschreibung:

Spielplan mit 8 Körpermodellen, Kärtchen mit Eigenschaften (Grundflächen, Ecken, Flächen und Beispiele), sowie auch Netzmodelle der Körper

Die Körpermodelle sind durchsichtig, damit der Aufbau der Körper und ihre Eigenschaften klarer erkennbar werden. Die Netzmodelle sind Kopiervorlagen, damit für jeden Schüler eigene Netze kopiert werden können.

Lernziele/Ziele:

„Eigenschaften von Körpern, deren Netze bzw. Oberflächenberechnung". Das Körperspiel kann im Rahmen der Freiarbeit für Schüler im Alter von 9 bis 15 Jahren sinnvoll eingesetzt werden.

Selbstkontrolle:

Auf der Rückseite der Kärtchen sind die Antworten vermerkt.

Die Eigenschaften der Körper können auch an den Körpern abgelesen werden.

Voraussetzungen für den Einsatz:

Grundlagen zur Berechnung von Umfang und Fläche

Verwendungsvorschläge:

Man sucht die Körpermodelle und legt sie auf die dafür vorgesehenen Plätze am Spielplan. Die Zuordnungskärtchen sucht man nach Betrachtung der Körper heraus und legt sie in die dafür vorgesehenen Felder in der Spalte des jeweiligen Körpers am Spielplan – die Lösung befindet sich zur Kontrolle auf der Rückseite der Kärtchen.

An den Körpermodellen kann man die Eigenschaften sehen – man braucht sie nicht auswendig zu können, sondern kann sie am Modell erkennen.

Die Netzmodelle sind zum Erkennen der jeweiligen Oberfläche dabei; man kann einen Körper auf ein Netzmodell legen und nach allen Seiten kippen – wenn er passt, erkennt man auch, wie die Oberfläche zu berechnen ist, aus welchen Flächen sie sich zusammensetzt – siehe Oberflächenspiel.

Jeder Lehrer kann durch selbst erstellte Fragekärtchen auf besondere Gesetzmäßigkeiten hinweisen. So könnte z. B. eine Frage lauten: Welche Körper haben 8 Ecken? Durch das Heraussuchen dieser Gemeinsamkeiten werden viele Eigenschaften in ihrer Struktur klarer.

Besondere Hinweise für die Materialdemonstrationen:

Bei der Demonstration zeigt man mit den Fingern sehr deutlich auf die Eigenschaften der Körper – damit wird klar, dass nicht alles aus dem Gedächtnis gelöst werden soll.

Beschaffung:

erhältlich bei: WEMONT

Die Körpermodelle sind auch als Extra-Set erhältlich, damit jeder Schüler sein eigenes Set bekommen kann.

F.1.7 Raum-Diktat

Art des Materials:

Erarbeitungsmaterial, das auch als Übungsmaterial verwendet werden kann

Materialbeschreibung:

Tasche mit Holzbausteinen, Fotokärtchen mit Abbildungen und Beschreibungen

Lernziele/Ziele:

„Eigenschaften von Körpern". Das Raumdiktat kann im Rahmen der Freiarbeit für Schüler im Alter von 8 bis 14 Jahren sinnvoll eingesetzt werden.

Selbstkontrolle:

Vergleich des Bildes und der Beschreibung mit der gelegten Aufgabe.

Voraussetzungen für den Einsatz:

Keine, die Bezeichnung der Körper liegt bei und kann je nach Alter der Kinder mehr oder weniger mathematisch genau genommen werden.

Verwendungsvorschläge:

- Die Bausteine sollen den in der Beschreibung angeführten Bezeichnungen zugeordnet werden (1. Stufe des Lernens)

- Ein Spieler sucht ein Bild aus und diktiert einem anderen mit eigenen Worten, wie die auf dem Foto abgebildete Figur aus den vorhandenen Bausteinen zusammengesetzt werden soll (3. Stufe des Lernens). Falls erforderlich, kann der Text auf dem Kärtchen als Hilfe herangezogen werden.

- Der andere Spieler versucht, die Figur nach diesem Diktat aufzubauen (2. Stufe des Lernens). Wenn die Figur fertig ist, kann man sie mit jener auf dem Foto vergleichen.

- Eine schwierige Version des Spieles ist es, die Figur mit verbundenen Augen bauen zu lassen. Hier entdecken Kinder, dass sie sich gerade bei Körpern sehr gut auf ihren Tastsinn verlassen können.

Besondere Hinweise
für die Materialdemonstrationen:

Wenn man bei der Demonstration mit den Fingern die Konturen der Körper nachzieht, werden die Eigenschaften der Körper betont. Verlangen sie nicht übermäßig genaue Formulierungen, die Kinder kommen selbst drauf, dass sie nicht verstanden werden, wenn sie ungenau formulieren; manchmal verstehen sich aber zwei auch ohne viele Worte – auch das sollte man gelten lassen.

Beschaffung:

erhältlich bei: WeMoNT

F.1.8 Füllkörper

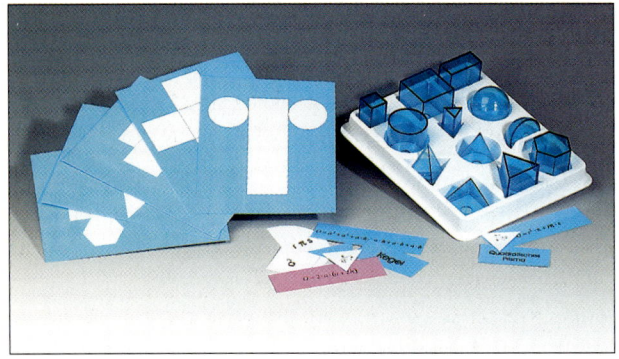

Art des Materials:

Erarbeitungs- und Übungsmaterial

Materialbeschreibung:

Körper-Modelle aus Kunststoff mit einem Loch in der Grundfläche; die Grundfläche ist auch abnehmbar.

Kärtchen mit den Netzen dieser Körper

Flächenkärtchen in der geeigneten Anzahl für alle Teile der Oberflächen dieser Körper

Formelkärtchen mit den Volums- und Oberflächenformeln dieser Körper

Lernziele/Ziele:

Eigenschaften von Körpern, Oberflächenberechnung, Volumsvergleiche und Volumsberechnung

Selbstkontrolle:

Auf der Rückseite der Kärtchen sind die Namen der jeweiligen Körper vermerkt, zu denen sie gehören

Voraussetzungen für den Einsatz:

Wenn die Füllkörper als Experimentiermaterial verwendet werden, braucht man keine Vorausset-

zungen – selbst Kindergarten-Kinder experimentieren gerne damit.

Es muss allerdings die räumliche Voraussetzung dafür geschaffen sein – wenn die Kinder immer aufpassen müssen, damit sie kein Wasser verschütten, können sie sich nicht auf die Sache an sich konzentrieren und es macht auch keinen Spaß mehr. Sorgen sie für eine geeignete Umgebung mit z. B. einer Gummimatte oder einem großen Auffanggefäß, auch Handtücher sollten nicht fehlen.

Für die Oberflächenberechnungen sind die Grundlagen der Berechnung einfacher Flächen wie Quadrat, Rechteck, Dreieck und Kreis erforderlich.

Für die Berechnung der Volumina braucht man als Grundlage die Struktur einer Volumseinheit, also z. B. den Aufbau des Volumens eines Quaders.

Verwendungsvorschläge:

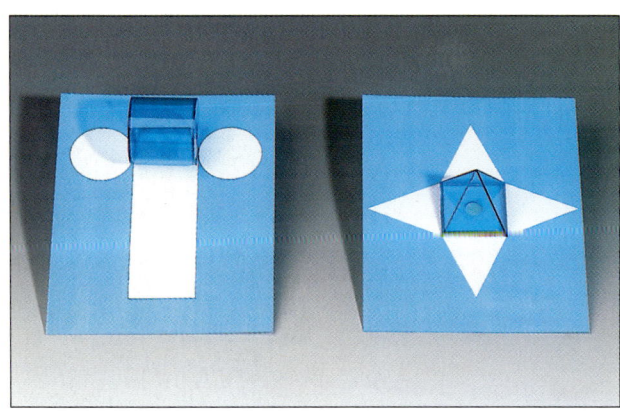

Man kann die Oberfläche der Füllkörper durch Abrollen sichtbar machen.

Auf den Oberflächen-Kärtchen sind die Netze der Körper in Original-Größe abgebildet; man kann nun einen Körper nehmen und auf den Kärtchen abrollen – wenn alle Flächen berührt werden, entspricht das gewählte Kärtchen der entsprechenden Oberfläche.

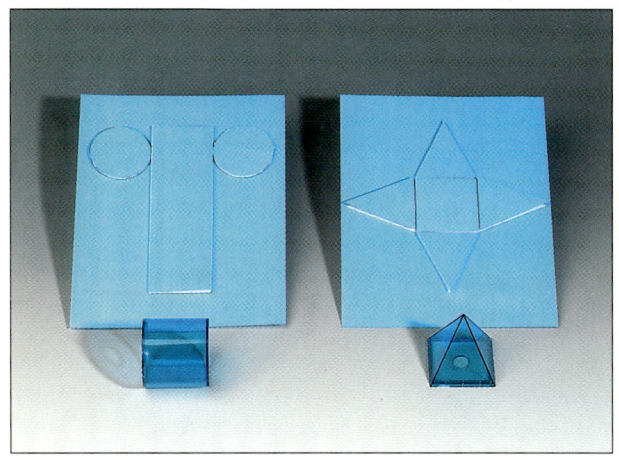

Zu den Netzkärtchen gibt es noch die einzelnen Flächen-Kärtchen.

Die einzelnen Flächen-Kärtchen sollen auf die Netzkarte gelegt werden – es wird die Oberfläche als Summe von einzelnen einfachen Flächen erkennbar.

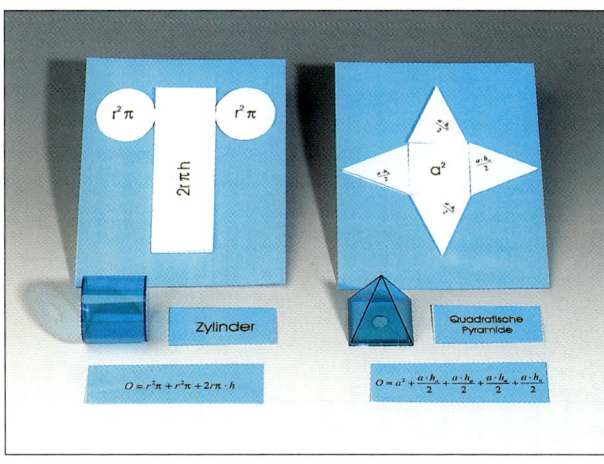

Auf der Rückseite der Kärtchen ist die Formel der jeweiligen Fläche vermerkt.

Danach sucht man das Formelkärtchen, das zu dem jeweiligen Körper gehört – auf diesem ist ersichtlich, wie aus der Summe der Einzelflächen die Oberfläche zusammengestellt und die Formel vereinfacht wird. Man sieht z. B. für die Pyramide, dass die Formel aus einer Grundfläche und vier gleichen Seitenflächen besteht, dem so genannten Mantel.

Diese vier Seitenflächen werden zusammengefasst und zum Schluss noch die Formel vereinfacht, indem gleiche Unbekannte herausgehoben werden.

Mit den Füllkörpern kann man auch den Rauminhalt der Körper sichtbar machen.

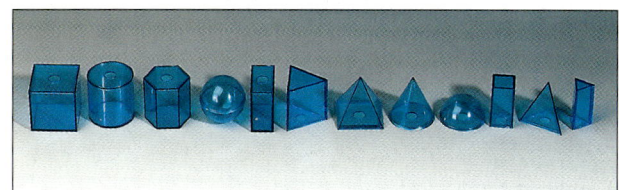

Zuerst sollten die Kinder Möglichkeit zum Experimentieren haben, damit sie ausprobieren können, wie viel Wasser in die einzelnen Körper passt. Dabei stellen Sie nach einiger Zeit fest, dass es immer zwei Körper gibt, von denen der eine dreimal in den anderen hineinpasst.

Die Körper sind nämlich so gemacht, dass das jeweilige Paar mit der gleichen Grundfläche (spitzer und gerader Körper) die gleichen Haupt-Maße hat.

Der Zylinder und der Kegel haben also gleiche Grundfläche, einen Kreis, und gleiche Höhe; in den Zylinder passt genau dreimal so viel Wasser hinein wie in den Kegel.

Das Gleiche gilt für Würfel und quadratische Pyramide, und für dreieckiges Prisma und dreieckige Pyramide.

Leider ist bei den blauen Füllkörpern keine rechteckige Pyramide vorhanden – auch der Quader und die rechteckige Pyramide wären so ein Paar. Man erkennt aus den Experimenten, dass ein spitzer Körper immer ein Drittel des Volumens des zugehörigen geraden Körpers hat. Ein gerader Körper hat immer $V = G \cdot h$ und ein spitzer Körper immer $V = G \cdot h/3$

Auf den jeweiligen Kärtchen wird dann nur mehr die Grundfläche eingesetzt und die Volumsformeln sind damit leicht begreifbar.

Besondere Hinweise
für die Materialdemonstrationen:

Für die Oberflächenberechnung den Körper auf der Netzkarte sorgfältig und zur Gänze abrollen,

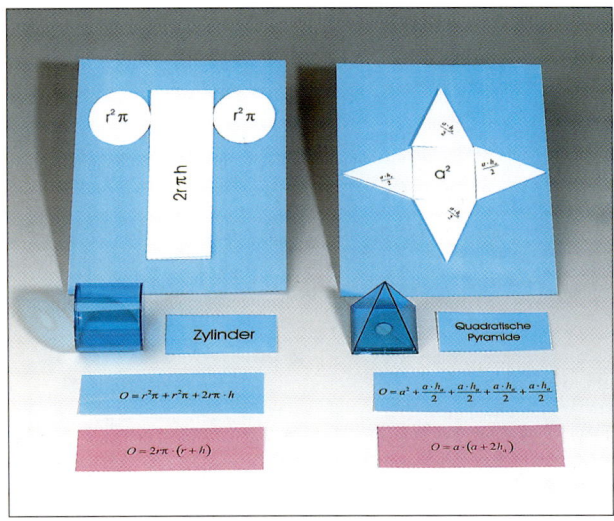

Den Messbecher sollte man aber nie vergessen – die Kinder zeigen großes Interesse an der Maßzahl des Volumens der einzelnen Körper.

Für die Volumsberechnung sollte man zusätzlich das „Goldene Perlenmaterial" und das „Bunte Perlenmaterial" nach Maria Montessori verwenden, damit die Formel $V = G \cdot h$ einsichtig wird.

Wenn man z. B. hellblaue Quadrate, also Quadrate mit der Seitenlänge 6, abzählt, erkennt man, dass das Quadrat von 6, also 6^2, genau 36 ist. Legt man nun 4 solcher Quadrate übereinander, sieht man einen Quader mit der Grundfläche 36 und der Höhe 4. Die Kinder erkennen sofort, dass die gesamte Menge der Perlen der Zahl 144, also 36 mal 4 entspricht. Die Formel $G \cdot h$ ist also damit leicht erklärt.

Das „Bunte Perlenmaterial" kann auch für Quader mit rechteckiger Grundfläche verwendet werden. Man kann z. B. ein 4er-Quadrat und ein 3er-Quadrat nebeneinander legen und dieses entstehende Rechteck durch ein 3er-Stäbchen ergänzen. Es ergibt sich also ein Rechteck mit der Länge 7 und der Breite 4. Wenn der Quader die Höhe 2 haben soll, werden eben alle Teile genau noch einmal übereinander gelegt. Also ist wieder $V = G \cdot h$.

damit auch ersichtlich wird, dass alle Flächen des jeweiligen Körpers am Netz wirklich vorhanden sind und wie die Oberfläche entsteht!

Beim Auslegen der einzelnen Flächen-Kärtchen auf die Netzkarte sollte die Fläche auch benannt werden (1. Stufe des Lernens, wenn es der Lehrer benennt; 3. Stufe des Lernens, wenn die Kinder die Flächen benennen) und von Kindern aus den vorhandenen Flächen-Kärtchen herausgesucht werden (2. Stufe des Lernens).

Achten Sie immer darauf, dass für Kinder genügend oft die 2. Stufe des Lernens möglich wird – sie wird in unserem herkömmlichen Unterricht meistens übersprungen.

Wenn das Füllen der Körper mit Wasser in der Klasse ein organisatorisches Problem darstellt, kann man sie auch mit Sand oder Reiskörnern füllen lassen.

Beschaffung:

Die blauen Füllkörper sind erhältlich bei:
Fa. Betzold,

das Oberflächenspiel dazu bei: WEMONT

F.1.9　Quadrat-Zerlegungen im Dekadischen System

Art des Materials:

Erarbeitungsmaterial

Materialbeschreibung:

Grundplatte aus Holz mit einem Raster, der diagonal die Quadrate von a = 1cm bis a = 10 cm und horizontal und vertikal die jeweiligen paarweisen Rechteck-Streifen der entsprechenden Zahl enthält.

Zu jeder Zahl „a" gibt es außerdem Plättchen für alle diese Quadrate und Rechtecke in den Ziffernfarben nach Maria Montessori.

Zum 4×4-Quadrat gibt es also:

2 Rechtecke 1×4,
2 Rechtecke 2×4 und
2 Rechtecke 3×4, alles in der Farbe gelb.

oder zum 6×6-Quadrat gibt es:

2 Rechtecke 1×6,
2 Rechtecke 2×6,
2 Rechtecke 3×6,
2 Rechtecke 4×6 und
2 Rechtecke 5×6, alles in der Farbe lila.

Lernziele/Ziele:

- 1-×-1 und Zahlenreihen
- Zerlegungen eines Quadrates
- Distributivgesetz, Kommutativgesetz
- Binomische Formel

Selbstkontrolle:

Bei diesem Material gibt es je nach Art der Anwendung verschiedene Möglichkeiten der Selbstkontrolle:

- das jeweilige Muster lässt durch seine Regelmäßigkeit Rückschlüsse auf die Richtigkeit zu
- die aufgelegten Quadrate und Rechtecke passen in den Raster auf der Grundplatte
- die richtige Lösung steht auf der Rückseite der Auftragskärtchen

Voraussetzungen für den Einsatz:

Die vier Grundrechnungsarten

Verwendungsvorschläge:

Dieses Material kann sehr vielfältig verwendet werden:

- Zuerst, um die Struktur des 1x1 zu visualisieren

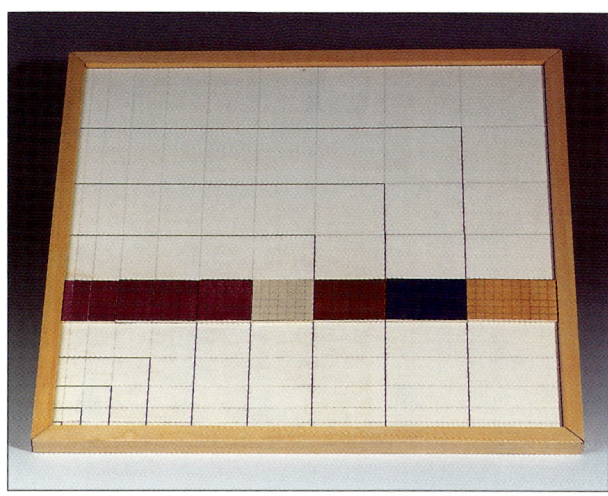

Dafür legt man alle Quadrate und Rechtecke reihenweise auf; man beginnt also mit dem 1×1-Quadrat, daneben legt man 2×1, 3×1, 4×1, 5×1, 6×1, 7×1, 8×1 und 9×1 mit den jeweiligen Rechtecken in den Ziffernfarben nach Maria Montessori.

In der nächsten Reihe liegt dann zuerst 1×2, daneben das 2×2-Quadrat, und weiter mit den Rechtecken 3×2, 4×2, 5×2, 6×2, 7×2, 8×2 und 9×2.

Weil auf den Quadraten und Rechtecken die Unterteilungen der cm^2 erkennbar sind, fällt das Finden der richtigen Teile, und auch das Abzählen der cm^2 der jeweiligen Fläche, nicht schwer. Ganz nebenbei verbinden die Kinder mit einer Multiplikation sofort das Bild der Fläche eines Rechtecks.

Wenn man zusätzlich die Rechtecke der 1×1-Reihe so übereinander legt, dass das größte Rechteck ganz unten liegt, sieht man deutlich, dass von einem Rechteck zum nächstgrößeren immer die gleiche Anzahl dazukommt.

Vielen Kindern, denen der Aufbau der Zahlenreihen nicht so klar war, die auch das 1×1 immer nur auswendig gelernt haben ohne sich darunter etwas vorstellen zu können, gewinnen durch das Legen dieser Reihen einen Bezug zu den Zahlen, weil sie sich durch dieses Material „ein Bild im Kopf machen können". Dann ist das Abstrahieren kein Problem mehr.

Gerade bei solch zentralen Grundkenntnissen wie das 1×1 ist es besonders wichtig, dass die Kinder nicht sinnlos auswendig lernen, sondern eine Vorstellung davon und einen Bezug dazu haben.

Viele der so genannten Teilleistungsschwächen sind übrigens nur darauf zurückzuführen, dass keine solide Basis des Verständnisses gelegt wurde.

● Weiters kann man mit diesem Material den Größenunterschied zwischen den Quadratzahlen leicht erkennbar machen:

Dafür legt man die Quadrate außerhalb der Grundplatte in einer Reihe auf.

Dadurch wird der Unterschied zwischen den einzelnen Quadraten sehr deutlich – besonders dann, wenn man jedes Quadrat nimmt und auf das nächstgrößere legt.

Man kann auch ausprobieren, wie viele andere Teile man braucht, um auf das nächstgrößere Quadrat zu kommen.

Wenn man nun z. B. das 4×4-Quadrat auf das 7×7-Quadrat legt, muss man zum Ergänzen noch das 3×3-Quadrat und zwei 3×4-Rechtecke nehmen.

Setzt man für die obige Ergänzungsaufgabe a = 4 und b = 3, also a + b = 7, so kann man beim Vergleich der Flächen Folgendes erkennen:

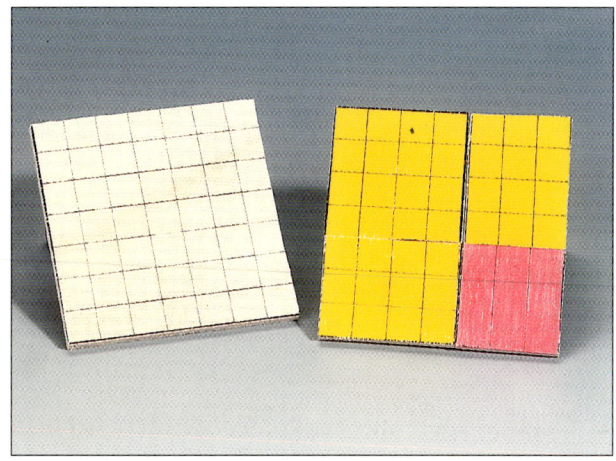

• Auf die Reihe der Quadrate können auch die Würfel des „Rosa Turms" oder des „Bunten Perlenmaterials" nach Maria Montessori aufgelegt werden.

Das große 7×7-Quadrat – also das Quadrat von der Summe von a und b, man schreibt $(a+b)^2$ – besteht aus dem 4×4-Quadrat (a^2), dem 3×3-Quadrat (b^2) und den beiden 3×4-Rechtecken $(2ab)$. Kurz aufgeschrieben heißt dies in der Sprache der Mathematik:

$$(a+b)^2 = a^2 + 2ab + b^2 \text{ (die binomische Formel)}$$

Wenn die Kinder das mit vielen Zahlenkombinationen durchführen, erkennen sie die Gesetzmäßigkeit ganz von allein.

Man kann aber auch die Quadrate alle aufeinander legen und staunen, welch unterschiedlicher Anblick sich ergibt, wenn zuerst alle Quadrate in einen rechten Winkel angelegt werden und dann alle Quadrate zentrisch übereinander gelegt werden.

Der Unterschied sieht bei der ersten Art des Übereinanderlegens viel größer aus als bei der zweiten Art – und ist doch immer wieder der gleiche.

Das dient dem Sichtbarmachen der Unterschiede zwischen den einzelnen Kubik-Zahlen (Würfeln).

Die Würfel aus dem „Bunten Perlenmaterial" haben den Vorteil, dass sie in der gleichen Farbe wie die Quadrate sind, und dass ihre Perlen abzählbar sind. Die Kinder zählen gerne, wie viele Perlen im jeweiligen Würfel sind – im Vergleich zu den Perlen in den Quadraten. Sie bekommen solcherart ein gutes Gefühl für die Kubikzahlen.

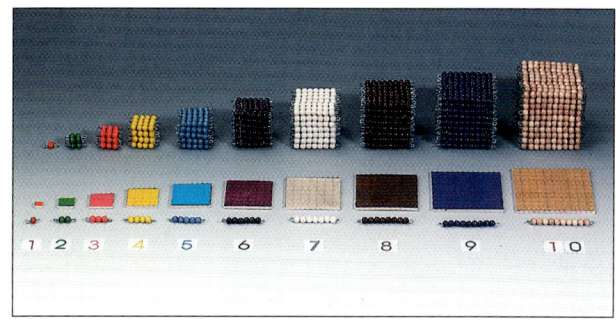

Noch besser sichtbar wird der Unterschied zwischen den Würfeln, wenn man zuerst die Perlenstäbchen in aufsteigender Reihenfolge nebeneinander auflegt, darunter die entsprechenden Quadrate zu den Stangen und noch einmal darunter die entsprechenden Würfel zu den Quadraten.

85

Sieht man sich den Unterschied anhand eines Beispieles an, so sieht man:

Von der 4er-Stange zur 5er-Stange muss 1 dazu gegeben werden, vom 4er-Quadrat zum 5er-Quadrat muss 9 dazu gegeben werden, und vom 4er-Würfel zum 5er-Würfel muss 61 dazu gegeben werden.

Von einer Stange mit der Länge a zur nächstgrößeren wird immer eins dazu gegeben, sie hat also die Länge a+1.

Von einem Quadrat a^2 zum nächstgrößeren (a+1)^2 wird immer 2a+1 dazu gegeben, was man am besten durch das Ergänzen sehen kann, wie es am Anfang der Verwendungsvorschläge aufgezeigt wurde. Weil zum nächstgrößeren Quadrat immer ein 1×1-Quadrat dazukommt, sind die beiden Rechtecke immer von der Fläche a · 1, es kommt also immer die Anzahl 1 + 2a · 1 dazu.

Von einem Würfel a^3 zum nächstgrößeren (a+1)^3 wird immer 3a^2+3a+1 dazu gegeben. Auch das kann man bildlich erkennen, zum Beispiel mit dem Binomischen Würfel. Wenn man sich b=1 vorstellt, muss man nur die Teile, die an den Kubus angebaut werden, um zum Kubus (a+b)^3 zu gelangen, alle summieren, also 3a^2+3a+1.

● Außerdem kann man noch die Anwendung des Distributivgesetzes gut zeigen:

Betrachtet man einmal alle Quadrate und Rechtecke, die zu einer bestimmten Farbe gehören

(Farben-Reihe genannt), so erkennt man folgende Gesetzmäßigkeiten:

Jedes Rechteck kann in zwei oder mehrere Rechtecke zerlegt werden.

Das 4×6-Rechteck kann z.B. in ein 1×6-Rechteck und ein 3×6-Rechteck zerlegt werden, also 4 · 6 = 1 · 6 + 3 · 6. Wenn a=1, b=3 und c=6 gesetzt wird, ist die Fläche des 1×6-Rechteckes „a · c" und die Fläche des 3×6-Rechteckes ist „b · c" · 4 ergibt sich als Summe von 1 und 3, also 4 = a+b. Insgesamt kann also folgende Formel gesehen werden:

a · c + b · c = (a+b) · c

Ebenso kann jedes Quadrat in zwei oder mehrere Rechteckstreifen zerlegt werden.

Eine Seite des Quadrates mit der Seite a ist in b und c zerlegt worden, also a = b + c; das ganze Quadrat (a^2) ist also in zwei Rechtecke zerlegt, mit den Flächen ab und ac. Da die Quadrat-Seite a in b und c zerlegt wurde, kann man statt a^2 auch a · (b+c) schreiben.

Also gilt doch: a · (b+c) = ab + ac

und das ist beide Male das Distributivgesetz.

So kann man aus jeder Farben-Reihe jeweils zwei Rechteckstreifen zu einem Quadrat zusammenlegen, das dem Quadrat der Reihe entspricht. Also ergibt z.B. aus der Vierer-Reihe ein 1×4-Rechteck zusammen mit einem 3×4-Rechteck das 4×4-Quadrat.
Und es können immer genau so viele Quadrate zusammengelegt werden, wie die Länge des zugehörigen Quadrates angibt. Also zur **gelben Vierer-Reihe** können zum Vierer-Quadrat genau **vier** Kombinationen wieder zu einem Quadrat gelegt werden.

Beschaffung:

erhältlich bei: WEMONT

F.1.10 Gleichungs-Rahmen

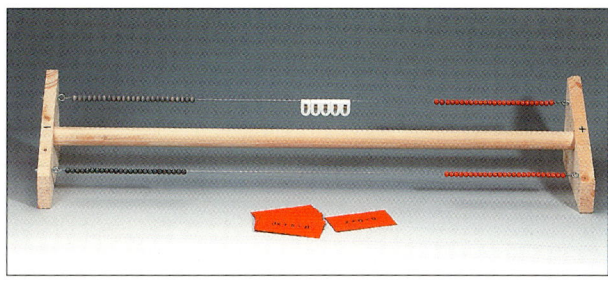

Art des Materials:

Erarbeitungsmaterial

Materialbeschreibung:

Der Gleichungs-Rahmen besteht aus einem Holzrahmen mit zwei Drähten, auf denen rote und graue Holzperlen aufgereiht sind, dazu Klammern als Stellvertreter für x. Die roten Perlen stehen für die positiven Zahlen, die grauen Perlen für die negativen. Der obere Draht stellt die linke Seite der Gleichung dar, der untere Draht die rechte Seite, der Stab in der Mitte steht für das Gleichheitszeichen.

Dazu gibt es 20 Aufgaben-Kärtchen in verschiedenen Schwierigkeitsstufen.

Lernziele/Ziele:

„Lösen von Gleichungen mit ganzzahligen Ergebnissen". Der Gleichungs-Rahmen kann im Rahmen der Freiarbeit für Schüler im Alter von 9 bis 13 Jahren sinnvoll eingesetzt werden.

Der Gleichungs-Rahmen bietet eine vollständige Darstellung des Lösungsvorganges von Gleichungen mit *einer* Unbekannten mit natürlichen Zahlen. Mit dem Gleichungsrahmen sollen also die Vorgänge beim Lösen von Gleichungen sichtbar und begreifbar gemacht werden.

Nach dem Prinzip der Isolierung von Schwierigkeiten dient der Gleichungsrahmen nicht zum Lösen von Gleichungen mit z.B. Bruchzahlen, weil diese Gleichungen eine Kombination der beiden Kapitel „Bruchrechnung" und „Gleichungen" darstellen. Für beide Kapitel sollte es verschiedene Materialien zum Erarbeiten geben, nicht aber ein Material für beide Kapitel in Kombination.

Selbstkontrolle:

Auf der Rückseite jedes Aufgabenkärtchens ist zur Selbstkontrolle die Lösung der Gleichung vermerkt.

Voraussetzungen für den Einsatz:

a) die Grundrechenarten mit ganzen Zahlen
b) Verständnis des Begriffes „Variable"

Verwendungsvorschläge:

Da die beiden Seiten einer Gleichung gleich groß sind, kann man nicht eine dieser Seiten einzeln verändern. Wenn die geplante Veränderung aber auf beiden Seiten gleichzeitig durchgeführt wird, sind nachher wieder beide Seiten gleich groß.

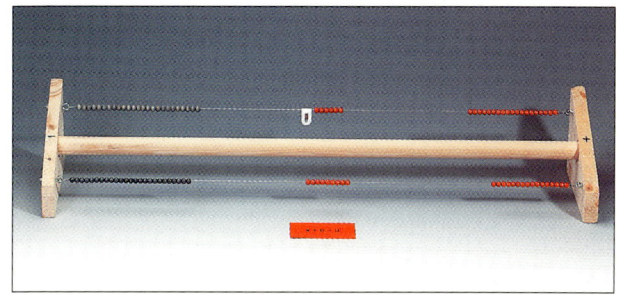

Durch Verschieben der Perlen wird der Wert von x isoliert und damit sichtbar gemacht.

Zuerst werden Perlen und Klammern entsprechend der gewählten Angabe vorbereitet;

z. B. wird für die angegebene Gleichung

$$x + 6 = 9$$

am oberen Draht eine Klammer (für 1x) aufgesteckt und 6 rote Perlen (für +6) in die Mitte geschoben – am unteren Draht 9 rote Perlen (für +9).

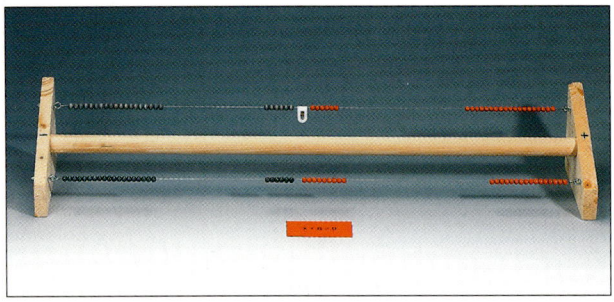

Ziel ist es, x zu berechnen – die 6 roten Perlen müssen also weggebracht werden.

Da +6 und –6 Null ergibt, müssen zu den 6 roten Perlen 6 graue Perlen dazugegeben werden, um Null zu bekommen.

Also werden auf beiden Seiten (auf beiden Drähten) 6 graue Perlen dazugegeben.

Am oberen Draht ergeben 6 rote und 6 graue Perlen zusammen Null – sie können also alle zur Seite geschoben werden.

Am unteren sind nun 3 rote Perlen, am oberen Draht nur mehr die Klammer für x, also entspricht x = 3.

**Besondere Hinweise
für die Materialdemonstrationen:**

Bei den Demonstrationen sollte die Hinführung zur schriftlichen Lösung von Gleichungen besonders berücksichtigt werden.

Wenn man zu Beginn Gleichungen wählt, die ausschließlich mit natürlichen Zahlen zu lösen sind, wie z. B. x + 3 = 5, kann man gleich von beiden

Seiten 3 rote Perlen wegschieben, es bleibt x = 2 übrig. Man nimmt also drei rote Perlen weg, anstatt 3 graue dazuzugeben und dann – weil sie zusammen Null ergeben – auf jedem Draht 3 graue mit 3 roten gleichzeitig wegzuschieben.

Solange nicht weniger gleichfarbige Perlen am unteren (der rechten Seite der Gleichung) als am oberen Draht (der linken Seite der Gleichung) sind, ist diese Lösungsmöglichkeit durchführbar; es ist aber darauf zu achten, dass vor dem Einführen der schriftlichen Lösung unbedingt auch das Ergänzen auf Null gezeigt werden muss.

Ansonsten läuft man Gefahr, dass beim vorher erläuterten Beispiel – wie übrigens fälschlicherweise von vielen Lehrern vermittelt – folgende Formulierung gebraucht wird: „6 wird auf die andere Seite gebracht". ***Das stimmt keineswegs, es wird „auf beiden Seiten –6 ergänzt"***, damit x isoliert wird.

Würde man nämlich 6 auf die andere Seite bringen, hätte man ein Ungleichgewicht, weil auf der anderen Seite dann 6 mehr wären. Eine Gleichung heißt aber deshalb so, weil beide Seiten zu jeder Zeit die gleiche Größe haben.

Wenn man dann noch konsequent bei den Demonstrationen auf beiden Seiten -6 darunter schreibt – unmittelbar nachdem man die 6 grauen Perlen dazuschiebt – und addiert, kann es nicht mehr zu diesen falschen Formulierungen kommen.

$$
\begin{aligned}
x + 6 &= 9 \\
-6 \quad & -6 \\
x &= 3
\end{aligned}
$$

Beim Demonstrieren sollte man darauf achten, dass alle Schüler den Gleichungsrahmen von vorne sehen, damit sie + und – nicht verwechseln.

Beschaffung:

erhältlich bei: WEMONT

F.1.11 Teiler- und Primzahlen-Spiel

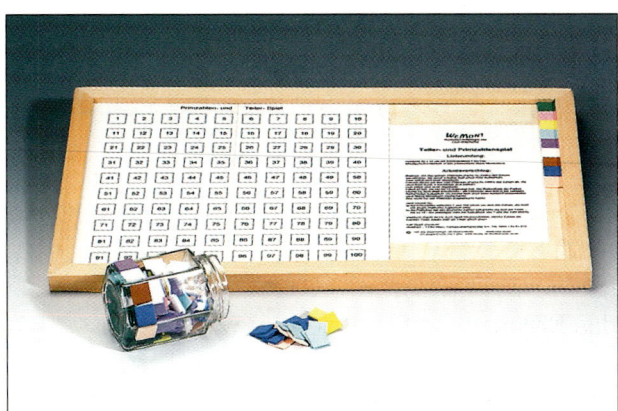

Art des Materials:

Erarbeitungsmaterial

Materialbeschreibung:

Holzbrett mit Zahlenschema von 1 bis 100, Plättchen in den Ziffernfarben nach Maria Montessori, Aufgabenkärtchen

Lernziele/Ziele:

„Primzahlen, Teiler und Vielfache" ist das Lernziel, das im Teiler- und Primzahlen-Spiel materialisiert ist. Es kann im Rahmen der Freiarbeit für Schüler im Alter von 9 bis 14 Jahren sinnvoll eingesetzt werden.

Selbstkontrolle:

Nach dem Auflegen der Plättchen ergibt sich für jede Zahl ein bestimmtes regelmäßiges Muster, z. B. für 2 jede zweite Spalte, für 3 mehrere linksgeneigte Geraden, usw.
Außerdem ist auf der Rückseite der Aufgabenkärtchen die Lösung vermerkt.

Voraussetzungen für den Einsatz:

Einfache Multiplikationen und Divisionen, um die Vielfachen Teiler und Teiler bestimmen zu können.

Verwendungsvorschläge:

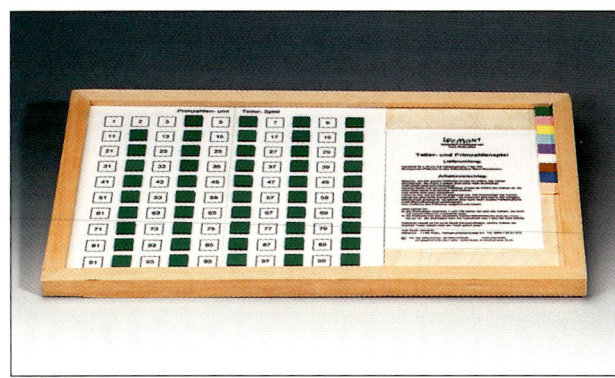

Zuerst werden alle Vielfachen der Zahl 2 mit grünen Plättchen abgedeckt, ausgenommen 2 selbst. Es ergibt sich ein regelmäßiges Muster – jede zweite Spalte ist mit grünen Plättchen zugedeckt.

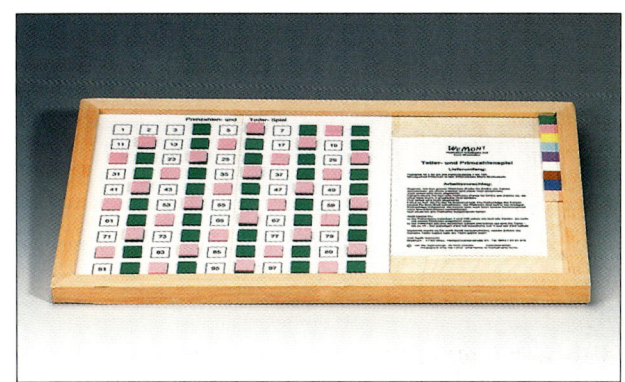

Danach werden alle Vielfachen von 3 mit rosa Plättchen abgedeckt, ausgenommen 3 selbst. Wieder ergibt sich ein regelmäßiges Muster – es ergeben sich mehrere Geraden, die von rechts oben nach links unten verlaufen.

Danach wird mit den anderen Plättchen folgendermaßen weitergearbeitet:

Vielfache von 4 – mit gelben Plättchen
Vielfache von 5 – mit hellblauen Plättchen
Vielfache von 6 – mit lila Plättchen
Vielfache von 7 – mit weißen Plättchen
Vielfache von 8 – mit braunen Plättchen
Vielfache von 9 – mit dunkelblauen Plättchen
Vielfache von 10 – mit goldenen (hellbraunen) Plättchen.

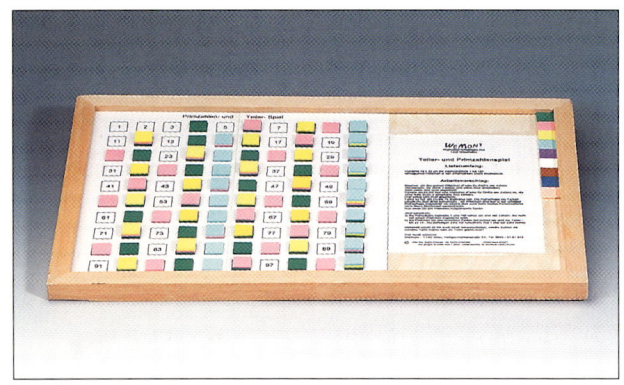

Es ergeben sich für die Vielfachen jeder Zahl immer verschiedenartig schräge Geraden – außer bei 5 und 10.

Bei 10 ist die rechteste Spalte abgedeckt, bei 5 ist zusätzlich zur 10er-Spalte die mittlere Spalte über 5 abgedeckt.

Der Vorgang, der hier beschrieben ist, ist das Sieb des Eratosthenes, das er zum Auffinden der Primzahlen erfunden hat.

Der Plättchenstapel auf jeder Zahl entspricht ihren Teilern (Teiler bis 10) – übrig bleiben die Primzahlen, sie haben nur 1 und die Zahl selbst als Teiler.

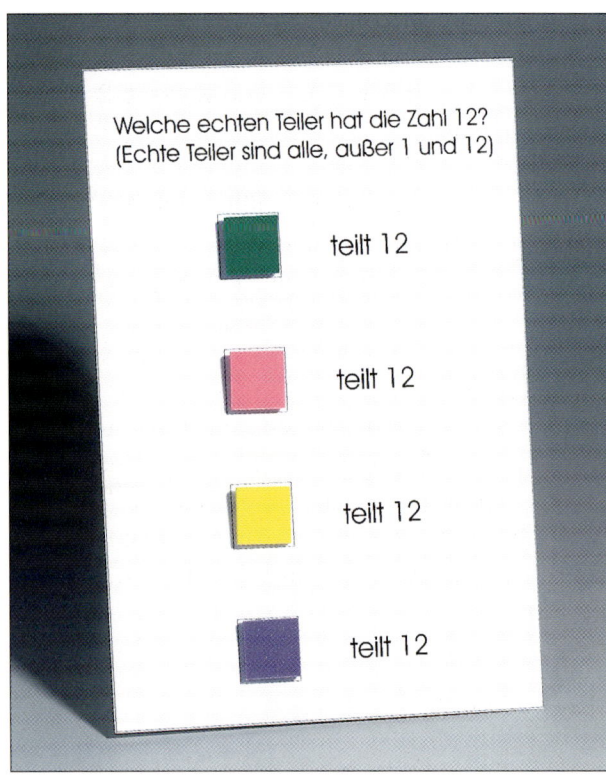

Man kann also z. B. einen solchen Plättchenstapel nehmen und die Teiler dieser Zahl der Reihe nach aufschreiben.

Auf der Zahl 12 liegen folgende Plättchen: grün, rosa, gelb und lila. Also kann man die Teiler aufschreiben: 2 teilt 12, 3 teilt 12, 4 teilt 12 und 6 teilt 12.

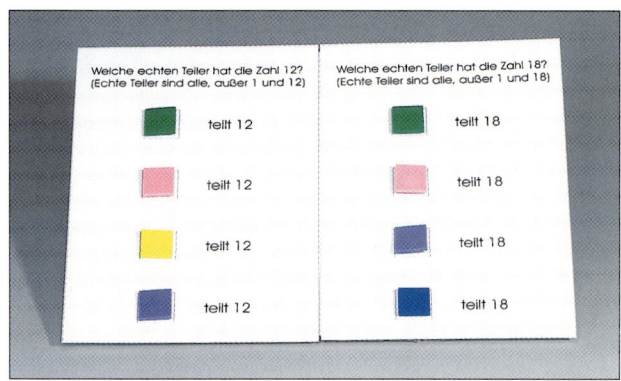

Auch sind gemeinsame Teiler sehr leicht zu erkennen. Welche gemeinsamen Teiler haben z. B. 12 und 18 ?

Die Plättchen von 12 sind: grün, rosa, gelb und lila.

Die Plättchen von 18 sind: grün, rosa, lila und dunkelblau.

Also haben beide ein grünes, rosa und lila Plättchen, das sind die gemeinsamen Teiler der beiden Zahlen – und der größte gemeinsame Teiler (der g.g.T.) ist 6, das lila Plättchen.

Ebenso kann man das kleinste gemeinsame Vielfache (das k.g.V.) erkennen. Sucht man das kleinste gemeinsame Vielfache von 12 und 18, so muss man also die kleinste Zahl suchen, in der 12 und 18 enthalten ist, also die kleinste Zahl, die sowohl ein grünes, rosa, gelbes und lila Plättchen, aber auch ein dunkelblaues Plättchen hat.

Diese Zahl findet man am Brett; wenn alle Plättchen aufgelegt sind, sieht man, dass 36 die kleinste Zahl ist, die sowohl ein grünes, rosa, gelbes, lila und auch ein dunkelblaues Plättchen hat.

So sieht man auch gleich, dass z. B. nicht zwei grüne Plättchen im k.g.V. sein müssen; sowohl 12 als auch 18 haben ein grünes Plättchen, in 36 sind aber nicht zwei grüne Plättchen – 2 muss enthalten sein, aber nicht zweimal. *Hinweis: Weiterer Aufbau des g.g.T. und k.g.V. beim Markenspiel.*

Weiters lässt sich natürlich herausfinden, wo die Zahlen mit den meisten Teilern sind. Welche Zahl hat den höchsten Stapel ? Wenn man z. B. die Stapel zu den Zahlen 60 und 10 betrachtet, wird völlig klar, warum die Babylonier mit den 60er-System gerechnet haben und nicht mit dem 10er-System.

Hinweis: Umrechnungen zwischen den Zahlensystemen: siehe Zahlensysteme-Spiel und Umrechnungstabellen dazu.

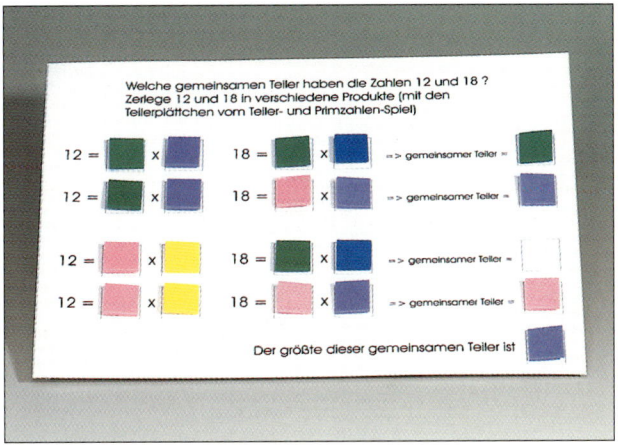

Mit dem Teiler- und Primzahlen-Spiel kann man auch die schriftliche Form von g.g.T. und k.g.V. vorbereiten:

Wieder sehen Sie das Beispiel 12 und 18. Jetzt soll die Primfaktorzerlegung vorbereitet werden. Die Zahlen werden als Produkt von Teiler-Plättchen dargestellt – alle möglichen Teiler einer Zahl liegen ja bereits am Stapel.

So kann 12 als 2×6 oder 3×4 aufgelegt werden. 18 ist entweder 2×9 oder 3×6.

Wenn man nun jeweils zwei Darstellungen miteinander vergleicht, sieht man, dass 2×6 und 2×9 das grüne Plättchen gemeinsam haben; 2×6 und 3×6 haben das lila Plättchen gemeinsam, 3×4 und 2×9 haben keines gemeinsam und 3×4 und 3×6 haben das rosa Plättchen gemeinsam. Also sieht man, dass lila (also 6) die größte gemeinsame Zahl ist.

Die Kinder sehen dabei selbst, dass es darauf ankommt, welche Teiler ich bei der Zerlegung betrachte. Logischer Schluss ist es dann, dass mit den kleinsten Teilern – also den Primfaktoren – immer der gleiche größte gemeinsame Teiler zu sehen ist.

Besondere Hinweise für die Materialdemonstrationen:

Zu beachten ist bei diesem Material, dass die Teiler nur bis zu 10 verwendet werden, also z. B. hat 22 auch 11 als Teiler, aber für 11 gibt es kein Plättchen, weil es für die Primzahlenermittlung bis 100 nicht nötig ist – und das Material primär für die Ermittlung der Primzahlen hergestellt wurde. Will man auch Beispiele mit größeren Zahlen für die Ermittlung von g.g.T. und k.g.V. verwenden, muss man entweder für die weiteren Vielfachen z. B. orangefarbene, beschriebene Plättchen verwenden (zu viele verschiedene Farben würden verwirren) oder mit dem Markenspiel arbeiten.

Wenn man auf das Geraderichten der Plättchen-Stapel achtet, werden die dadurch entstehenden schrägen Geraden wesentlich besser als parallel sichtbar.

Bevor man mit dem Auflegen der Plättchen beginnt, sortiert man gemeinsam mit den Schülern die Plättchen nach den Farben. Damit wird zum ersten Mal sichtbar, dass in den ersten 100 Zahlen wesentlich mehr Vielfache von 2 als z. B. von 6 enthalten sind.

Danach sucht sich jeder Schüler eine Farbe aus, jeweils ein Plättchen davon wird in der richtigen Reihenfolge neben dem Material aufgelegt.

Jetzt beginnt der erste Schüler, die Plättchen aufzulegen. Danach kommt der Zweite dran. Dabei muss man immer darauf achten, dass durchaus mehrere Schüler miteinander an einer Farbe arbeiten können, aber keinesfalls sollen sich andere Schüler, die am Spiel nicht beteiligt sind, mit Ratschlägen einmischen – ebensowenig der Lehrer.

Beschaffung:

erhältlich bei: W̲E̲M̲O̲N̲T̲

F.1.12 Multiplikationsbrett (Natürliche Zahlen)

Lernziele/Ziele:

„Mehrstellige Multiplikation mit natürlichen Zahlen im Zahlenraum bis zu Millionen" ist das Lernziel, das Schachbrett kann aber im Rahmen der Freiarbeit für Schüler im Alter von 9 bis 12 Jahren sinnvoll eingesetzt werden.

Selbstkontrolle:

Auf der Rückseite der Aufgabenkärtchen ist die Lösung vermerkt. Es ist auch immer eine Kontrolle mit dem Taschenrechner möglich.

Art des Materials:

Erarbeitungsmaterial, kann auch als Übungsmaterial verwendet werden

Voraussetzungen für den Einsatz:

Das 1×1 und einstellige Multiplikation in N, Aufbau des Stellenwertsystems

Materialbeschreibung:

Holzbrett mit Unterteilung in 36 farbige Quadrate, die einzeln mit Filz überzogen sind; Aufgabenkärtchen (Lösung auf der Rückseite).

Wertebereich des Multiplikanden:
Hunderte Millionen bis Einer

Wertebereich des Multiplikators:
Tausender bis Einer

Ich habe dieses Material von Maria Montessori insofern weiterentwickelt, als die Farben der Filzquadrate zu höheren Stellenwerten hin immer dunkler werden, um die Unterschiede in der Wertigkeit deutlich zu zeigen. Außerdem verwende ich Ziffernplättchen in den Farben des Bunten Perlenmaterials nach Montessori (der Stellenwert wird durch die jeweilige Position des Plättchens festgelegt, benötigt also keine extra Farbe mehr).

Mit Hilfe von Ziffernplättchen und Perlenstäbchen kann auf diesem Brett die mehrstellige Multiplikation Natürlicher Zahlen dargestellt werden.

Verwendungsvorschläge:

Die Angabe wird mit Chips auf den beiden Skalen aufgelegt; zum besseren Verständnis sollten die Zahlen-Chips in den Farben des Bunten Perlenmaterials verwendet werden.

In der Abbildung rechts sehen Sie die Farben, die Maria Montessori den Ziffern zugeordnet hat.

Oft werden für die Ziffern des Multiplikanden andersfarbige Plättchen verwendet als für die Ziffern des Multiplikators. Ich finde das falsch, weil die Ziffer vier gleichen Wert hat, egal ob sie im Multiplikanden oder im Multiplikator verwendet wird.

Auch habe ich schon Plättchen in Verwendung gesehen, die die Ziffern in den verschiedenen Farben der Stellenwerte (grün – blau – rot) haben, also muss z. B. die Ziffer 4 einmal in der Farbe grün gelegt werden, weil es 4 Einer sind, in der gleichen Zahl die Ziffer vier für die Hunderter wird in der Farbe rot gelegt. Das ist meiner Meinung nach völlig falsch, weil der Stellenwert durch seine Lage definiert ist, und nicht durch die Ziffer. Es ist dann nämlich auch nicht mehr zu erklären, warum ein gelbes Stäbchen auf ein grünes Feld gelegt wird.

Um die Kinder durch solche zusätzlichen Farbebenen nicht zu verwirren, habe ich die Ziffernplättchen mit der einfachen Ziffernfarbgebung nach Maria Montessori verwendet und rate dies auch allen meinen Kollegen sehr.

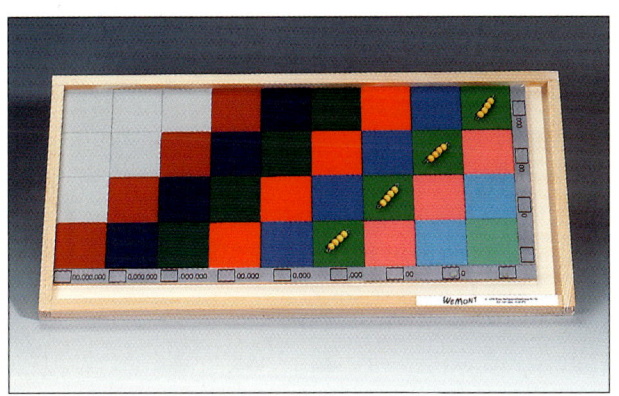

Um den Unterschied zwischen Stellenwert und Ziffernwert klar zu machen, sollten die ersten Auftragskärtchen folgenden Übungen gewidmet sein:

Lege die Ziffer „vier" auf ein Tausenderfeld. Welche Felder sind Tausenderfelder?

Damit macht man eindeutig sichtbar, dass die Felder gleicher Farbe auch gleichen Stellenwert haben.

Bei einer Demonstration kann man extra darauf hinweisen, dass Zehner mal Zehner ebenso Hunderter ergeben, wie Hunderter mal Einer.

Im Beispiel wird die Multiplikation 2345 × 25 gezeigt.

Zuerst werden die Ziffernplättchen für Multiplikand und Multiplikator aufgelegt.

Jetzt beginnt man 5 Einer mit 5 Einern zu multiplizieren. Dabei muss man darauf achten, dass die Zahl 25 als Resultat der Multiplikation von 5 Einern mit 5 Einern auf zwei verschiedene Arten aufgelegt werden kann:

- fünf Fünferstäbchen in das Einerfeld,

- zwei Zehnerstäbchen in das Zehnerfeld und 5 Einerstäbchen in das Einerfeld.

Je nach Können der Kinder wird man die eine oder die andere Art wählen. Für die mehrstellige Multiplikation sollten die Kinder schon die zweite Art beherrschen.

Das Ergebnis der Multiplikation von Einern mit Einern sind Einer, ebenso von Einern mal Zehner.

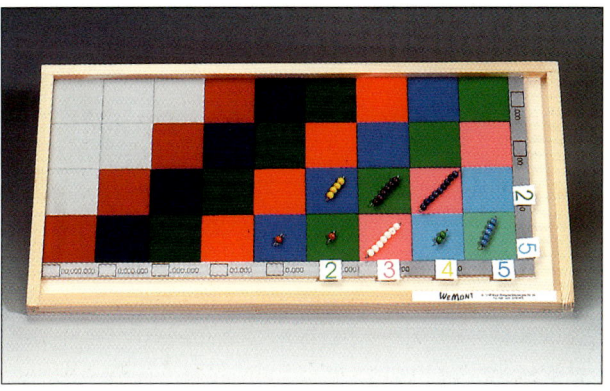

Jeder einzelne Stellenwert des Multiplikanden wird mit jedem einzelnen Stellenwert des Multiplikators multipliziert; das Resultat wird auf jenes Plättchen gelegt, bei dem sich die Koordinaten von Multiplikand und Multiplikator treffen.

Jede Zeile der schriftlichen Multiplikation entspricht dabei einer Reihe auf dem Brett und sollte bei der Einführung der schriftlichen Multiplikation auch immer gezeigt werden.

Anschließend werden alle Perlen in Richtung der Farbe ihrer Quadrate zur horizontalen Skala geschoben, das entspricht der Addition der einzelnen Zeilen.

Nach dem Zusammenschieben sieht das Bild am Brett so aus wie in der obigen Abbildung.

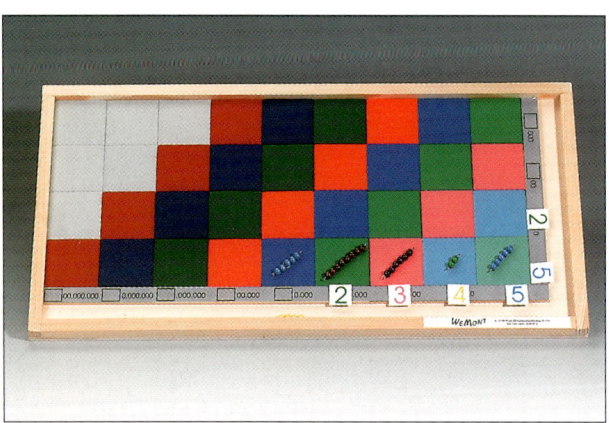

Damit es leichter ablesbar wird, sollen nun die Perlen in den einzelnen Quadraten addiert und Zehner-Überschreitungen ausgetauscht werden.

Zum Schluss kann man das Ergebnis aus den Perlen auf den verschiedenen Stellenwerten leicht ablesen. Resultat: 58 625.

**Besondere Hinweise
für die Materialdemonstrationen:**

Beim Auflegen der Chips sollte man darauf achten, dass der Unterschied zwischen Stellenwert und Ziffer klargemacht wird. Es ist also die Ziffer 5 immer noch eine 5, auch wenn sie auf der Hunderterstelle steht – der Stellenwert wird durch seinen Platz angegeben, nicht durch seine Farbe. So liegt ein Hunderter in unserem Zahlensystem links von einem Zehner.

Bei der Einführung der schriftlichen Multiplikation muss man darauf achten, dass die Zeilen in umgekehrter Reihenfolge zum üblichen Multiplizieren am Brett liegen. Also muss man die Zeilen um eine Stelle nach links verschieben.

Diese Art der Multiplikation hat einen besonders großen Vorteil:

In der ersten Zeile sind immer ganz rechts „Einer" zu finden; wenn man sie unter die Einer des Multiplikanden schreibt, gibt es keine Stellenwertprobleme. Bis einschließlich zum Resultat sind immer alle gleichen Stellenwerte untereinander zu finden.

$$
\begin{array}{r}
EE \\
2345 \times 25 \\
\hline
11725 \\
4690 \\
\hline
58625 \\
\hline
\end{array}
$$

Man sollte auch noch auf die grauen Felder am Brett hinweisen: Wenn Perlen auf den grauen Feldern liegen, können sie nicht mehr auf die Basislinie verschoben werden – es gibt dafür keine Felder mehr.

Beschaffung:

erhältlich bei: WEMONT

als Zubehör sind erhältlich:
Perlentreppen, Ziffernplättchen (Farben des bunten Perlenmaterials), Holzkistchen.

F.1.13 Multiplikationsbrett für Dezimalzahlen

Art des Materials:

Erarbeitungsmaterial, kann auch als Übungsmaterial verwendet werden.

Materialbeschreibung:

Holzbrett mit Unterteilung in 91 farbige Quadrate, die einzeln mit Filz überzogen sind, dazwischen zwei Stellenwert-Skalen; Aufgabenkärtchen (Lösung auf der Rückseite)

Wertebereich Multiplikand:
Millionen bis Millionstel

Wertebereich Multiplikator:
Tausender bis Tausendstel

Mit Hilfe von Ziffernplättchen und Perlenstäbchen kann auf diesem Brett die mehrstellige Multiplikation von Zahlen mit und ohne Kommastellen dargestellt werden.

Für dieses Material habe ich das Multiplikationsbrett für Natürliche Zahlen nach Maria Montessori in den Bereich der Dezimalzahlen erweitert. So kann in allen vier Quadranten gerechnet werden, das heißt, man kann sogar zwei Dezimalzahlen < 1 miteinander multiplizieren!

Die Farben der Filzquadrate mache ich zu höheren Stellenwerten hin immer dunkler, um die Unterschiede in der Wertigkeit deutlich zu zeigen. Außerdem haben die Ziffernplättchen die Farben des Bunten Perlenmaterials nach Montessori (der Stellenwert ist durch die jeweilige Position des Plättchens festgelegt).

Lernziele/Ziele:

„Mehrstellige Multiplikation mit Dezimalzahlen im Zahlenraum bis zu Millionen".
Das Multiplikationsbrett für Dezimalzahlen kann im Rahmen der Freiarbeit für Schüler im Alter von 9 bis 12 Jahren sinnvoll eingesetzt werden.

Selbstkontrolle:

Auf der Rückseite der Aufgabenkärtchen ist die Lösung vermerkt. Es ist auch immer eine Kontrolle mit dem Taschenrechner möglich.

Voraussetzungen für den Einsatz:

Das 1×1 und einstellige Multiplikation in N, Aufbau des Stellenwertsystems, im Besonderen im Bereich der Dezimalzahlen

Verwendungsvorschläge:

Es gelten prinzipiell alle Verwendungshinweise, wie sie beim Multiplikationsbrett für Natürliche Zahlen angegeben sind.

Bei der Multiplikation von Dezimalzahlen ergibt sich jedoch vor allem dadurch eine Veränderung, dass die Skala zum Ablesen in der Mitte ist und nicht am Rand. An folgendem Beispiel soll das erläutert werden:

Die Abbildung zeigt den Beginn des Beispieles
$12\,345{,}7 \times 6{,}32$.

Die Angabe wird mit Ziffernplättchen auf den
Skalen aufgelegt; hier wird zum ersten Mal der
Unterschied zum Brett mit den Natürlichen Zahlen ersichtlich. Im dekadischen Zahlensystem
hören die Zahlen nämlich nicht nach den Einern
auf, sie können auch Dezimal-Einheiten haben.

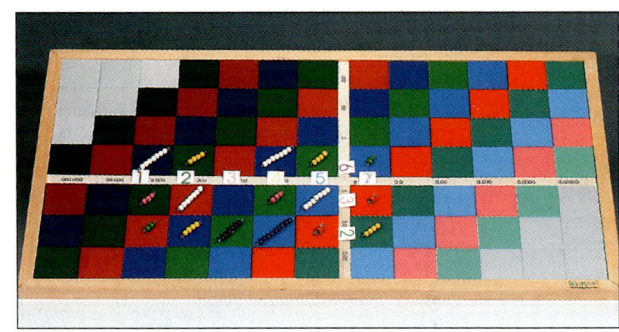

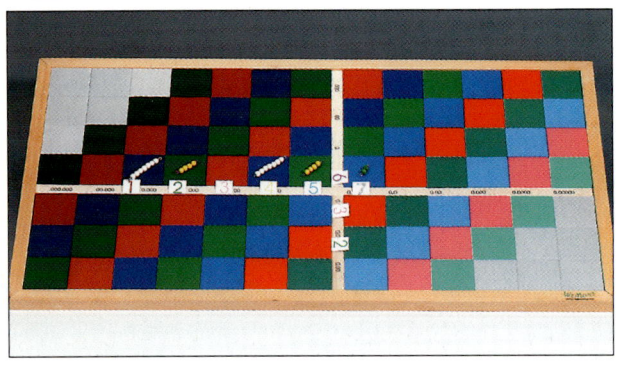

Nun wird jeder einzelne Stellenwert des Multiplikanden mit jedem einzelnen Stellenwert des Multiplikators multipliziert.

Das Ergebnis jeder einzelnen dieser Teilrech-
nungen wird wie bei der Multiplikation von natürlichen Zahlen mit Perlen im entsprechenden
Quadrat aufgelegt, ebenso wird bei Zehner-Über-
schreitung in den nächst höheren Stellenwert
gelegt.

Besonders ist darauf zu achten, dass nun auch
rechts und unterhalb von den Einern Resultate
der Multiplikation zu legen sind!

Sehr deutlich sieht man auf diesem Brett auch,
dass z. B. bei der Multiplikation von einem Zehntel mit einem Zehntel das Resultat auf ein rotes
Feld – also ein Hundertstel – zu liegen kommt. Es
wird also das Resultat der Multiplikation kleiner
als die Faktoren.

Die Multiplikation von einem Zehntel mit einem
Zehntel befindet sich ausschließlich auf dem
unteren rechten Quadranten des Brettes.

Jede der Reihen entspricht wieder einer Zeile der
schriftlichen Multiplikation. Besondere Vorsicht

sollte dem Untereinanderschreiben der richtigen
Stellenwerte gewidmet werden, weil nicht der
letzte Stellenwert des Multiplikanden gleichzeitig
der kleinste Stellenwert des Resultats ist.

Am leichtesten kann dieses Problem gelöst
werden, wenn man sich beim schriftlichen Multiplizieren zwischen den Stellenwerten Striche
macht – die gleichen Stellenwerte können dann
leicht untereinander geschrieben werden.

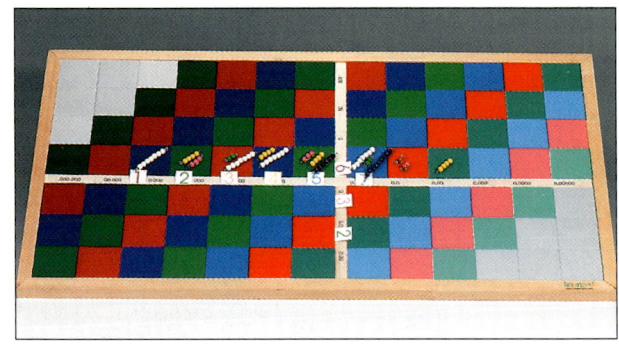

Anschließend werden alle Perlen in Richtung der
Farbe ihrer Quadrate zur horizontalen Skala
geschoben.

Dabei ist es wichtig, von unten über die Skala und
von oben bis zur Skala zu schieben. Alle Perlen
sollen am Schluss so liegen, wie in der obigen
Abbildung zu sehen ist.

Nun sollen die Perlen in den einzelnen Quadraten
addiert und alle Zehner-Überschreitungen ausgetauscht werden.

Damit wird das Ablesen des Resultates leichter,
weil die Stellenwerte auf der Mittelskala aufgelistet sind.

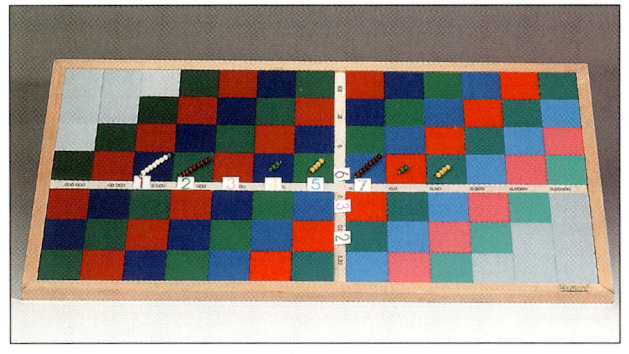

**Besondere Hinweise
für die Materialdemonstrationen:**

Beim Auflegen der Ziffernplättchen sollte man darauf achten, dass der Unterschied zwischen Stellenwert und Ziffer klargemacht wird.

Man sollte auch auf die grauen Felder hinweisen: Wenn Perlen auf den grauen Perlen liegen, können sie nicht mehr auf die Basislinie verschoben werden – es gibt dafür keine Felder mehr.

Zu betonen ist auch, dass rechts und links von den Einern blaue Felder zu finden sind, weil sowohl Zehner als auch Zehntel von der gleichen Struktur sind und von den Einern in jede Richtung der gleiche Struktur-Aufbau stattfindet.

Bei der Einführung der schriftlichen Multiplikation muss man darauf achten, in welcher Reihenfolge die Zeilen aufgeschrieben werden.

Beginnt man mit der Zeile, die durch Multiplikation mit dem *größten* Stellenwert des Multiplikators entstanden ist, muss die nachfolgende Zeile um eine Stelle nach rechts geschoben werden;

beginnt man mit der Zeile, die dem *kleinsten* Stellenwert des Multiplikators entspricht, muss die nachfolgende Zeile um eine Stelle nach links verschoben werden.

Die Multiplikation 12 345,7 × 6,32 wird also folgendermaßen angeschrieben:

ZT	T	H	Z	E	z	h	t	
1	2	3	4	5	,7			× 6,32
7	4	0	7	4	2			
	3	7	0	3	7	1		
		2	4	6	9	1	4	
7	8	0	2	4	,8	2	4	

oder auch so:

ZT	T	H	Z	E	z	h	t	
1	2	3	4	5	,7			× 6,32
		2	4	6	9	1	4	
	3	7	0	3	7	1		
7	4	0	7	4	2			
7	8	0	2	4	,8	2	4	

Da es viele Länder gibt, bei denen die Multiplikation auf die zweite Art durchgeführt wird, sollte man die Gelegenheit nützen und zeigen, dass es nicht nur eine Möglichkeit gibt, um ein Produkt zweier Zahlen auszurechnen.

Beschaffung:

erhältlich bei: WEMONT

als Zubehör sind erhältlich:
Perlentreppen, Ziffernplättchen in den Farben des bunten Perlenmaterials, Holzkistchen.

F.1.14 Quadrat-Flächen

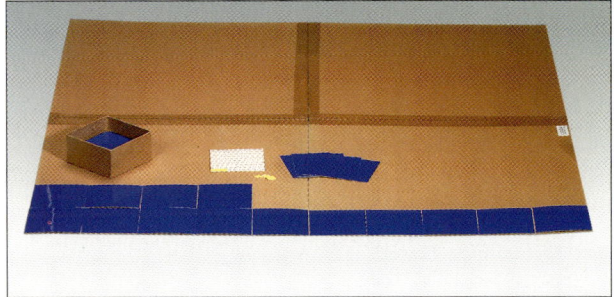

Art des Materials:

Erarbeitungsmaterial

Materialbeschreibung:

Die Quadrat-Flächen bestehen aus folgenden Teilen:

1 Quadrat-Meter aus starkem Karton, gefaltet auf 50 × 50 cm

100 Quadrat-Dezimeter (blauer Karton)

100 Quadrat-Zentimeter (gelber Karton)

Lernziele/Ziele:

Die Quadrate dienen zum Begreifen und Veranschaulichen der Flächenverhältnisse in der Dimension von Zentimeter bis Meter und zum Auslegen und Abzählen von einfachen Flächeninhalten.

Dieses Material vervollständigt die Reihe der Anschauungsmaterialien:

- Längenmaße: rot-blaue Stangen

- Volumsmaße: Hierarchie der Zahlen

- Flächenmaße: Quadratflächen

Selbstkontrolle:

materialimmanent

Voraussetzungen für den Einsatz:

keine

Verwendungsvorschläge:

- Zuerst legt man den Quadrat-Meter aus

- dann kann man versuchen, zu schätzen, wie viele der Quadrat-Dezimeter darauf Platz haben

- interessant ist auch die Schätzung, wie viele Quadrat-Dezimeter auf so einem 50 × 50 cm – Stück Platz haben

- danach sollen die Quadrat-Dezimeter ausgelegt werden

- ebenso kann man mit den Quadrat-Zentimetern verfahren

**Besondere Hinweise
für die Materialdemonstrationen:**

Je kleiner die Kinder sind, umso mehr probieren sie aus, ob denn wirklich hundert Stücke Platz finden.

Je größer sie sind, umso eher beginnen sie mit Vervielfachungen, also z. B. legen sie einen Viertel-Quadratmeter, ein 50 × 50 cm – Stück, aus und multiplizieren dann mit 4, weil es vier Viertel gibt.

Manchmal legen sie auch eine Reihe aus und probieren die Anzahl der Reihen aus, danach multiplizieren sie die Reihenanzahl mit den Stücken einer Reihe.

Diese Vervielfachungen sollte man nicht fordern, aber auch nicht behindern. Erst, wenn Kinder die Struktur wirklich durchschaut haben, wagen sie Schätzungen, ohne sie zu überprüfen.

Beschaffung:

erhältlich bei: WEMONT

F.1.15 Buntes Perlenmaterial

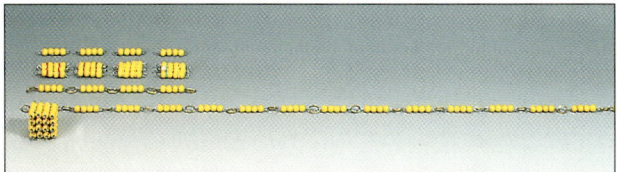

Art des Materials:

Erarbeitungsmaterial, das auch als Übungsmaterial verwendet werden kann

Materialbeschreibung:

Das „Bunte Perlenmaterial" ist ein Original-Material nach Maria Montessori.

Sie hat den Ziffern von 1 bis 9 Farben zugeordnet:

1 – rot
2 – grün
3 – rosa
4 – gelb
5 – hellblau
6 – lila
7 – weiß
8 – dunkelbraun
9 – dunkelblau

Die Farbe hellbraun – Maria Montessori nennt es „gold" – hat sie für die Zahl 10, beziehungsweise für die Zehnerpotenzen verwendet; das gesamte „goldene Perlenmaterial" als Darstellung der Zehnerpotenzen ist mit „goldenen" Perlen gefertigt.

Das „Bunte Perlenmaterial" besteht aus folgenden Teilen:

- farbige Perlenstäbchen für die Zahlen von 1 bis 10, jeweils so viele, wie die Zahl angibt; also gibt es z.B. vier Stäbchen mit je vier gelben Perlen

- farbige Perlenquadrate für die Zahlen von 1 bis 10, jeweils so viele, wie ein Stäbchen Perlen hat; also gibt es z.B. vier Quadrate, die aus je 4 Stäbchen mit vier gelben Perlen bestehen

- farbige Perlenwürfel, je einen für die Zahlen von 1 bis 10; ein Würfel besteht aus so vielen Quadraten wie ein Stäbchen Perlen hat – also besteht der gelbe Würfel aus vier gelben Quadraten

- farbige Quadrat-Ketten zu den Zahlen von 1 bis 10; die Quadrat-Ketten bestehen aus so vielen farbigen Perlenstäbchen, wie ein Stäbchen Perlen hat – die Stäbchen sind mit Ringen verbunden.

- farbige Kubik-Ketten zu den Zahlen von 1 bis 10; die Kubik-Ketten bestehen aus so vielen kurzen Ketten, wie ein Stäbchen Perlen hat – die Stäbchen sind mit Ringen verbunden

- Pfeile zu den (kurzen) Quadrat-Ketten mit den Zahlen, die den Vielfachen der Stäbchen entsprechen

- Pfeile zu den (langen) Kubik-Ketten mit den Zahlen, die den Vielfachen der Stäbchen und der kurzen Ketten entsprechen

Lernziele/Ziele:

- Lineares Zählen

- Vergleich und Ordnen von Potenzen

- Potenzdarstellungen, Hinführen zur Potenzrechnung

Selbstkontrolle:

materialimmanent

Voraussetzungen für den Einsatz:

keine

Verwendungsvorschläge:

- Zuerst kann man die kurzen Ketten auflegen und die Perlen abzählen.

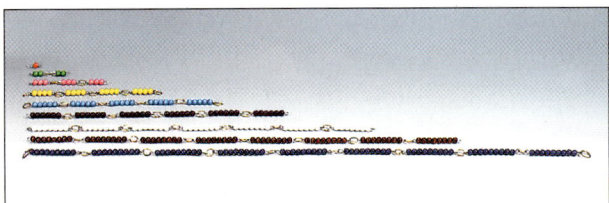

- Die Pfeile sollen dann neben die jeweiligen Perlenstäbe gelegt werden – dadurch wird die Anzahl der Perlen zu den einzelnen Ketten deutlich sichtbar.

Der Unterschied zwischen der 3er-Kette und der 8er-Kette sind 55 Perlen – er wird so viel besser sichtbar, als wenn man nur die Zahlen betrachtet.

Wenn die kurzen Ketten so nebeneinander aufgelegt werden, wie es in obiger Abbildung zu sehen ist, sind die oberen Endpunkte der Ketten übrigens als einige Punkte der Grundparabel $y = x^2$ erkennbar.

- Danach kann man die Ketten zum jeweiligen Quadrat zusammenlegen – wenn nun ein fertiges Perlen-Quadrat danebengelegt wird, sieht man, dass sie die gleiche Anzahl von Perlen haben.

Die Quadratketten haben also genauso viele Perlen wie die Quadrate.

Zum Schluss zieht man die Ketten wieder auseinander – die gleiche Anzahl von Perlen kann also auf verschiedene Art dargestellt werden.

- Man kann die Kinder nun raten lassen, wie oft die kurzen Ketten in den langen Ketten enthalten sind.

- Danach sollen die Kinder die langen Ketten auslegen und beim Abzählen wieder die Pfeile dazulegen.

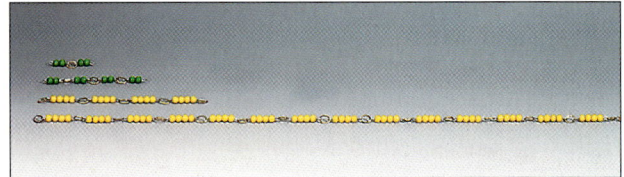

Jetzt kann man die kurzen Ketten danebenlegen und ausprobieren, ob die Schätzungen richtig waren.

Die Kubik-Kette zu 10 hat 1000 Perlen, zum Auslegen dieser Kette braucht man in den meisten Schulen den Gang.

Die Größe dieser Zahl, und vor allem der Vergleich zu den anderen Kubik-Ketten wird erst gut sichtbar, wenn alle Ketten nebeneinander ausgelegt sind.

Die Kinder bekommen auf diese Art eine gute Vorstellung von der Größe dieser Kubikzahlen.

- Wie bei den Quadrat-Ketten können jetzt die Kubik-Ketten wieder zu Quadraten zusammengelegt werden.

- Jedes der zusammengelegten Quadrate ist mit einem farbigen Perlen-Quadrat deckungsgleich – die Kette besteht also aus genau so vielen Perlen, wie den Quadraten entspricht.

- Wenn nun die Quadrate übereinander gelegt werden, kann man erkennen, dass sie alle gemeinsam genauso hoch sind wie der Würfel.

- Nun nimmt man die Quadrate weg und legt den Kubus neben die zusammengelegte Kette.

Es ist also erkennbar, dass die Kubik-Ketten genauso viele Perlen enthalten wie der jeweilige Würfel.

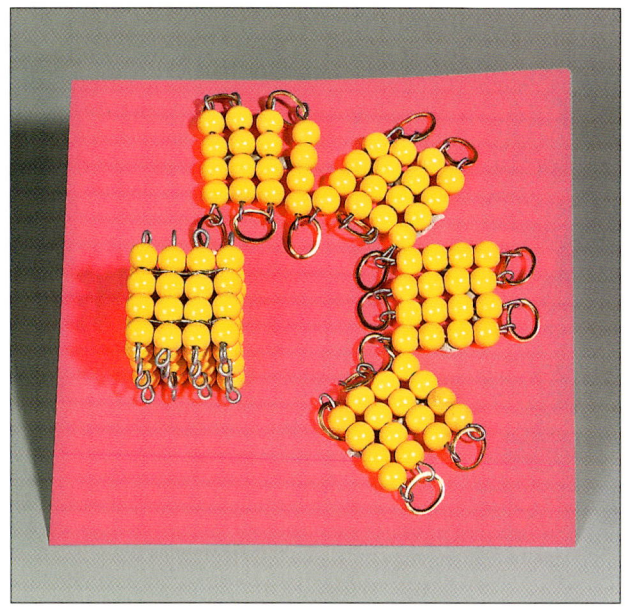

- der Unterschied und der Aufbau der jeweiligen Potenzen zu den Zahlen 1 bis 10 wird am besten folgendermaßen sichtbar:

Zu den Pfeilen der Zahlen 1 bis 10 legt man jeweils in einer Reihe die zugehörigen Stäbchen, Quadrate und Würfel auf.

Zu den Quadraten und Würfeln muss nun noch der jeweilige Pfeil, der die gesamte Anzahl der Perlen angibt, dazugelegt werden.

Die Kinder prägen sich das Bild der Zahlen und Darstellungen der einzelnen Potenzen von 1 bis 10 gut ein – damit ist die Basis für das Arbeiten mit den Zahlensystemen gelegt.

Wenn man nun die Kubik-Ketten wieder auseinander zieht, sieht man sehr deutlich, wie viele Perlen das wirklich sind.

Die gleiche Anzahl von Perlen kann also auf sehr verschiedene Art dargestellt werden.

Wenn man alle Würfel aufeinander stellt, entsteht eine Pyramide, die genauso viele Perlen hat wie alle Kubik-Ketten miteinander.

Die Würfel des „Bunten Perlenmaterials" können durch die Würfel des „Rosa Turmes" ersetzt werden. Beide Würfelarten stellen die gleichen Zahlen dar, der „Rosa Turm" ist eine Abstraktionsstufe höher, weil bei diesen Würfeln die einzelnen Perlen nicht mehr abzählbar sind – sie sind nur mehr durch die Länge abgebildet.

Besondere Hinweise für die Materialdemonstrationen:

Einigen Kindern sind diese Strukturen nach einmaligem Zuschauen völlig klar, andere brauchen dieses Material noch mit 15 Jahren; es sollte sowohl in der Grundstufe als auch in der Sekundarstufe immer vorhanden sein.

Herstellung/Beschaffung:

mit Plastik-Perlen bei Nienhuis erhältlich, mit Holz-Perlen, handgefädelt bei: WEMONT

F.1.16 Rechenschieber für Zehnerpotenzen

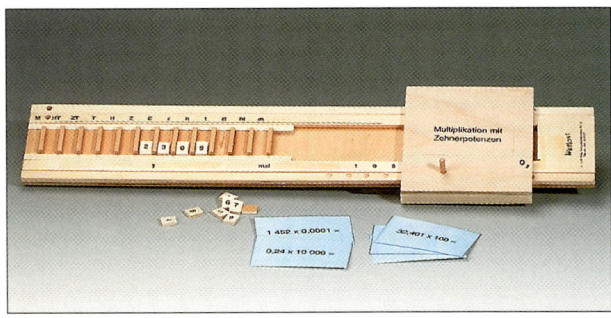

Art des Materials:

Erarbeitungsmaterial

Materialbeschreibung:

Der Rechenschieber für Zehnerpotenzen besteht aus folgenden Teilen:

1 Grundbrett mit einer verschiebbaren Zunge (Zahleneinteilung: Millionen bis Millionstel)

1 Deckplatte zum Auswählen des Multiplikators durch Abdecken überzähliger Nullen auf der Zunge

Ziffernplättchen mit den Ziffern von 1 bis 9

Auftragskärtchen

Lernziele/Ziele:

Multiplikation mit Zehnerpotenzen

Voraussetzungen für den Einsatz:

keine

Selbstkontrolle:

auf der Rückseite der Aufgaben-Kärtchen

Verwendungsvorschläge:

- Die Zunge und die Deckplatte werden in die markierte Ausgangsstellung gebracht.

- Dann wird der Multiplikand (Dezimalzahl mit maximal 7 Vorkomma- und 6 Nachkomma-Stellen) mit den Ziffernplättchen in die Stellenwertplätze gelegt.

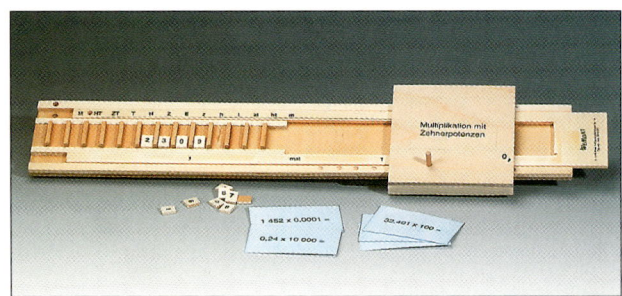

- Nun wird die Deckplatte so versetzt, wie es dem Multiplikator, einer Zehnerpotenz von Million bis Millionstel, entspricht (Abdecken der entsprechenden Anzahl von Nullen auf der Zunge). Am Foto ist die Multiplikation 2,309 × 100 eingestellt.

- Jetzt wird die Zunge so lange verschoben, bis wieder genau „mal 1" zu lesen ist. Dann ist die Multiplikation ausgeführt, weil a × 1 = a.

- Das Komma und die Bezeichnung der Stellenwerte wurden dadurch gleichmäßig verschoben, das Ergebnis der Multiplikation kann abgelesen werden.

Besondere Hinweise für die Materialdemonstrationen:

Beim Verschieben der Zunge sollte man auf das Komma zeigen und langsam schieben, damit klar wird, dass die Verschiebung von der Anzahl der Nullen abhängt.

Beschaffung:

erhältlich bei: WEMONT

F.1.17 Rechenschieber für Umwandlungen

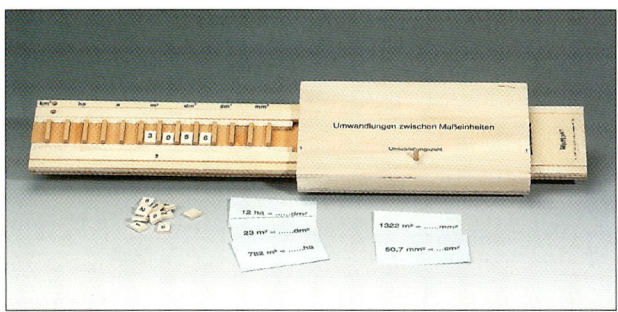

Art des Materials:

Erarbeitungsmaterial

Materialbeschreibung:

Der Rechenschieber für Umwandlungen besteht aus folgenden Teilen:

1 Grundbrett mit den Flächen-Einheiten

1 verschiebbare Zunge mit dem Komma

1 Deckplatte zum Anzeigen der Umwandlungszahl durch Abdecken überzähliger Nullen auf der Zunge

Ziffernplättchen mit den Ziffern von 1 bis 9

Auftragskärtchen

Lernziele/Ziele:

Umwandlungen von Flächenmaßen

Selbstkontrolle:

auf der Rückseite der Angabe-Kärtchen

Voraussetzungen für den Einsatz:

Kenntnis der Flächenmaße

Verwendungsvorschläge:

- Die Zunge und die Deckplatte werden vom Brett genommen

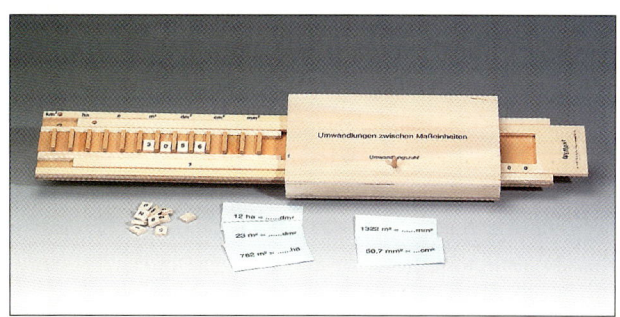

- Laut Angabe wird die umzuwandelnde Zahl mit den Ziffernplättchen in die richtigen Maßeinheiten-Plätze gelegt

- Die Zunge wird mit dem Komma in die Angabeposition gebracht.

- Nun wird die Deckplatte in Grundposition aufgesetzt, d. h. alle Nullen werden abgedeckt. Im obigen Beispiel wird die Umwandlung von $3{,}056 \ m^2$ in dm^2 gezeigt.

- Jetzt wird die Zunge so lange verschoben, bis das Komma genau bei der Maßeinheit steht, die laut Angabe gefragt ist. Damit ist die Umwandlung sichtbar ausgeführt worden.

- Das Ergebnis der Umwandlung kann von den Ziffernplättchen und der Stellung des Kommas abgelesen werden, die Umwandlungszahl bei der Deckplatte.

Besondere Hinweise für die Materialdemonstrationen:

Beim Verschieben der Zunge sollte man auf das Komma und die Umwandlungszahl zeigen und langsam Stelle für Stelle schieben.

Beschaffung:

erhältlich bei: WEMONT

F.1.18 Zahlensysteme-Spiel

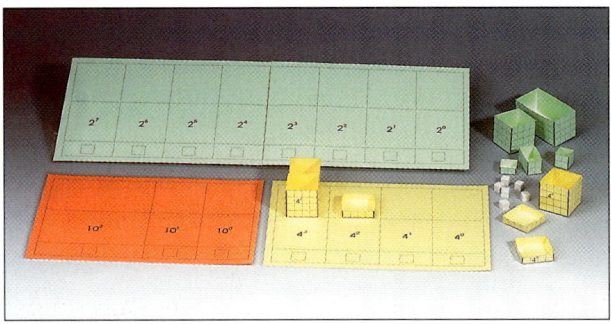

Verwendungsvorschläge:

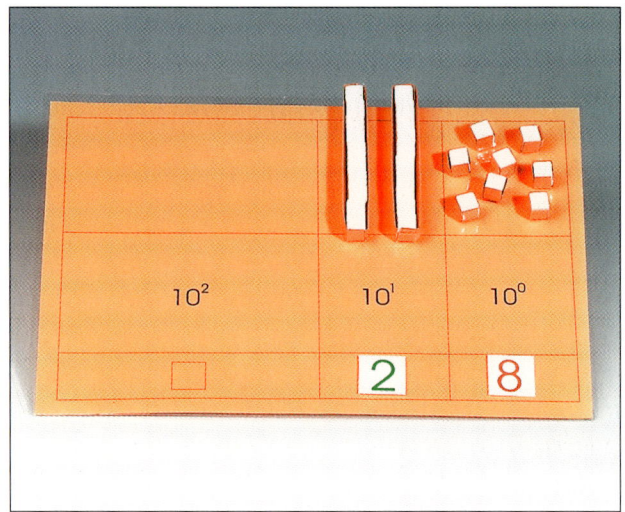

Art des Materials:

Erarbeitungsmaterial

Materialbeschreibung:

zu jedem Zahlensystem (Basis 2, 3, 4 und 10 sind verfügbar) gibt es:

- Grundplatte mit den Einteilungen der Potenzschreibweise des jeweiligen Zahlensystems

- oben offene Quader und Würfel, die den verschiedenen Potenzen des Zahlensystems entsprechen

- Einer-Würfel

- Ziffernkärtchen in den Ziffernfarben nach Montessori

- Aufgabenkärtchen

Lernziele/Ziele:

Umwandlung von Zahlen in verschiedene Zahlensysteme

Selbstkontrolle:

Lösung auf der Rückseite

Voraussetzungen für den Einsatz:

Aufbau des dekadischen Zahlensystems

- Zuerst nimmt man die Grundplatte des dekadischen Zahlensystems und legt die Würfel und Quader entsprechend den Stellenwerten auf.

Auf den Einern (10^0) stehen die neun kleinen Würfeln mit 1cm Seitenkante, auf den Zehnern (10) stehen die 9 rechteckigen Quader und auf den Hundertern stehen die 9 quadratischen Quader.

- Eine Zahl wird durch die entsprechende Anzahl von Einer-Würfeln sichtbar gemacht – im Beispiel ist es die Zahl 28.

Mit den 28 Würfeln kann man keinen Hunderter anfüllen, aber zwei von den Zehnern und 8 Einer.

Man muss dabei immer versuchen, das größtmögliche Gefäß zu füllen. Wenn dieses Gefäß nicht angefüllt werden kann, nimmt man das nächstkleinere, usw.

Wenn man die Anzahl der angefüllten Gefäße mit Ziffernchips auslegt, ergibt sich die Schreibweise der entsprechenden Zahl im ausgesuchten Zahlensystem.

Jede beliebige Zahl kann durch Anfüllen der Würfel und Quader einer gewünschten Potenzreihe (eines Zahlensystems) dargestellt werden.

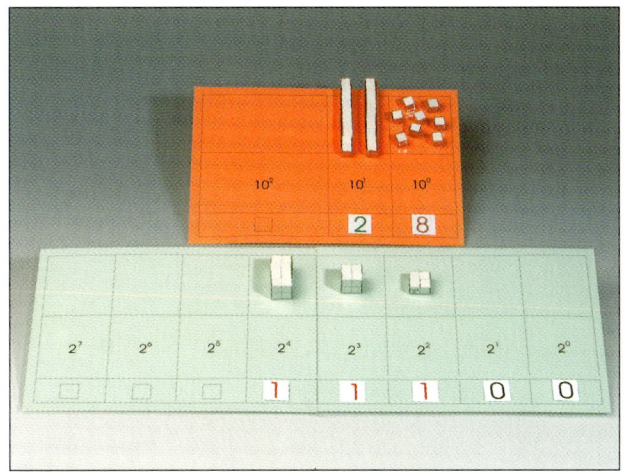

Daher kann man damit auch die Umrechnung einer Zahl von einem Zahlensystem in ein anderes begreifbar machen:

- Dazu nimmt man die 28 Würfel wieder aus den Gefäßen des dekadischen Zahlensystems heraus und versucht, sie in die Gefäße des Dualsystems einzufüllen.

Wieder beginnt man mit dem größten Gefäß, für das man schätzt, das es die Würfel füllen. Wenn man also z. B. das Gefäß für 2 hoch 5 nimmt, sieht man, dass die Würfel zwar darin Platz finden – es bleibt aber noch Platz frei. Also nimmt man das Gefäß für 2 hoch 4 – es kann gefüllt werden und es bleiben noch 12 Würfel übrig.

Nun muss man diese 12 Würfel in das nächstkleinere Gefäß füllen – es bleiben 4 Würfel übrig. Diese restlichen 4 Würfel haben im nächstkleineren Gefäß Platz.

- Bei jedem gefüllten Gefäß legt man ein Ziffernplättchen mit einem Einser darunter, unter die leeren Gefäße eine Null – es entsteht die Zahl „11100" dual.

Der Zahl „28" dekadisch entspricht also „11100" dual.

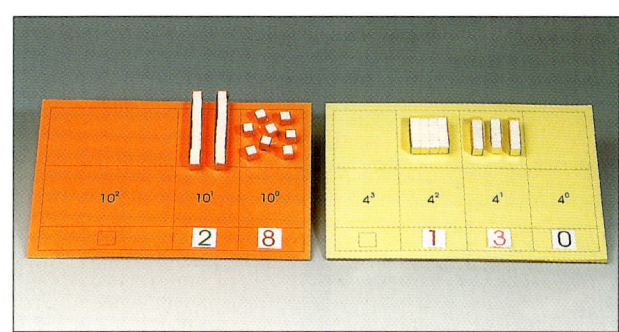

Nach dem selben Vorgang kann man diese 28 Würfel nun in das 3er- oder 4er-System füllen. Im obigen Bild ist das Vierersystem abgebildet, es ergibt sich die Zahl „130", was Folgendes bedeutet:

1-mal ein Vierer-Quadrat, also $4^2 = 16$, und dazu 3mal eine Vierer-Stange, also $3 \times 4 = 12$ (und 16 und 12 ergeben zusammen 28).

- Natürlich kann man auch umgekehrt vorgehen. Wenn man wissen will, welcher Zahl im dekadischen Zahlensystem die Zahl „122" im Dreier-System entspricht, legt man zuerst die Zahl 122 im Dreiersystem.

Dazu nimmt man ein 3^2-Gefäß, zwei 3er-Gefäße und zwei 3^0-Gefäße und füllt sie mit Würfeln an.

Danach nimmt man die Würfel heraus und versucht die Gefäße im dekadischen System zu füllen, 18 ist das Resultat.

Besondere Hinweise
für die Materialdemonstrationen:

Man kann die angegebene Würfelanzahl auch zweimal herauslegen, damit sieht man am Ende der Umwandlung noch Angabe und Resultat nebeneinander.

Beschaffung:

erhältlich bei: WEMONT

F.1.19 Zahlensysteme – Umrechnung

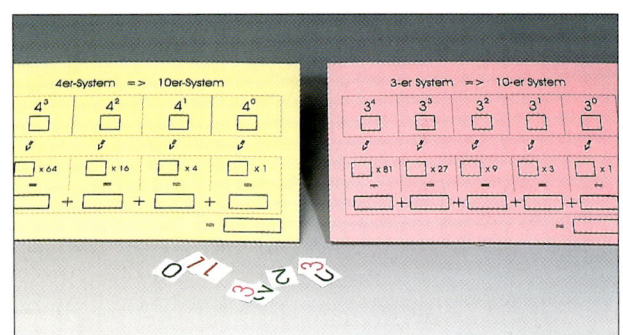

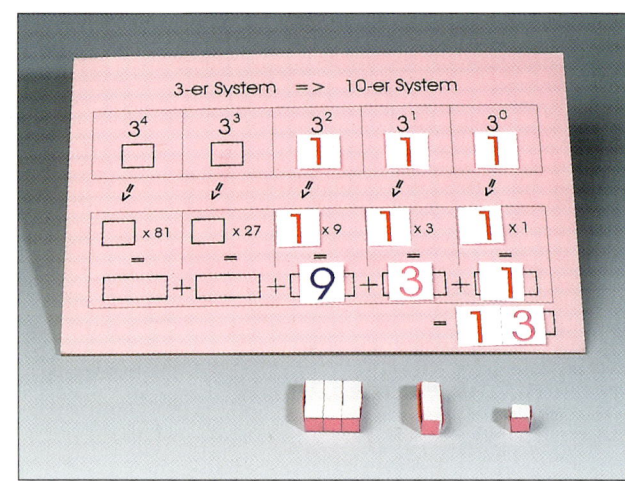

Art des Materials:

Übungsmaterial, zur schriftlichen Umrechnung auch Erarbeitungsmaterial

Materialbeschreibung:

Je eine Grundplatte und die zugehörigen Ziffernplättchen in den Ziffernfarben nach Maria Montessori für die Zahlensysteme mit der Basis 2, 3, 4 und 10;

Blätter mit Aufgabenkärtchen

Lernziele/Ziele:

Umwandlung von Zahlen in verschiedene Zahlensysteme

Selbstkontrolle:

Lösung auf der Rückseite

Voraussetzungen für den Einsatz:

Aufbau der einzelnen Zahlensysteme als Potenzreihe

Verwendungsvorschläge:

Dieses Material wird am besten gemeinsam mit dem Zahlensysteme-Spiel verwendet.

- Am Umrechnungsblatt legt man die Ziffernplättchen für „111" auf und im Dreiersystem füllt man die drei Gefäße

- Nun nimmt man das größte Gefäß und zählt die Würfel, es sind 9.

- Am Umrechnungsblatt wird also unter dem ersten „1er" die Zahl 9 eingetragen, weil es ein 9er-Gefäß ist

- Dann zählt man die Würfel des zweiten Gefäßes, es sind 3 – und trägt die Zahl 3 unter dem zweiten „1er" im Umrechnungsblatt ein

- Zum Schluss nimmt man noch den einen Würfel aus dem letzten Gefäß, und trägt die Zahl 1 unter dem letzten „1er" ein

- Wenn man nun die Zahlen 9, 3 und 1 addiert, ergibt sich 13, die Zahl im dekadischen Zahlensystem.

Besondere Hinweise für die Materialdemonstrationen:

Wenn man bei der Materialdemonstration immer parallel mit Würfeln und Anschreiben arbeitet, können die Kinder selbst entscheiden, wann sie das Füllen der Gefäße nicht mehr brauchen.

Beschaffung:

erhältlich bei: WEMONT

F.1.20 Koordinaten-Schieber

Art des Materials:

Erarbeitungsmaterial

Materialbeschreibung:

Grundplatte mit den Koordinaten-Achsen und allen Punkten im Koordinaten-System von –5 bis +5 darauf, zwei Schieber zum Verschieben entlang der x- bzw. der y-Achse

Lernziele/Ziele:

„Punkt-Koordinaten im R^2" als Grundlage der Analytischen Geometrie

Selbstkontrolle:

Auf der Rückseite der Kärtchen sind die Lösungen graphisch dargestellt.

Voraussetzungen für den Einsatz:

keine

Verwendungsvorschläge:

Die zwei Schieber als Grundstellung folgendermaßen auf die Deckplatte aufsetzen:

Der tiefere Schieber wird so aufgesetzt, dass in der Mittelschiene die y-Achse sichtbar ist – also Punkte wie z. B. (0/1), (0/3), (0/–4) usw.

Der höhere Schieber wird so darübergesetzt, dass in der Mittelschiene die x-Achse sichtbar ist – also Punkte wie z. B. (1/0), (3/0), (–4/0) usw.

Je nach Angabe auf den Kärtchen oder auch nach eigenen Angaben wird nun zuerst der senkrechte Schieber und dann der waagrechte Schieber verschoben.

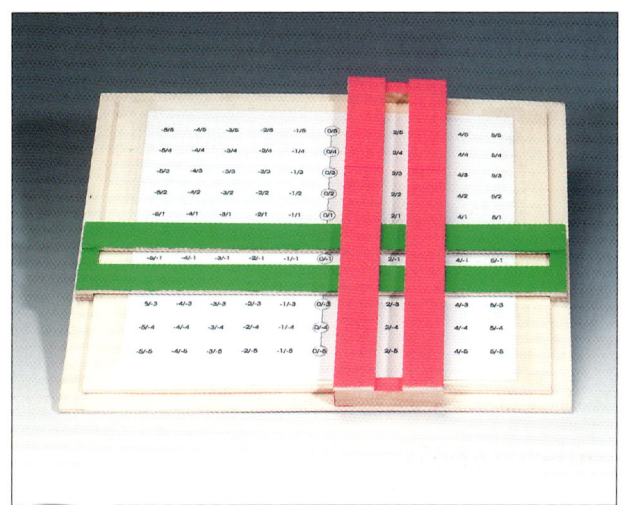

Als Beispiel soll der senkrechte Schieber um 2 nach rechts geschoben werden – und dann der waagrechte Schieber um 1 hinunter. Im Kreuzungspunkt sieht man dann den gesuchten Punkt des Koordinaten-Systems, also hier P(2/–1). Die Schreibweise der Punkte im Koordinaten-System ergibt sich aus der durchgeführten Verschiebung.

Besondere Hinweise für die Materialdemonstrationen:

Immer zuerst die Achsen benennen, damit die Grundlagen des Koordinaten-Systems deutlich hervorgehoben werden.

Immer zuerst den senkrechten Schieber, also die y-Achse, verschieben – damit wird zuerst die erste Koordinate, also die x-Koordinate – fixiert. Erst danach den waagrechten Schieber betätigen, er fixiert die y-Koordinate.

Beschaffung:

erhältlich bei: WEMONT

F.1.21 Kreuzzahl-Rätsel

Art des Materials:

Übungsmaterial

Materialbeschreibung:

- Spielplan aus Karton in Kreuzworträtsel-Form

- Ziffernplättchen (für die Resultate)

- Aufgabenkärtchen für jede Position (wie beim Kreuzworträtsel) für alle 4 Grundrechenarten (jede Grundrechenart ist einer anderen Farbe zugeordnet und nur getrennt spielbar)

- Lösungsblatt zu jeder der vier Grundrechnungsarten (in der gleichen Farbe wie die Aufgabenkärtchen)

Lernziele/Ziele:

Festigung der 4 Grundrechenarten im Zahlenraum bis Milliarden

Selbstkontrolle:

Die richtige Lösung ist am Lösungsblatt ersichtlich, aber bereits durch den Aufbau des Kreuzzahlrätsel selbst gegeben – waagrecht und senkrecht müssen zusammenpassen.

Voraussetzungen für den Einsatz:

4 Grundrechenarten (oder Einzelne davon) im Zahlenraum bis Milliarden; weniger Geübte können z. B. das Kreuzzahl-Rätsel nur für die Addition oder die Subtraktion lösen – das Spiel kann also aufbauend jeweils mit neuen Kärtchen eingesetzt werden.

Verwendungsvorschläge:

- Den Spielplan auflegen; die Aufgabenkärtchen einer gewählten Farbe, d. h. einer Rechenart, unter den Spielern gleichmäßig verteilen; eine Mischung der Farben führt zu keiner Lösung.

- Nun sucht man die Koordinaten, die auf den Kärtchen angegeben sind, löst die Aufgabe und legt die entsprechenden Ziffernplättchen auf die dafür vorgesehenen Felder.

- Jeder Spieler kann seine Lösungen zu einem beliebigen Zeitpunkt auflegen. Normalerweise korrigieren sich Fehler von selbst, weil die Aufgabe aus der anderen Richtung auf den Fehler aufmerksam werden lässt.

- Wenn die Gruppe glaubt, alle Aufgaben richtig gelöst zu haben, kann noch auf der Lösungskarte kontrolliert werden.

Besondere Hinweise
für die Materialdemonstrationen:

Wer bei diesem Spiel eine Demonstration für notwendig erachtet, sollte diese immer gemeinsam mit mehreren Kindern durchführen. Das Kreuzzahlrätsel ist eines der Materialien, die man weniger demonstrieren als mit den Kindern gemeinsam spielen sollte.

Die Gruppe bestimmt meistens auch ihre eigenen Spielregeln – wer darf wem helfen, wann wird aufgelegt, … Da sollte man sich möglichst nicht einmischen.

Beschaffung:

erhältlich bei: WeMONT

F.1.22 Prozent-Spiel

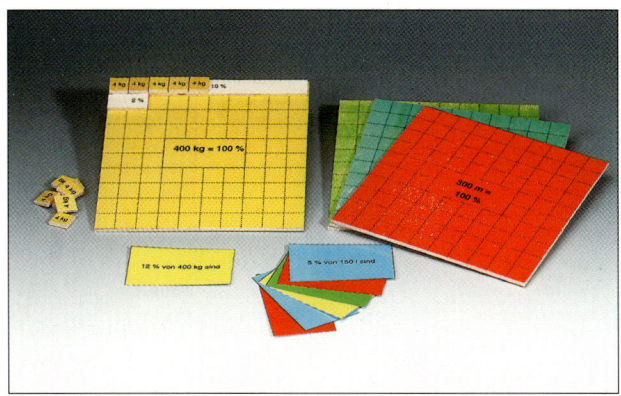

Art des Materials:

Übungsmaterial, teilweise aber auch Erarbeitungsmaterial

Materialbeschreibung:

- Eine Grundplatte mit quadratischem Raster für 100%

- 1 Satz weiße Plättchen von 1% bis 25% zu jedem Beispiel gehören:

- eine 100% Tafel (mit dem Ganzen) und

- 100 Stück Plättchen mit den einzelnen Teilen, die jeweils einem Prozent entsprechen

Lernziele/Ziele:

Berechnung von Prozentanteilen eines Ganzen

Berechnung des Ganzen aus Prozentanteilen

Selbstkontrolle:

Die Lösungen zu den Aufgaben befinden sich auf der Rückseite der Aufgaben-Kärtchen

Voraussetzungen für den Einsatz:

Kenntnis der vier Grundrechnungsarten

Verwendungsvorschläge:

- Man legt den auf einem Aufgabenkärtchen verlangten Prozentanteil auf der Grundplatte des entsprechenden Beispiels mit den weißen Kärtchen aus

- Man deckt diese weißen Kärtchen mit den entsprechenden 1% – Kärtchen eines gewählten Beispiels ab. Jetzt kann man abzählen, wie viele Kilogramm bzw. Stück diesem gewünschten Prozentanteil der Gesamtmenge entsprechen.

Es gibt auch Aufgabenkärtchen, die für eine gegebene Teilmenge (der Gesamtmenge) den Prozentanteil erfragen.

- Dafür legt man zuerst diese Teilmenge aus den vorhandenen Plättchen des jeweiligen Beispiels auf

- dann versucht man, weiße Prozent-Kärtchen zu finden, die miteinander genauso groß sind wie die aufgelegten Magnetplättchen

- danach prüft man, wie oft das %-Plättchen in die Grundplatte passt. Mit dieser Zahl multipliziert man die Prozentmenge – und erhält das Ganze.

Besondere Hinweise für die Materialdemonstrationen:

Bei den Materialdemonstrationen sollte man deutlich die Prozent-Anteile abzählen, damit die Notwendigkeit zur Rückrechnung auf 1% klar wird.

Bei den Umkehrbeispielen kann mit diesem Material die Rückrechnung nicht durchgeführt werden; deshalb sind auch nur Beispiele ausgewählt, wo der angegebene Prozent-Anteil ein Teiler von 100% ist.

Beschaffung:

erhältlich bei: WEMONT

F.1.23 Summenformel einer arithmetischen Folge

Art des Materials:

Übungsmaterial, teilweise aber auch Erarbeitungsmaterial

Materialbeschreibung:

Grundplatte mit Nuten für 10 Schieber

zu drei verschiedenen Beispielen jeweils:

- 10 Angabe- und 5 Resultat-Schieber
- 10 Stäbchen und 10 kleine Plättchen

Lernziele/Ziele:

Erarbeitung der Summenformel für arithmetische Folgen

Selbstkontrolle:

auf der Rückseite der Auftragskärtchen abgebildet

Voraussetzungen für den Einsatz:

Kenntnis der vier Grundrechnungsarten

Verwendungsvorschläge:

- Zuerst sollen die Schieber des ersten Beispieles an der oberen Leiste des Brettes eingeschoben werden

- danach wird die Aufgabe gelesen: die Schieber zeigen die Zahlen von 1 bis 10 und gemeinsam mit den Additionszeichen am Brett kann man die Aufgabe ablesen: 1+2+3+4+5+6+7+8+9+10 soll addiert werden

Das kann man nun so tun, dass zuerst 1+2 gelöst wird, dann 3 dazugezählt, usw.

Das ist sehr mühsam – vor allem, wenn man denkt, dass es ja auch mehr und größere Zahlen sein könnten. Daher sucht man nach anderen Möglichkeiten, diese Aufgabe zu lösen.

Man kann dem Angebot des Materials folgen und folgendermaßen vorgehen:

- die beiden äußersten Schieber nach unten und innen schieben: dann muss man nur noch 1+10 addieren und rechts unten in der (mit der entsprechenden Farbe gekennzeichneten) Nut den Summenschieber mit der Zahl 11 einsetzen

- die beiden nun am äußersten Ende liegenden Schieber 2 und 9 werden ebenso zusammengeschoben und ergeben wieder 11 – auch dieser Summenschieber wird rechts unten in die entsprechende Nut eingeschoben (die Schieber der Angabe haben immer die gleiche Farbe wie der Schieber des Resultates)

- mit den restlichen Schiebern verfährt man ebenso und erhält also fünf Paare von Schie-

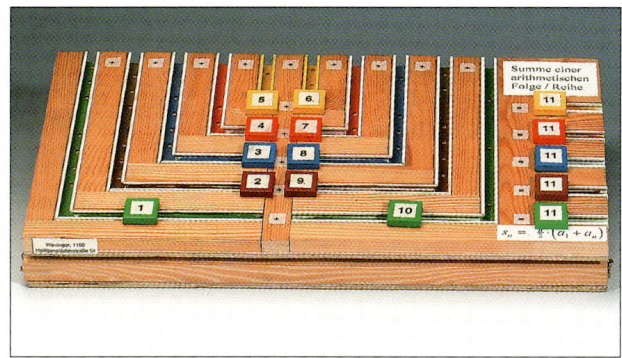

$a_1 + d = a_2$ und $a_2 + d = a_3$, also ist auch
$a_1 + 2d = a_3$ oder $a_3 - d = a_2$

Beim zweiten Beispiel ist $d = 3$, also eine komplizierte Angabe als beim ersten Beispiel.

● Mit dem zweiten Beispiel verfährt man so wie mit dem ersten Beispiel und sieht, dass die Summe aller fünf Paare „33" ist.

bern (also die halbe Anzahl – $n/2$), die alle die gleiche Summe ergeben – nämlich 11 (entspricht der Summe des ersten und letzten Gliedes).

Bevor man mit dem zweiten Beispiel beginnen kann, sollte mit dem beiliegenden Material eine arithmetische Folge erklärt werden:

Um die allgemeine Formel erkennbar zu machen, soll nun noch das Beispiel mit den allgemeinen Folgen-Gliedern gezeigt werden:

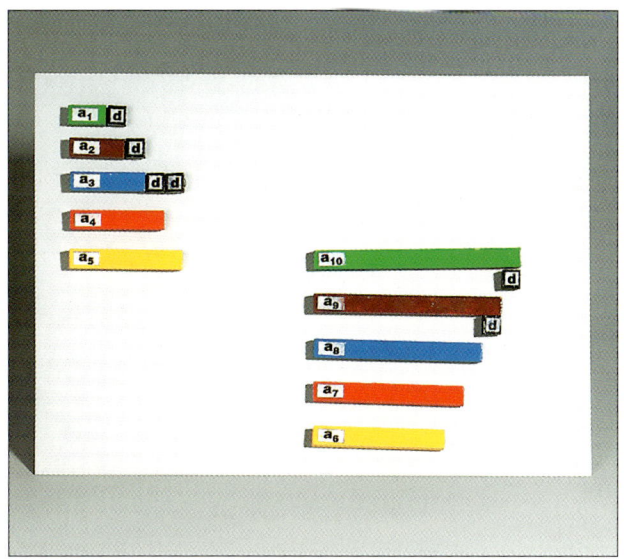

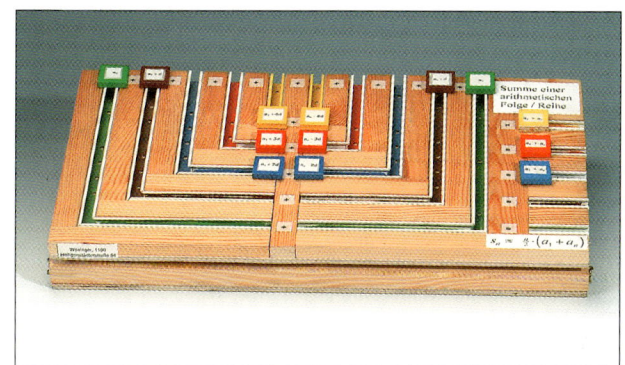

● Die Folgen-Glieder heißen a_1, a_1+d, a_1+2d, … bzw. vom letzten Glied weg a_n, a_n-d, a_n-2d, …

● Beim Zusammenführen der jeweils äußersten Glieder fällt „d" weg – es bleibt wieder für alle fünf Paare die gleiche Summe „a_1+a_n"
Die Formel $s_n = n/2 \cdot (a_1+a_n)$ ist erkennbar.

● Dazu legt man die einzelnen Stäbchen der Größe nach auf (sie stellen die einzelnen Glieder einer arithmetischen Folge dar)

Die kleinen quadratischen Plättchen, die dem „d", der Distanz der Folge entsprechen, können nun neben die Stäbchen gelegt werden und man kann dadurch sehen, dass

Besondere Hinweise
ür die Materialdemonstrationen:

Bei den Materialdemonstrationen sollte man deutlich den Aufbau einer arithmetischen Folge mit den Stäbchen und Plättchen zeigen, bevor das zweite Beispiel durchgeführt wird.

Beschaffung:

„Gesellenstück", noch nicht erhältlich

F.2   Sprachen – Material

Im klassischen Montessori-Material findet man viele Materialien für den Aufbau der Sprache, z. B. Wortarten-Symbole, Satzanalyse-Stern, Satz-Karteien und Ähnliches. Für die Sekundarstufe braucht man viele Materialien für die verschiedenen Textarten. Es gibt einige Materialien mit so genannten Schreibanlässen, Text-Werkstatt und Bild-Karteien.

Alle Sprachmaterialien, die dem Thema „Wortarten" gewidmet sind und in Montessori-Einrichtungen verwendet werden, sollten sich an die von Maria Montessori eingeführten Wortarten-Symbole halten.

sei von Maria Montessori selbst, sagten mir die Lehrer. Ich will diese Geschichte hier darstellen, weil sie ein exzellentes Beispiel für kindgerechtes Lernen ist.

Im herkömmlichen Unterricht werden die Wortarten zuerst vom Lehrer erklärt, erst beim Üben wird vielfältiges Material eingesetzt. Die Geschichte ist ein Beispiel dafür, dass die Verwendung der Wortarten auch ohne Erklärung eines Lehrers verstanden werden kann.

Die Übersicht zeigt deutlich, dass es drei Gruppen von Wortarten gibt:

- Zuerst die statischen Elemente – das Nomen, den Artikel, das Adjektiv, das Zahlwort, das Pronomen – Maria Montessori hat dafür eine Pyramide verwendet; heute ist es üblich, das Dreieck (als Projektion der Pyramide auf eine Fläche) zu verwenden.

- Dann die dynamischen Elemente – das Verb, das Adverb, das Hilfsverb – Maria Montessori hat dafür eine Kugel verwendet; dem entsprechend verwenden wir üblicherweise wieder das Abbild in der Fläche, also einen Kreis. Die Kugel, die immer rollt, immer in Bewegung ist, als Vertreter des Tunwortes.

- Die dritte Gruppe umfasst die restlichen Wortarten – die Präposition, die Konjunktion und die Interjektion.

Die Wortarten-Symbole habe ich vor kurzer Zeit in einer Schule bei Klagenfurt in eine sehr nette Geschichte verpackt gesehen. Diese Geschichte

Es war einmal ein Prinz, der war sehr mächtig.
Er regierte ein ganz besonderes Land:
das Land der Wortarten.

Meistens wurde der Prinz von seinem kleinen blauen Diener begleitet.

Den zweiten großen Diener rief er zu sich, wenn er sich mit anderen Prinzen traf. Der Diener hatte dann die Aufgabe, die Zahl der versammelten Prinzen zu verkünden.

Als Nächstes werden Adjektiv und Numerale beschrieben:

Der Stellvertreter des Nomen ist das Pronomen:

War der Prinz guter Laune, nahm er seinen *ersten großen Diener* mit. Dann hatten alle Leute das Vergnügen zu sehen, was für ein Prinz er war.

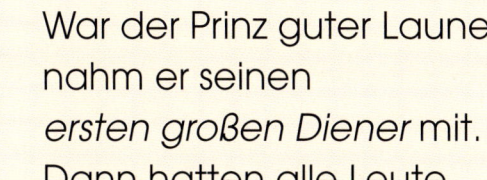

Manchmal hat der Prinz keine Lust, sich selbst zu zeigen. Dann schickte er einfach einen *Stellvertreter*. Er musste ganz alleine gehen – ohne einen einzigen Diener.

Die rote Sonne rollte über den Himmel und machte sie alle lebendig, aber nur für eine bestimmte Zeit.

Als ich in das fremde Land kam, konnte ich den Weg nicht finden. Plötzlich sah ich am Wege kleine grüne Sichelmonde stehen.
Es waren Wegweiser, die anzeigten, wo man etwas finden konnte oder wohin man gehen musste.

Zum Verb gehörig das Adverb:

Die Konjunktion verbindet Teile miteinander:

Die Sonne war aber nicht immer allein am Himmel, manchmal kam der kleine Mond und beschien die Sonne. Da konnte man auf einmal erkennen, wie die Sonne aussah, wo sie gerade stand oder wann sie wieder weggehen würde.

Alles in dem Land des Prinzen war bestens geordnet.
Es arbeitete dort nicht jeder allein, nein, sie kamen zusammen, um sich zu besprechen.
Alle Städte waren mit Eisenbahnschienen verbunden.
So konnte man sich schnell versammeln – man brauchte sich nur in den Zug zu setzen.

Man darf sich nicht vor-
stellen, dass es in diesem
schönen Land immer still
war. Nein, manchmal riefen
die Leute ganz laut irgendwelche Wörter aus – vor
Freude, oder weil sie traurig
waren.
„Hallo!", „Oh!" oder „Ach!"

Jetzt haben wir alle Vertreter
des Prinzenlandes kennen
gelernt. Es ist ein sehr interes-
santes Land.
Je länger man sich dort auf-
hält, desto besser kennt man
sich dort aus.
Oft kommt man gar nicht aus
dem Staunen heraus, denn es
kommt vor, dass eine Wortart
die Aufgabe einer anderen
Wortart übernimmt.

Aber das sind Geheimnisse, die
man erst langsam nach und
nach entdecken kann.

Das Ende der Geschichte gibt einen Ausblick auf
die Möglichkeiten der Verwendung der verschiedenen Wortarten.

Wenn Kinder am Ende der Arbeit mit einem
Material auf ein anderes Material aufmerksam
gemacht werden, braucht auch kein Lehrer mehr
die Reihenfolge zu definieren.

Die Arbeit mit den Wortarten-Symbolen kann
man auch in höheren Schul-Stufen einsetzen.
Haben sie gewusst, dass man Dichter an ihrem
Wortarten-Muster erkennen kann?

Probieren Sie doch einmal, mehrere Gedichte mit
Wortarten-Symbolen zu belegen. Schauen Sie
sich dann einmal nur die Symbole an – jeder
Dichter hat eine eigene Klangfarbe, die sich auch
in der Verwendungsart der Wortarten nieder-
schlägt.

In der Gedichte- und Sprüche-Kartei bei den
Sprachmaterialien können Sie eine mögliche Verwendungsart für 9- bis 12-jährige Kinder kennen
lernen.

Haben Sie schon einmal den Unterschied zwischen einem Zeitungstext und einem Erlebnisaufsatz erarbeitet? Vielleicht sogar als Lehrer mit
einer Klasse?

Versuchen Sie doch einmal, einen solchen Zeitungstext mit Wortarten-Symbolen zu belegen.
Decken Sie dann den Text zu und kopieren Sie
die Seite der Symbol-Anordnung.

Das Gleiche machen Sie nun mit einem Erlebnisaufsatz. Die beiden kopierten Symbol-Seiten können Sie nun Kindern vorlegen und raten lassen,
was in den beiden Texten erzählt wird.

Danach legen sie die beiden Texte mit den Symbolen hin – die Kinder haben nun ein klares Bild
des Unterschiedes und werden ohne Aufforde-
rung über das Ergebnis diskutieren:

Der Erlebnisaufsatz ist bunt und lebhaft, der Zeitungstext ist statisch und voller Dreiecke.

F.2.1 Grammatik-Kartei

Grammatik-Karteien haben die Aufgabe, grundlegende grammatikalische Strukturen unserer Sprache in eigenständiger Arbeit aufzubauen und zu vervollständigen. Gerade bei der Rechtschreibung unterscheiden sich die Kinder besonders stark, jedes Kind hat andere Wörter, die es noch nicht problemlos so schreiben kann, wie die momentan geltende Rechtschreibregelung vorgibt. Also soll auch jedes Kind seine eigenen „schweren" Worte üben – und nicht die des Nachbarn. Die unten beschriebene Grammatik-Kartei dient dem Üben des Satzaufbaues und der Wortarten.

Art des Materials:

Erarbeitungsmaterial, kann auch als Übungsmaterial verwendet werden.

Materialbeschreibung:

Die Grammatik-Kartei besteht aus Wort-, Satz- und Symbol-Karten in Kistchen und wird in den Farben nach Maria Montessori hergestellt:

Artikel und Numerale in hellblau, Nomen in Schwarz, Adjektiv in dunkelblau, Verb in rot, Präposition in grün, Pronomen in lila, Adverb in

orange, Konjunktion in rosa und Interjektion in gelb.

Ordnung und Beschriftung der Kistchen:

Jeder Wortart und ihrem Symbol ist nach Montessori eine bestimmte Farbe zugeordnet. Satzkarten haben die Farbe, die jener Wortart zugeordnet ist, die in diesem Satz neu erarbeitet wird.

Es gibt 9 Aufbewahrungskistchen; sie werden nach der neuesten dazugekommenen Wortart benannt. Die Beschriftungen von Kistchen und Deckel sind in der gleichen Farbe wie die Sätze, die in dieses Kistchen gehören.

Am Deckel sollen zusätzlich alle Beschriftungskärtchen für die im jeweiligen Kistchen verwendeten Wortarten in der Reihenfolge wie im Arbeitskistchen aufgeklebt werden.

Die Wortkarten sind hinten mit der Nummer des Kistchens beschriftet, in das sie gehören. Damit ist es sehr leicht, diese in die richtigen Aufbewahrungskistchen einzuordnen.

Die Symbole sollen in einem eigenen Symbol-Kistchen, oder aber in den einzelnen Aufbewahrungskistchen aufgehoben werden.

Die 10 schrägen Fächer im Arbeitskistchen sollen wie folgt beschriftet werden:

Artikel, Nomen, Adjektiv, Numerale, Verb, Präposition, Pronomen, Adverb, Konjunktion und Interjektion.

Für jedes einzelne Wort auf einer Satzkarte gibt es genau eine Wortkarte, Symbole sind ausreichend vorhanden, es gibt sogar welche in Reserve.

Lernziele/Ziele:

„Wortartenbestimmung"

Selbstkontrolle:

dem Material immanent, Sätze stehen auf Satzkarte – womit die Wortkärtchen selbst kontrolliert werden können

Voraussetzungen für den Einsatz:

Lesen

Verwendungsvorschläge:

Im ersten Aufbewahrungs-Kistchen befinden sich Sätze mit Artikel und Nomen, im zweiten Kistchen jene mit Artikel, Nomen und Adjektiv, im dritten jene mit Artikel, Nomen, Adjektiv und Numerale, usw. Es kann also Wortart für Wortart neu eingeführt werden.

Um eine Wortart neu zu erarbeiten, wird der Inhalt des gewünschten Aufbewahrungskistchens in das Schrägkistchen einsortiert. Es kann also mit jeder Wortart ein anderes Kind gleichzeitig üben, wenn man mehrere Arbeits-(Schräg-)kistchen hat.

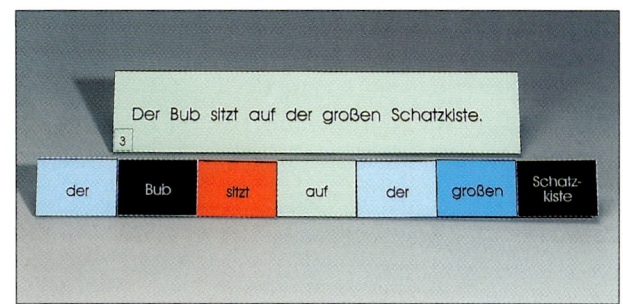

Ein beliebiger Satz aus dem Arbeitskistchen wird herausgelegt, die entsprechenden Wortkarten und die Symbole (in der gleichen Farbe) zugeordnet.

Die Symbole sollen über den Wortkarten des fertig zusammengelegten Satzes positioniert werden.

Räumt man nun die Satzkarte und die Wortkarten weg, bleiben die Symbole übrig.

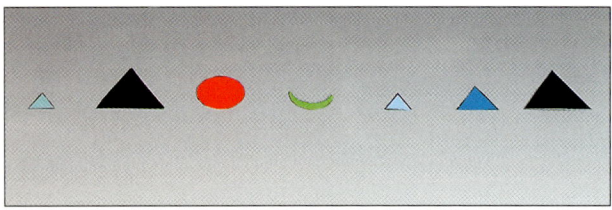

Nun kann der kreative Umgang mit der Sprache besonders gefördert werden, indem man die Symbole allein liegen lässt und danach aus den zur Verfügung stehenden Wortkarten einen neuen Satz zusammenstellt, der zu diesen Symbolen passt.

**Besondere Hinweise
für die Materialdemonstrationen:**

Immer darauf hinweisen, dass das Wortkärtchen über die Farbe einer Wortart zugeordnet werden kann.

Es gibt einzelne Lehrer, die dem Farbleitsystem der Symbole von Maria Montessori noch ein zweites Farbleitsystem der Kärtchen hinzugefügt haben. Ich habe zwar schon einige von ihnen nach dem Sinn dieser zweiten Farbebene gefragt – es konnte mir keiner eine einleuchtende Erklärung geben.

Der Ausspruch einer Lehrerin: „Damit die Kinder nicht sofort die Wortart erkennen!" lässt doch sehr stark vermuten, dass hier lieber Kinder gefoppt werden, als ihnen durch die geeignete vorbereitete Umgebung selbstständige Arbeit zu ermöglichen.

Dieses Arbeits-Kistchen hat 10 schräge Fächer, die für die Wort-Kärtchen gedacht sind.

Mit diesem Arbeits-Kistchen soll auch dann gearbeitet werden, wenn das Kind noch nicht alle Wortarten kennt. Dadurch wird es auf die noch unbekannten Wortarten aufmerksam und neugierig, sie zu lernen. Auch kann sich das Kind schon früh die innere Ordnung herstellen – die Anzahl der vorhandenen Wortarten bleibt auch immer gleich, bloß sind nicht immer schon alle bekannt.

Gemeinsam mit diesem Material sollten sie immer auch Wortarten-Mappen verwenden. In diesen Mappen finden die Kinder viele Übungszettel zum Gebrauch der Wortarten.

Fast alle dieser Zettel sind zum selbstständigen Üben gedacht und daher auch so gemacht, dass meistens die nötigen Erklärungen direkt auf den Zetteln stehen.

Beschaffung:

erhältlich bei: WEMONT

Zusätzlich zu den Wort-, Satz- und Symbolkarten sind auch Holzkistchen erhältlich (9 Aufbewahrungs-Kistchen und ein Arbeits-Kistchen).

F.2.2 Märchentexte mit Wortarten-Symbolen

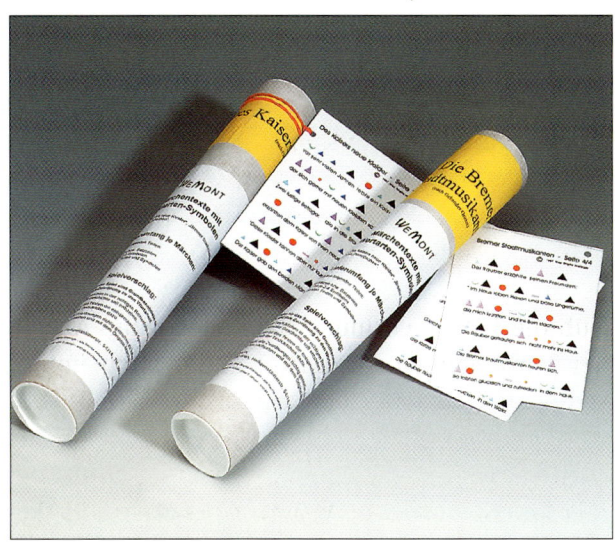

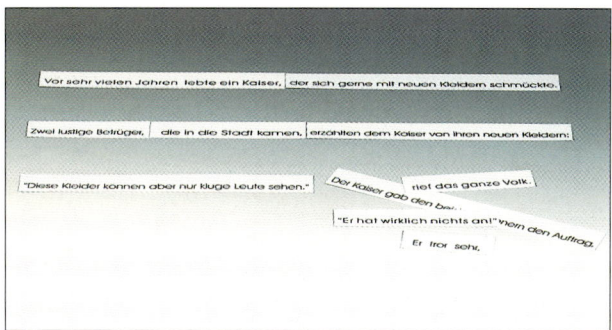

Art des Materials:

Übungsmaterial

Materialbeschreibung:

Textkärtchen mit Sätzen bzw. Satzteilen, Symbolkärtchen mit je 2–4 Symbolen, Kontrollblätter mit allen Texten und Symbolen

Lernziele/Ziele:

Zusammenstellen von Texten, kreative Arbeit mit Textteilen, Wortarten

Selbstkontrolle:

auf den Kontrollblättern ist das Märchen im Originaltext samt Wortarten-Symbolen aufgeschrieben

Voraussetzungen für den Einsatz:

Grundkenntnisse der Wortarten und deren Symbole, sinnerfassendes Lesen

Verwendungsvorschläge:

● Zuerst sollen die Textkärtchen aufgelegt und in ihrer Reihenfolge getauscht werden, bis eine sinnvolle Geschichte entsteht. Es muss aber keineswegs das vorgegebene Märchen sein.

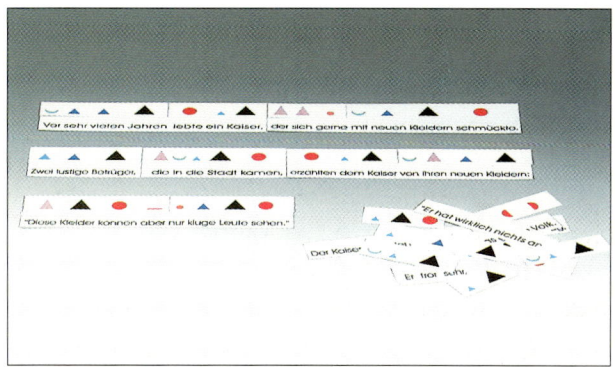

● Danach sucht man zu den Texten die entsprechenden Symbolkärtchen und legt diese oberhalb der Textkärtchen dazu.

Dabei muss man darauf achten, dass zu einem Textkärtchen mehrere Symbolkärtchen gehören können. Die richtigen sind dann aber in Summe gleich lang wie das Textkärtchen.

Auch stehen die Symbole so weit als möglich über der Mitte des jeweiligen Wortes. Wenn die Positionen sehr verschoben sind, ist es also das falsche Kärtchen.

● Wenn man glaubt, alle Zuordnungen richtig getroffen zu haben, kann man im Begleitheftchen nachsehen und mit dem Original-Märchentext vergleichen.

**Besondere Hinweise
für die Materialdemonstrationen:**

Man sollte sehr darauf achten, dass man immer betont, es könne auch einmal eine andere Geschichte entstehen; es muss nicht immer das vorgegebene Märchen sein.

Es gibt viele Wortarten-Spiele, die dazu dienen, Wortarten bzw. deren Symbole und ihre Bedeutung zu üben. Üblicherweise sind dabei die Texte in Art und Reihenfolge fix vorgegeben, also z. B. eine Grundkarte mit allen Texten, aber ohne Symbole.

Dann können nur noch die Symbole zugeordnet werden. Diese Variante ist wesentlich primitiver als unsere Märchentexte mit Symbolen.

Weil wir die Kreativität im Besonderen fördern wollen, sind bei den Märchentexten mit Wortarten-Symbolen die Texte in ihrer Reihenfolge nicht fix vorgegeben.

Ich habe schon Kinder beobachtet, die sich einen gewissen Sport daraus machten, die Text-Kärtchen in eine andere sinnvolle Geschichte umzuwandeln. Es sollen aber alle gegebenen Text-Kärtchen verwendet werden und weitere gibt es nicht.

Beachten sie bitte auch meine Hinweise zu diesem Material, die im Kapitel „Fachliche Richtigkeit" zu finden sind – es gibt immer wieder die Diskussion um Adverb und Adjektiv.

In letzter Zeit habe ich bemerkt, dass immer öfter neue Symbole auftauchen; es gibt da ein eigenes Symbol für das „Spirituelle Nomen" oder eine Kombination von Präposition und Artikel. Auch taucht plötzlich das Partizip auf.

Dazu möchte ich Folgendes sagen:

Da die Sprache durch die Vielfalt der Kombinationen lebt, ist es durchaus vernünftig, für das Wort „am", das ja aus den Worten „auf" und „dem" entstanden ist, ein kombiniertes Symbol aus hellblauem Dreieck und grünen Halbmond zu verwenden.

Schon weniger einsichtig ist die Kennzeichnung der „spirituellen Nomen" – will man die verschiedenen Arten von Nomen unterschiedlich kennen lernen, sollte man dies mit allen Arten tun, nicht nur mit einem.

Das gewählte Symbol – ein schwarzes Dreieck mit einem silbernen Kreis – halte ich auch für problematisch, da es durch die Verwendung des Kreises an ein Verb denken lässt, was aber keineswegs der Fall ist.

Das Partizip ist eine Form von mehreren – es ist nicht einzusehen, dass man das Partizip extra symbolisiert, das Imperfekt oder Futur aber nicht.

Mit der Kennzeichnung der Wortarten soll den Kindern gezeigt werden, dass es sich um eine bestimmte Kategorisierung handelt, die dazu dient, die richtige Stellung im Satz und die richtige Anwendung leichter zu erlernen.

Für die deutsche Sprache gibt es ziemlich eindeutig zehn Wortarten, eine Veränderung dieser Deklaration sollte gut überlegt sein. Jedenfalls halte ich eine Vermischung von Wortarten und Zeitformen für nicht sinnvoll; damit würde man nur die Klarheit der Systematiken unterbrechen – das ist aber ziemlich kontraproduktiv.

Maria Montessori hat ebenfalls die 10 Wortarten verwendet, wenngleich die Systematik im Italienischen etwas anders ist.

Beschaffung:

erhältlich bei: WEMONT

Zur Zeit sind vier verschiedene Märchen erhältlich:

- Die Bremer Stadtmusikanten

- Des Kaisers neue Kleider

- Der Hase und der Igel

- Dornröschen

F.2.3 Vokabel-Spiel: Englisch

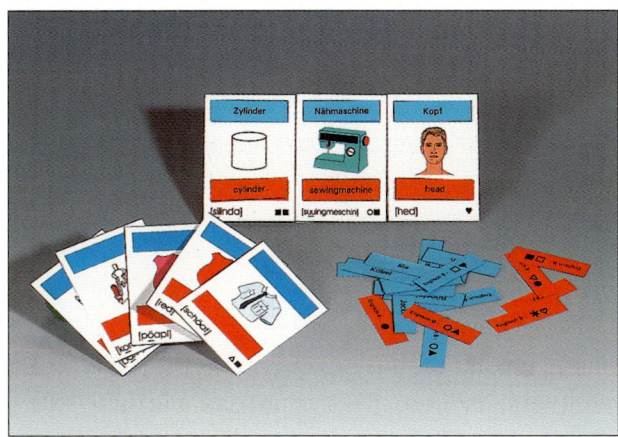

Art des Materials:

Erarbeitungsmaterial

Materialbeschreibung:

Spielkarten im Format A7 mit grundlegenden Begriffen als Bild und in gesprochener Lautsprache

Serie A – Begriffe aus den Bereichen: Lebensmittel, Haustiere, Obst/Gemüse, Gebrauchsgegenstände, Transport, Wildtiere

Serie B – Begriffe aus den Bereichen: Körperteile, Werkzeuge, Haushaltsgeräte, Farben, Bekleidung, geometrische Figuren

Serie C – Zahlen von 0 bis 1.000.000

Dazu gehören Kärtchen mit der jeweiligen deutschen Bezeichnung und weitere Kärtchen mit der entsprechenden englische Bezeichnung.

Lernziele/Ziele:

Erlernen der wichtigsten Vokabeln aus einigen Lebensbereichen durch Wort und Bild

Selbstkontrolle:

Die Kärtchen mit den deutschen und englischen Begriffen haben auf der Rückseite Symbole, die mit denen auf den Grundkärtchen zusammenpassen müssen.

Voraussetzungen für den Einsatz:

Lesen;

Verwendungsvorschläge:

- Die Spielkarten auflegen; nun kann man versuchen, zu jedem Bild die deutsche und englische Bezeichnung zu finden, und legt diese auf die dafür vorgesehenen Felder.

- Wenn man glaubt, alle Zuordnungen richtig getroffen zu haben, dreht man die aufgelegten Kärtchen um und vergleicht die Symbole auf den Rückseiten mit den Symbolen rechts unten auf der zugehörigen Spielkarte.

- Außerdem kann man links unten die Lautsprache lesen und damit selbstständig die Aussprache des Wortes üben.

Besondere Hinweise für die Materialdemonstrationen:

Um die Aussprache von der Schrift gut unterscheiden zu können, sollte man bei der Materialdemonstration immer darauf hinweisen, dass die Schrift immer auf den beweglichen Kärtchen steht, und die Aussprache auf dem Grundkärtchen mit Foto.

Diese Methode (die so genannte „gesprochene Lautsprache") kommt aus Deutschland. Damit man mit der Lautsprache nicht eine weitere Fremdsprache erlernen muss, steht das Wort so am Kärtchen, wie es ausgesprochen werden soll.

Ich habe schon viele Klassen gesehen, in denen so gearbeitet wird, und das mit besten Erfolgen.

Beschaffung:

erhältlich bei: WEMONT

F.2.4 Wörter-Wabe

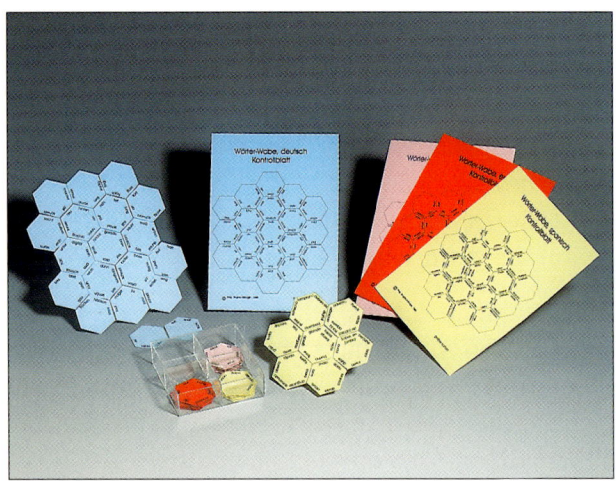

Art des Materials:

Übungsmaterial

Materialbeschreibung:

Das Wörter-Waben-Spiel besteht aus folgenden Teilen:

Sechsecke, einige davon mit 6 Worten, einige mit 4 Worten, einige mit 3 Worten

1 Kontrollblatt

An den Seitenkanten der Sechsecke sind Wörter aufgeschrieben, jeweils auf einem anderen Sechseck ist ein Wort mit gegensätzlicher Bedeutung zu finden.

Farbe je nach Sprache: hellblau (deutsch),
                        orange (englisch),
                        rosa   (französisch),
                        gelb   (spanisch)

Lernziele/Ziele:

Üben der Begriffe für Gegensatzpaare

Selbstkontrolle:

Kontrollblatt mit der richtigen Anordnung

Voraussetzungen für den Einsatz:

Lesen, bei den Fremdsprachen Grundkenntnisse dieser Sprache

Verwendungsvorschläge:

Ein beliebiges Sechseck auflegen; die weiteren Sechsecke sollen so angelegt werden, dass gegensätzliche Begriffe einander gegenüber liegen.

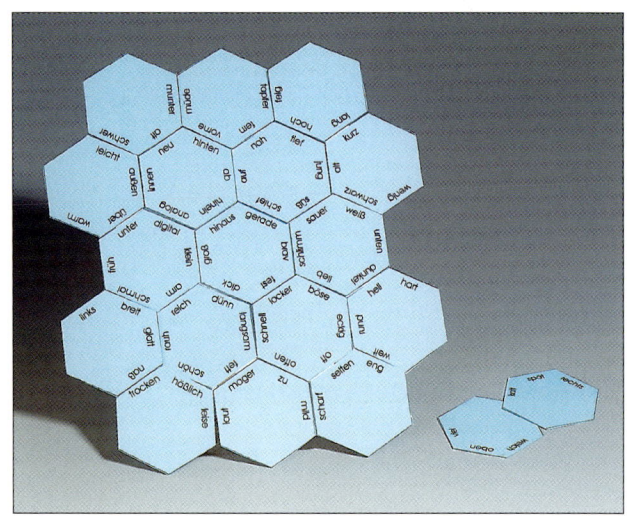

Zum Schluss ergibt sich eine vollständige Wabenform – man kann dann die gefundene Lösung mit der des Kontrollblattes vergleichen.

Besondere Hinweise
für die Materialdemonstrationen

Besonders zu empfehlen ist das gemeinsame Erarbeiten aller vier Sprachen:

Dafür sollen sich je drei Kinder pro Sprache finden, die sich dann die Kärtchen der gewählten Sprache aufteilen. Synchron sollen nun die einzelnen Gegensatzpaare aufgelegt werden – ein Vergleich unter den vier Sprachen ergibt sich so völlig automatisch.

Allerdings sollte die eben beschriebene Form erst dann gewählt werden, wenn zumindestens $2/3$ der gefragten Wörter im aktiven Wortschatz der Kinder sind.

Ansonsten empfiehlt sich das getrennte Arbeiten mit nur einer Wörterwabe.

Beschaffung:

erhältlich bei: WEMONT

F.2.5 Übersetzungs-Spiel
(Deutsch – Englisch oder
Deutsch – Französisch)

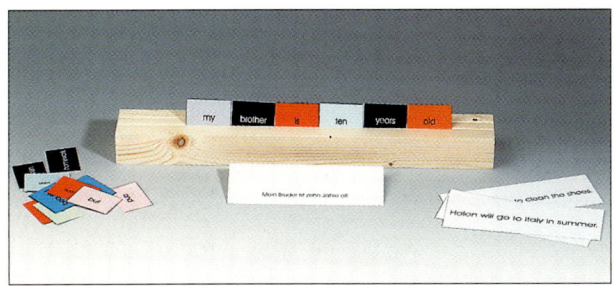

Art des Materials

Erarbeitungsmaterial und Übungsmaterial

Materialbeschreibung

Das Übersetzungs-Spiel besteht aus folgenden Teilen:

Karten mit jeweils einem Satz (auf einer Seite in Deutsch, auf der anderen in der Fremdsprache).

Für jedes Wort, das in einem dieser Sätze vorkommt, gibt es ein Wortkärtchen in der Farbe der Wortsymbole nach Montessori. Auch diese Wortkärtchen sind auf einer Seite in Deutsch beschriftet, auf der anderen in der Fremdsprache. Wenn ein Wort in mehreren Sätzen vorkommt, gibt es für jeden dieser Sätze ein Wortkärtchen.

Lernziele/Ziele:

Üben der Wort-Stellung in einzelnen Sätzen der Fremdsprache

Selbstkontrolle:

Auf der Rückseite der Kärtchen und auch der Satzkarten steht die Übersetzung.

Voraussetzungen für den Einsatz:

Lesen, Grundbegriffe der jeweiligen Fremdsprache

Je mehr Vokabeln zu diesem Spiel bereits bekannt sind, umso eher können sich die Schüler auf das Problem der Wortstellung im Satz konzentrieren.

Verwendungsvorschläge:

Die Übersetzung kann von jeder der beiden Sprachen in die andere erfolgen, also entweder von Deutsch in die Fremdsprache oder von der Fremdsprache nach Deutsch.

Dieses Spiel ist daher auch für Kinder geeignet, für die Deutsch die Fremdsprache ist.

● Man legt einige (oder alle) Satzkarten so auf, dass man die gewählte Ausgangssprache sieht.

● Nun überlegt man die Übersetzung, sucht die entsprechenden Wortkärtchen in der anderen Sprache und legt sie unter oder über die Satzkarte

● Wenn man damit fertig ist, kann man die Satzkarte umdrehen und das Resultat mit dem Lösungssatz vergleichen.

Besondere Hinweise für die Materialdemonstrationen

Die Tatsache der andersartigen Wortstellung in verschiedenen Sprachen macht das Hauptproblem der meisten Schüler aus.

Deshalb sollte man bei der Demonstration deutlich darauf hinweisen, dass durch die Bewegung der einzelnen Wortkärtchen die Wortstellung im Satz verändert werden kann.

Beschaffung:

erhältlich bei: WEMONT

F.2.6　Textkombinationen

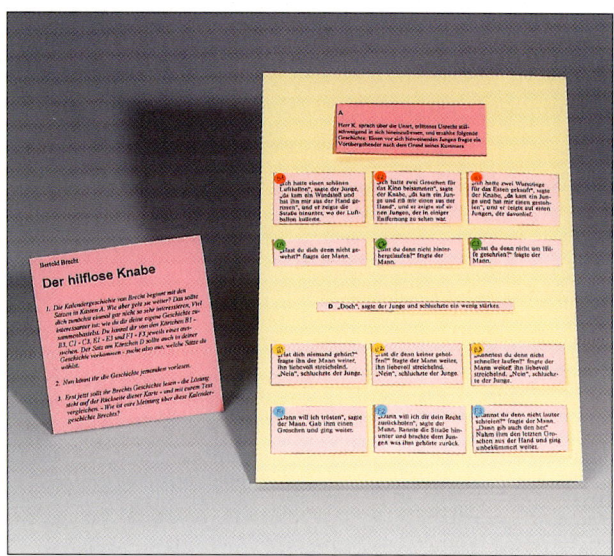

Art des Materials

Erarbeitungsmaterial und Übungsmaterial

Materialbeschreibung

Das Material für die Textkombinationen besteht aus folgenden Teilen:

Streifen mit Satz-Teilen, alle Teile sind durchnummeriert, z. B. A, B, C und D (wie im oben abgebildeten Beispiel)

Einige Satz-Teile sind nur in einfachen Varianten vorhanden, andere Satz-Teile in drei verschiedenen Varianten

Gesamter Text des Dichters

Lernziele/Ziele:

Erstellen von sinnvollen Text-Kombinationen, Interpretieren und Diskutieren von Texten verschiedener Dichter

Selbstkontrolle:

Unmöglich, weil es keine richtigen oder falschen Lösungen gibt – auch der Text des Dichters ist nur eine von vielen möglichen.

Voraussetzungen für den Einsatz:

sinnerfassendes Lesen

Verwendungsvorschläge:

● Die Textstreifen, die es nur einfach gibt, werden zuerst aufgelegt.

● Danach beginnt die Gruppe, gemeinsam eine Lösung für die fehlenden Text-Streifen zu wählen;

　z. B. gibt es B1, B2 und B3 und die Gruppe wählt B3, wird B3 unter den Fixtext A gelegt.

● Für den Teil C und alle weiteren Text-Teile mit mehreren Varianten wird genauso verfahren

Das Resultat soll ein sinnvoller Gesamt-Text sein, es gibt viele möglichen Varianten.

Die Diskussionen, die sich während der Auswahl ergeben, zeigen die intensive Beschäftigung mit dem Text – und es gibt eigentlich keine Gruppe, die dabei nicht intensiv diskutiert.

Besondere Hinweise für die Materialdemonstrationen

Bei einer Demonstration sollten die Text-Streifen mit mehreren Varianten von je einem Schüler-Team übernommen werden.

Damit ergibt sich eine geleitete Diskussion zwischen den Gruppen und nicht zwischen 3 Kindern. Wenn bei einer Demonstration zu diesem Material nur wenige Kinder beschäftigt sind, wird den anderen bald fad, und sie beginnen zu stören.

Beschaffung:

erhältlich bei: WEMONT

F.2.7 Schreibimpulse

Verwendungsvorschläge:

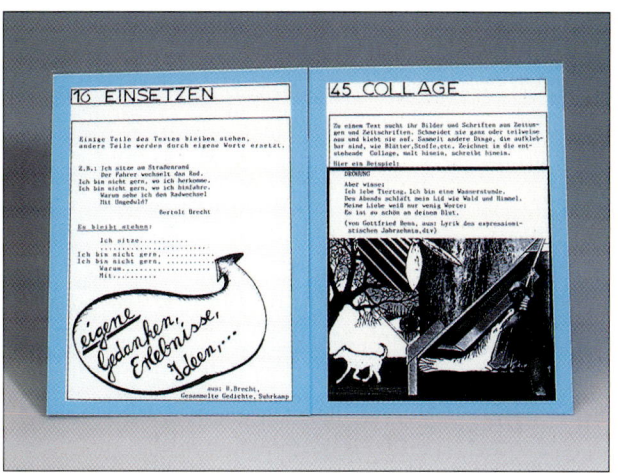

Die Schreibimpulse können z. B. angefangene Texte zum Fertigschreiben sein.

Art des Materials

Erarbeitungsmaterial und Übungsmaterial

Materialbeschreibung

Dieses Material besteht aus folgenden Teilen:

- Kartei-Karten mit Anregungen zum Schreiben von Texten aller Arten

- angefangene Texte zum Weiterschreiben

- Aufträge, deren Ausführung mit dem Schreiben eines Textes verbunden ist

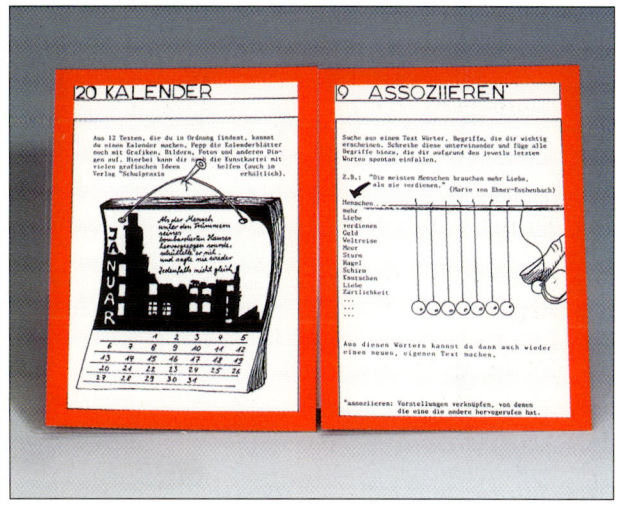

Beim Lesen der Anweisungen stellt man manchmal auch fest, dass es im Moment Spaß macht, genau diese Anweisung auszuführen.

Lernziele/Ziele:

Erstellen von Texten verschiedenster Art nach Anfangsvorgaben

Besondere Hinweise
für die Materialdemonstrationen

Bei einer Demonstration sollten die Textimpulse deutlich vorgelesen werden; jedes Kind, das einen Text gehört hat, der ihn angeregt hat weiterzuschreiben, verlässt die Gruppe und beginnt zu schreiben.

Selbstkontrolle:

Unmöglich, weil es keine richtigen oder falschen Lösungen gibt – auch die Lösung des Dichters – wo Texte von Dichtern verwendet wurden – ist nur eine von vielen möglichen.

Voraussetzungen für den Einsatz:

sinnerfassendes Lesen

Beschaffung:

erhältlich bei: Verlag an der Ruhr

F.3   Material für Kosmische Erziehung

Es gibt viele Materialien, die dem „Kosmischen Bereich" zuzuordnen sind. Das ist in der Sprache Maria Montessoris jener Bereich, der sich mit den Erkenntnissen und Phänomenen um unsere Erde, die Welt und den ganzen Kosmos beschäftigt. In unseren Schulen haben wir diesen Bereich künstlich in Teilbereiche getrennt – wir nennen sie Biologie, Geografie, Physik, Chemie, Religion und Geschichte. Alle Materialien in diesem Teil des Buches können daher einem oder mehreren dieser Bereiche zuzuordnen sein.

Je mehr fächerübergreifende Materialien es auf diesem Teil-Gebiet gibt, umso mehr ist es „Kosmische Erziehung" im Sinne Maria Montessoris.

F.3.1   Blütenpflanzen-Kartei

Art des Materials:

Erarbeitungs- und Übungsmaterial

Materialbeschreibung:

Die Blütenpflanzen-Kartei zeigt und beschreibt die Teile der Blütenpflanzen in folgenden Kapiteln:

Wurzeln, Spross, Blätter, Blüten, Befruchtung und Frucht.

Sie besteht aus Bild- und Textkarten der Größe A7 (ergibt insgesamt 763 Kärtchen).

Jedes Kapitel ist mit einer eigenen Kärtchenfarbe gekennzeichnet.

Die Nummerierung innerhalb der Kapitel ist in Unterkapitel aufgeteilt – dadurch kann man auch mit Teilen eines Kapitels gut arbeiten.

Man kann auch manchmal je nach Situation nur Teile der einzelnen Kapitel in der Klasse auflegen.

Lernziele/Ziele:

Teile und Eigenschaften der Blütenpflanzen, Erkennen von Blütenpflanzen

Selbstkontrolle:

Nummerierungen auf der Rückseite der Bildkärtchen entsprechen den Nummerierungen auf der Vorderseite der Textkärtchen.

Voraussetzungen für den Einsatz:

Lesen; das Erkennen einiger wichtiger Blütenpflanzen und ihrer Eigenschaften erleichtert die Arbeit aber sehr.

Verwendungsvorschläge:

- Die Textkarten eines Kapitels oder Teilkapitels auflegen.

- Nun kann man versuchen, zu jedem Text das zugehörige Bild zu finden.

- Wenn man glaubt, alle Zuordnungen richtig getroffen zu haben, dreht man die aufgelegten Kärtchen um und vergleicht die Nummerierungen auf der Rückseite mit denen rechts unten auf der zugehörigen Bildkarte.

Natürlich kann auch umgekehrt gespielt werden:

- man legt sich die Bildkärtchen nebeneinander auf,

- nun versucht man, die dazu passenden Texte zu finden.

Besondere Hinweise
für die Materialdemonstrationen:

Auch dieses Material sollte möglichst nicht demonstriert, sondern mit den Kindern gespielt werden. Jeweils bis zu fünf Kinder können sehr gut mit ca. 30 Karten arbeiten.

Zu dieser Kartei sollte auch immer wieder aktuelles Material aus der Natur dazugeholt werden:

Wenn gerade die Schlüsselblume blüht, sollte man die Gelegenheit nützen und sie in die Klasse mitbringen.

Jeder Lehrer kann zu dieser Kartei seine eigenen Auftragskärtchen dazugeben. Wenn ich also als Lehrer haben möchte, dass die Kinder die Blattformen gut lernen, könnte eine zusätzliche Auftragskarte so wie im Bild formuliert sein.

„Lege alle Blattformen auf, finde die zugehörigen Textkärtchen und schreibe dann alle Informationen, die du dir gemerkt hast, in dein Heft.“

Zusätzliche Fragestellungen auf den Auftragskärtchen sollen aber ebenfalls mit Lösungen versehen sein, um auch hier die Selbstkontrolle zu ermöglichen.

Ein Lösungsheft beim Auftragskästchen hat sich dafür sehr bewährt.

Beschaffung:

erhältlich bei: WEMONT

F.3.2 Zeitleiste der Erdzeitalter

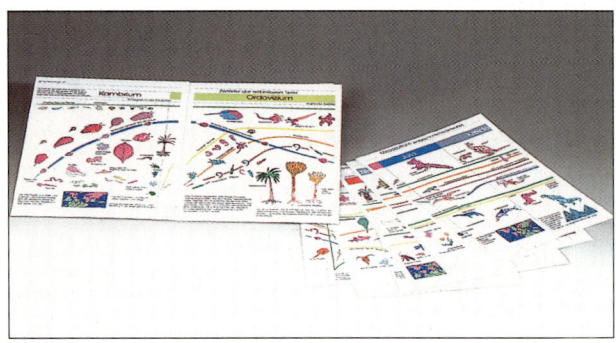

Art des Materials:

Erarbeitungs- und Übungsmaterial

Materialbeschreibung:

7 Seiten mit Bildern von Pflanzen und Tieren der einzelnen Erdzeitalter (Kambrium, Ordovizium, Silur, Devon, Karbon, Perm, Trias, Jura, Kreide, Tertiär und Quartär)

Lernziele/Ziele:

Kennenlernen der Fauna und Flora der verschiedenen Erdzeitalter

Selbstkontrolle:

Nicht nötig, weil es sich um Lesematerial handelt.

Voraussetzungen für den Einsatz:

Lesen

Verwendungsvorschläge:

● Die 7 Seiten nebeneinander in der richtigen Reihenfolge auflegen oder an die Wand hän-

gen; durch die graphische Darstellung kann die Aufeinanderfolge der Erdzeitalter gut erkannt werden.

● Die Zeitleiste enthält Abbildungen von Pflanzen und Tieren, die in den einzelnen Erdzeitaltern gelebt haben; diese Abbildungen enthalten zusammen mit den Texten die Grundinformationen zu den verschiedenen Zeitaltern.

Mit diesem Grundwissen aus der Zeitleiste kann auch das Zeitleistenspiel leichter gespielt werden, bei dem Bilder und Namen von Tieren und Pflanzen diesen Zeitaltern zugeordnet werden sollen.

**Besondere Hinweise
für die Materialdemonstrationen:**

Die Zeitleiste ist kein Material, das üblicherweise auf einmal durchgearbeitet wird; es sollte daher immer sichtbar aufgehängt sein – die Kinder gehen immer wieder hin und sehen sich die Bilder und Informationen an.

Gelegentliche Hinweise auf die Entwicklung einzelner Arten über die Zeitalter hinweg bringen den Kindern ein gutes Verständnis für die Entwicklung neuer Arten von Leben auf der Erde.

Beschaffung:

erhältlich bei: WEMONT im Format A 4 und A 3

Eine ähnliche Zeitleiste mit Höhe A 1, endlos foliert, ist erhältlich bei:

IGL, Institut für ganzheitliches Lernen, Bad Wiessee

F.3.3 Zuordnungsspiel zur Zeitleiste

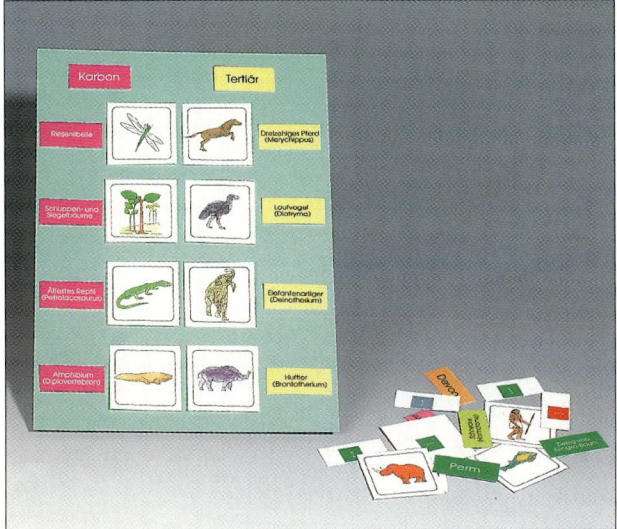

Art des Materials:

Erarbeitungs- und Übungsmaterial

Materialbeschreibung:

- Kärtchen mit Bezeichnung der Erdzeitalter
- Kärtchen mit Bildern von Pflanzen und Tieren – je vier aus jedem Erdzeitalter
- Kärtchen mit Namen dieser Pflanzen und Tiere.

Lernziele/Ziele:

Kennenlernen der Pflanzen und Tiere verschiedener Erdzeitalter

Selbstkontrolle:

Bei diesem Spiel ist eine zweistufige Selbstkontrolle möglich:

die farbigen Nummern auf der Rückseite der Kärtchen lassen

a) einerseits eine Zuordnung über die Farbe zu – sie entspricht der des zugehörigen Erdzeitalters

b) andererseits eine Zuordnung über die Zahl – sie entspricht der des zugehörigen Namenskärtchens.

Voraussetzungen für den Einsatz:

Die Informationen aus der Zeitleiste der Erdzeitalter sind hilfreich, das Zuordnungsspiel ist ohne Zeitleiste sehr schwierig zu spielen.

Um mit den Bezeichnungen arbeiten zu können, sollte ein Grundverständnis der lateinischen Sprache vorhanden sein.

Verwendungsvorschläge:

- Die Kärtchen mit der Bezeichnung der Erdzeitalter auflegen.
- Danach sucht man die Kärtchen mit den Pflanzen und Tieren, die in den einzelnen Erdzeitaltern gelebt haben, und ordnet diese den Zeitaltern zu. Die Zeitleiste kann dabei zu Hilfe genommen werden, weil viele Tiere und Pflanzen dort im jeweiligen Erdzeitalter abgebildet sind.
- Schließlich kann man auch noch die Namen der Pflanzen und Tiere, die auf den Kärtchen stehen, den Bildern zuordnen.
- Wenn man glaubt, alle Zuordnungen richtig getroffen zu haben, dreht man die aufgelegten Kärtchen um und vergleicht die Zahlen und Farben auf den Rückseiten miteinander und mit der Farbe der Bezeichnung des Zeitalters.

Besondere Hinweise für die Materialdemonstrationen:

Auch bei diesem Material ist es besser, gemeinsam mit den Kindern zu entdecken – aber nicht zu demonstrieren. Nicht die Spielform ist neu, die Resultate sind aber oft sehr neu und geheimnisvoll.

Beschaffung:

erhältlich bei: WEMONT

F.3.4 Fragen-Weg

Art des Materials:

Übungsmaterial

Materialbeschreibung:

- Spielplan im Format A 3
- Fragenkärtchen mit Fragen aus verschiedensten Wissensgebieten, jeweils drei mögliche Antworten als Angebot
- ein Würfel
- Spielfiguren in verschiedenen Farben
- Spielmarken

Dieses Spiel wurde zur Gänze von Kindern für Kinder entworfen und gestaltet.

Lernziele/Ziele:

Wissensfragen aus verschiedensten Wissensgebieten

Selbstkontrolle:

Die Antwort der Fragen ist auf dem jeweiligen Kärtchen vermerkt, damit der Mitspieler, der die Frage stellt, die richtige Antwort auch sieht.

Voraussetzungen für den Einsatz:

Lesen, Wichtiges aus verschiedenen Gebieten

Verwendungsvorschläge:

- Bei diesem Spiel können 2 bis 6 Spieler teilnehmen. Jeder Spieler muss versuchen, möglichst viele Spielmarken zu bekommen. Sieger ist, wer die meisten Marken hat, wenn alle im Ziel angelangt sind.

- Jeder Mitspieler erhält eine Spielfigur; man würfelt einfach im Kreis herum, die schwarzen Felder sind ganz gewöhnliche Würfelfelder.

- Kommt die Spielfigur auf ein gelbes Feld, nimmt der Spieler, der als nächster drankommen wird, eine Fragenkarte auf und liest die Frage und die drei angebotenen möglichen Antworten vor. Wird die Frage richtig beantwortet, erhält der Spieler eine Spielmarke; ist die Antwort falsch, muss die Spielfigur um 2 Felder zurückgesetzt werden.

- Kommt die Spielfigur auf ein rotes Feld, muss der Spieler 2 Spielmarken zurücklegen; hat er nur eine oder gar keine, bleibt er aber keine schuldig.

Auf jeder Fragenkarte stehen drei Angebote für die Antwort – das erleichtert die Antwort sehr.

Wenn die Kinder dieses Spiel schon öfters gespielt haben, spielen sie es meist ohne Auswahlmöglichkeiten für die Fragen. Das ist bedeutend schwieriger.

Besondere Hinweise für die Materialdemonstrationen:

Dieses Spiel eignet sich nicht zum Demonstrieren, aber sehr gut zum Mitspielen.

Beschaffung:

erhältlich bei: WEMONT

F.3.5 Planeten-Mappen

Art des Materials:

Erarbeitungsmaterial

Materialbeschreibung:

Zehn mehrseitige Heftchen mit verstärktem Umschlag; bunt illustrierte Beschreibungen unserer Sonne und jedes ihrer Planeten – Bilder, Zahlen und Fakten, wobei die wichtigsten Größen grafisch verdeutlicht sind.

Man kann z. B. sehen, wie oft die Erde in den Jupiter hineinpasst, weil die Abbildungen im richtigen Größenverhältnis dargestellt sind. Daneben kann man aber auch lesen, dass der Durchmesser der Erde 12 756 km, der Durchmesser von Jupiter 142 984 km beträgt. Besonderes Gewicht liegt also auf der Verdeutlichung der Daten unseres Sonnensystems.

Lernziele/Ziele:

Zahlen und Fakten unseres Sonnensystems

Selbstkontrolle:

materialimmanent

Voraussetzungen für den Einsatz:

Interesse an großen Zahlen

Verwendungsvorschläge:

- Man kann EINEN Planeten wählen und seine Beschreibung und seine Daten studieren.

- Man kann mehrere Planeten miteinander vergleichen: z. B. Umdrehungsdauer, Durchmesser, Temperatur, Umlaufzeit, Abstand zur Sonne, Anzahl der Monde und der Ringe – falls vorhanden.

- Man kann durch den Vergleich der Abstände zur Sonne die Reihenfolge der Planeten im Sonnensystem bestimmen.

- Man kann sich von der verbalen Beschreibung zu einer eigenen Zeichnung anregen lassen.

- Man kann Tabellen zum systematischen Vergleich der angegebenen Daten selbst erstellen.

- Man kann die Mappen einfach nur anschauen und lesen …

- Wenn man alle Mappen gelesen hat, kann man die beeindruckendste Tatsache auf ein Kärtchen schreiben und zu den Mappen legen. Auf diese Weise kommen im Laufe der Zeit einige persönliche Aussagen zu den Mappen dazu – und jeder weitere Leser kann nachschauen, was für die anderen Leser besonders interessant war.

Besondere Hinweise für die Materialdemonstrationen:

Dieses Material sollte nicht demonstriert werden, es soll zum Lesen anregen; man könnte aber in einer Gruppe gemeinsam ein Heftchen lesen – damit wird der Appetit angeregt, mehr zu lesen.

Beschaffung:

erhältlich bei: WEMONT

F.3.6 Spiegel-Spiel

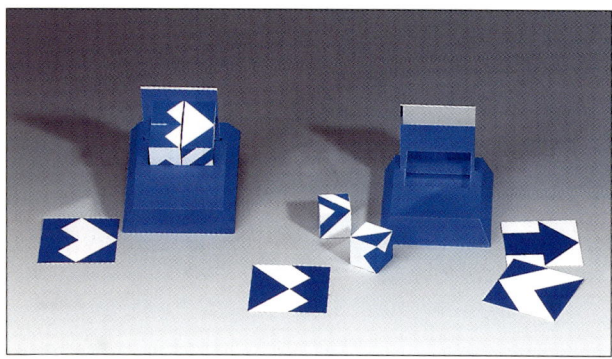

Art des Materials:

Erarbeitungsmaterial, das auch als Übungsmaterial verwendet wird

Materialbeschreibung:

Das Spiegel-Spiel enthält:

- zwei Spiegel
- vier Würfel – alle sind gleich, aber jeder hat auf den sechs Seiten verschiedene Muster
- Auftragskärtchen mit Bildern.

Lernziele/Ziele:

Eigenschaften der Spiegelung anhand von verschiedensten Formen erkennen und üben.

Selbstkontrolle:

Materialimmanent; das Bild im Spiegel muss dem Angabebild entsprechen – man sieht die Übereinstimmung mit der Lösung, wenn man das Angabebild neben den Spiegel legt.

Voraussetzungen für den Einsatz:

Erkennen grundlegender mathematischer Formen, erkennen von Halbierungen und Teilen dieser mathematischen Formen

Verwendungsvorschläge:

Dieses Spiel kann entweder alleine oder zu zweit gespielt werden.

- Man stellt den Spiegel vor sich auf.
- Die Aufgabenkärtchen werden gemischt und mit der Rückseite nach oben auf den Tisch gelegt.
- Die oberste Aufgabenkarte wird umgedreht und in die Mitte gelegt
- Aufgabe ist es nun, die beiden Würfel so in die beiden dafür vorgesehenen Mulden vor dem Spiegel zu legen, dass die Muster auf der sichtbaren Würfelfläche zusammen mit dem Spiegelbild dem Bild am Angabekärtchen entsprechen.

Besondere Hinweise für die Materialdemonstrationen:

Bei der Materialdemonstration ist es sehr wichtig, den Unterschied zu zeigen, der sich ergibt, wenn ein Würfel gedreht wird.

Legen sie dazu einen Würfel in beliebiger Art in die Mulde und besprechen sie das Bild, das sich mit dem Spiegel ergibt – das können sehr gut die beteiligten Schüler beschreiben.

Drehen sie danach den Würfel horizontal um 180° und lassen sie die Kinder das neue Bild beschreiben, ebenso danach für die Drehung um 90°.

Viele Kindern finden es sehr interessant, alle Einzelseiten der Würfel getrennt zu betrachten und deren Spiegelbilder zu beschreiben.

Eine schwierigere Variante ist es, die Würfel zuerst laut Aufgaben-Kärtchen in die Mulden zu legen und erst dann die Spiegel dazu zu stecken.

Beschaffung:

erhältlich bei: Fa. Betzold

F.3.7 Österreich-Puzzle

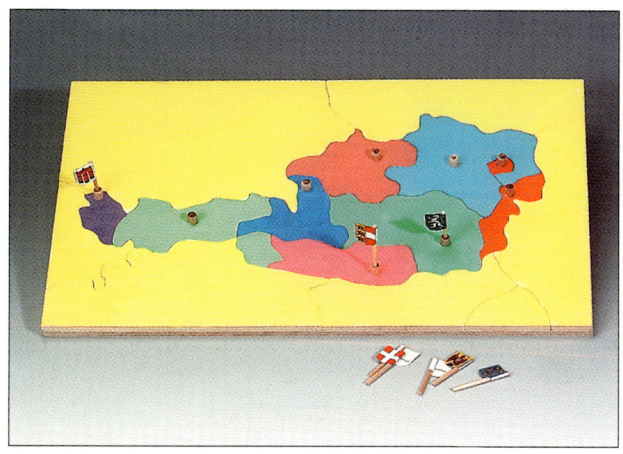

Art des Materials:

Erarbeitungs- und Übungsmaterial

Materialbeschreibung:

Holz-Puzzle Österreichs auf einer Unterlage aus Holz

Die einzelnen Bundesländer sind bunt bemalt, am Platz der Hauptstadt ist ein Griff montiert.

In jeden Griff ist ein Loch gebohrt, in das die Fahne des Bundeslandes gesteckt werden kann.

Lernziele/Ziele:

Kennenlernen:

- der Form der Bundesländer und ihrer Relationen zueinander
- der Fahnen der Bundesländer Österreichs
- der Lage der Hauptstädte der Bundesländer

Selbstkontrolle:

Die Bundesländer passen nur auf eine Art und Weise – die richtige – in den Puzzle-Rahmen.

Zur Kontrolle der Fahnen kann man auf die Bundesländer-Teile hinten den Namen schreiben oder eine Kontrollkarte beilegen.

Voraussetzungen für den Einsatz:

keine

Verwendungsvorschläge:

- Die Puzzle-Teile aus dem Österreich-Puzzle herausnehmen und zur Seite legen.
- Nun nimmt man den erste Puzzle-Teil und fährt die Konturen des Bundeslandes mit dem Finger nach.
- Danach sucht man den Platz im Puzzle, wo der Puzzle-Teil exakt hineinpasst
- Wenn man das mit allen Bundesländern tut, ist das Puzzle fertiggelegt.
- Zuletzt werden die Fahnen in die dafür vorgesehenen Griffe an der Stelle der jeweiligen Hauptstadt gesteckt.

Besondere Hinweise für die Materialdemonstrationen:

Wenn man die Länder gemeinsam mit den Kindern im Atlas sucht, schult man die räumliche Vorstellung von Österreich und seinen Bundesländern.

Wenn man die Wappen gemeinsam mit den Kindern beschreibt, wird aus dem geografisch orientierten Spiel gleichzeitig eine sprachliche Übung für Beschreibungen.

Oft beginnen Kinder dann, ein eigenes Heftchen mit den Wappen anzulegen. Sie zeichnen die Fahnen dort nach der Vorlage und lernen sie so besser kennen.

Herstellung/Beschaffung:

erhältlich bei: WEMONT

F.3.8　Hauptstädte und Fahnen Europas

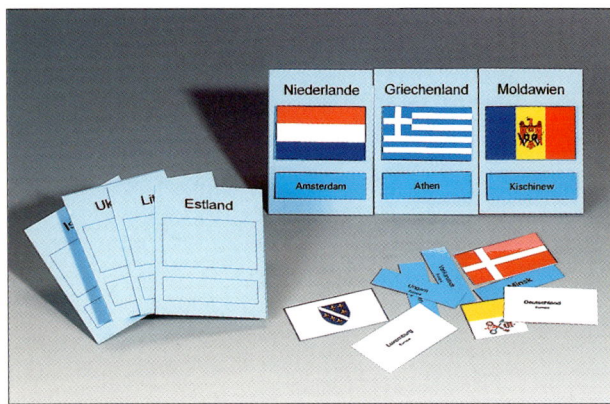

Art des Materials:

Erarbeitungs- und Übungsmaterial

Materialbeschreibung:

- Hellblaue Spielpläne A 6 (für jedes Land einen)
- Kärtchen mit den Wappen der Länder
- dunkelblaue Kärtchen mit der Bezeichnung der jeweiligen Hauptstadt

Lernziele/Ziele:

Hauptstädte und Fahnen Europas kennen zu lernen und zu üben.

Selbstkontrolle:

Auf der Rückseite der Kärtchen steht der Name des jeweiligen Landes, zu dem das Wappen oder die Hauptstadt gehört. Auf der Grundkarte steht dieser Name ebenfalls, durch den Vergleich kann die Selbstkontrolle ausgeübt werden.

Voraussetzungen für den Einsatz:

Lesen

Verwendungsvorschläge:

- Die Spielpläne mit den Bezeichnungen der Länder auflegen.
- Nun sucht man die Kärtchen mit der Hauptstadt und legt sie auf die dafür vorgesehenen Felder.
- Danach sucht man die Kärtchen mit dem Wappen heraus und legt sie auf die dafür vorgesehenen Felder.
- Wenn man glaubt, alle Zuordnungen richtig getroffen zu haben, dreht man die aufgelegten Kärtchen um und vergleicht die Landesbezeichnung auf den Rückseiten mit denen am Spielplan.

Besondere Hinweise für die Materialdemonstrationen:

Wenn man die Länder gemeinsam mit den Kindern auf dem Europa-Puzzle sucht, schult man die räumliche Vorstellung von Europa.

Wenn man die Wappen gemeinsam mit den Kindern beschreibt, wird aus dem geografisch orientierten Spiel gleichzeitig eine sprachliche Übung für Beschreibungen.

Oft beginnen Kinder dann ein eigenes Heftchen mit den Wappen anderer Länder, sogar von fremden Kontinenten. Ich habe Kinder beobachtet, die es dabei zur wahren Meisterschaft brachten, und über die für sie faszinierenden Wappen der Länder diese Länder selbst kennen lernten.

Burkina Faso, Swasiland oder Utah, das sind Länder, die diesen Kindern bekannt waren; weil sie durch das Hauptstädte-Spiel angeregt und durch die Umgebung nicht behindert, sondern unterstützt wurden, haben die Kinder das Hauptstädte-Spiel selbst erweitert.

Beschaffung:

erhältlich bei: WEMONT

F.3.9 Europa-Spiel

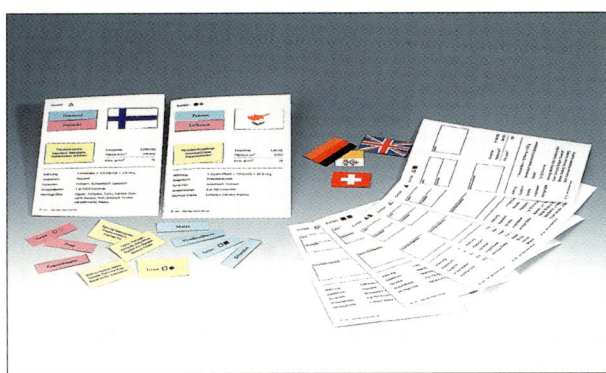

Art des Materials:

Erarbeitungsmaterial, auch als Übungsmaterial verwendbar

Materialbeschreibung:

Das Europa-Spiel besteht aus folgenden Teilen:

- Spielpläne A 5 (für jedes Land einen)
- Fahnen (für jedes Land eine)
- rosa Kärtchen (Bezeichnung des Landes)
- blaue Kärtchen (Bezeichnung der Hauptstadt)
- gelbe Kärtchen (Sehenswürdigkeiten des Landes)

Lernziele/Ziele:

Kennenlernen der wichtigsten Zahlen und Fakten der Länder Europas

Selbstkontrolle:

Auf der Grundkarte findet sich links oben ein Symbol (eine Kombination von einfachen Formen), das mit dem auf der Rückseite der einzelnen Zuordnungskärtchen übereinstimmen muss.

Voraussetzungen für den Einsatz:

Interesse an Zahlen und Fakten europäischer Länder

Verwendungsvorschläge:

- Die Spielpläne auflegen; nun kann man versuchen, aus den Textangaben das zugehörige Land zu erkennen.

- Die Kärtchen mit der Bezeichnung des Landes werden auf das oberste Feld gelegt.

- Die zugehörige Hauptstadt soll auf das darunter liegende Feld gelegt werden.

- Nun fehlen noch die Fahnen und Sehenswürdigkeiten. Auch diese Kärtchen sucht man heraus und legt sie auf die dafür vorgesehenen Felder.

- Wenn man glaubt, alle Zuordnungen richtig getroffen zu haben, dreht man die aufgelegten Kärtchen um und vergleicht die Symbole auf den Rückseiten mit den Symbolen am Spielplan links oben.

Besondere Hinweise für die Materialdemonstrationen:

Bei der Materialdemonstration hat sich folgende Vorgangsweise sehr bewährt:

- Vor der Demonstration sucht der Lehrer acht relativ bekannte Länder und die zugehörigen Kärtchen heraus.

- Drei Kinder und der Lehrer selbst nehmen sich nun je zwei Spielpläne und legen sie vor sich auf.

- Nun versucht man gemeinsam, die Länderkärtchen aufzuteilen, indem jeder Mitspieler aus seinem Spielplan vorliest und alle an der Demonstration Beteiligten mitraten, welches Land beschrieben wurde.

- Danach sucht man die Kärtchen für die Hauptstädte, die Wappen und die Sehenswürdigkeiten.

Beschaffung:

erhältlich bei: WEMONT

F.3.10 Österreich-Spiel

Art des Materials:

Erarbeitungsmaterial, auch als Übungsmaterial verwendbar

Materialbeschreibung:

Das Österreich-Spiel besteht aus folgenden Teilen:

- Spielpläne A 5 (für jedes Bundesland einen)
- Wappen (für jedes Bundesland eines)
- blaue Kärtchen (Bezeichnung des Bundeslandes)
- rosa Kärtchen (Bezeichnung der Hauptstadt)
- gelbe Kärtchen (Sehenswürdigkeiten des Bundeslandes)
- alphabetische Liste (Beschreibung der Sehenswürdigkeiten)

Lernziele/Ziele:

Kennenlernen der wichtigsten Zahlen und Fakten der österreichischen Bundesländer

Selbstkontrolle:

Auf der Grundkarte findet sich links oben ein Symbol (eine Kombination von einfachen Formen), das mit dem auf der Rückseite der einzelnen Zuordnungskärtchen übereinstimmen muss.

Voraussetzungen für den Einsatz:

Interesse an Zahlen und Fakten Österreichs

Verwendungsvorschläge:

- Die Spielpläne auflegen; nun kann man versuchen, aus den Textangaben das zugehörige Bundesland zu erkennen.

- Danach sucht man die Kärtchen mit Bezeichnung des Bundeslandes, Hauptstadt, Wappen und Sehenswürdigkeiten heraus und legt diese auf die dafür vorgesehenen Felder.

- Wenn man glaubt, alle Zuordnungen richtig getroffen zu haben, dreht man die aufgelegten Kärtchen um und vergleicht die Symbole auf den Rückseiten mit den Symbolen am Spielplan links oben.

- Außerdem kann man in der Liste die Beschreibung der Sehenswürdigkeiten nachlesen.

Besondere Hinweise für die Materialdemonstrationen:

Bei der Materialdemonstration hat sich folgende Vorgangsweise sehr bewährt:

- entweder gemeinsam mit einigen Kindern die Spielpläne aufteilen und die Zuordnungskärtchen bestimmen, indem jeder Mitspieler aus seinem Spielplan vorliest und alle an der Demonstration Beteiligten mitraten, welches Bundes-Land beschrieben wurde

- oder jeweils ein Kind nimmt sich eine Art von Zuordnungskärtchen und ist dann für die Verteilung dieser Kategorie zuständig. Das kann dann z. B. so vor sich gehen, dass dieses Kind sagt: „Ich habe hier das Kärtchen von Innsbruck, zu welchem Land gehört diese Hauptstadt?"

Herstellung/Beschaffung:

erhältlich bei: WEMONT

F.3.11 Berühmte-Personen-Spiel

Art des Materials:

Erarbeitungsmaterial, das auch als Übungsmaterial verwendet werden kann

Materialbeschreibung:

Das Berühmte-Personen-Spiel besteht aus folgenden Teilen:

- 1 Siebeneck (mit den Namen der berühmten Personen)
- 7 kleine Trapeze mit jeweils einem Bild der Person und den Lebensdaten
- 7 mittlere Trapeze mit dem Lebenslauf
- 7 große Trapeze mit Bild und Erklärung der Hauptwerke

Die Farbe der Kärtchen ist folgende:
hellblau (Erfinder)
gold (Musiker – Klassik)
grün (Naturwissenschaftler)
rosa (Dramatiker)

Dieses Spiel ist in Karton (foliert) und in Holz erhältlich.

Lernziele/Ziele:

Wichtige Fakten zu berühmten Personen aus verschiedenen Gebieten

Selbstkontrolle:

auf der Rückseite der Kärtchen steht der Name der berühmten Person.

Voraussetzungen für den Einsatz:

Interesse an Erfindungen und Leistungen berühmter Personen, Interesse an Faktenwissen

Verwendungsvorschläge:

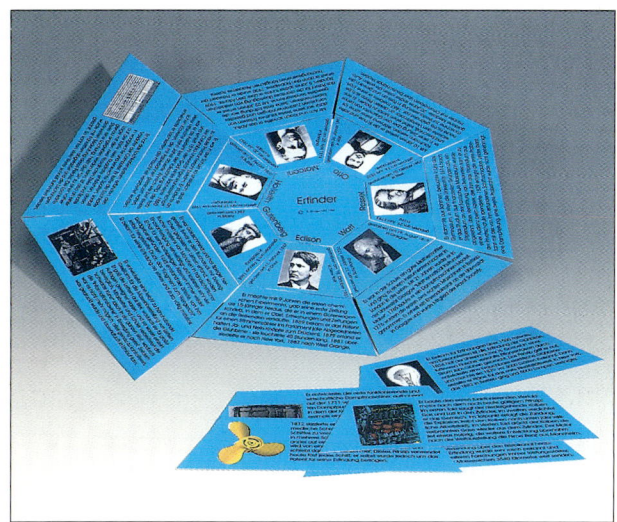

- Das Siebeneck der ausgewählten Gruppe auflegen.

- Die Trapeze sollen so angelegt werden, dass die zugehörigen Kärtchen EINER Person untereinander liegen. Es ergibt sich eine wabenförmige Vergrößerung des Siebenecks.

- Zum Schluss ergibt sich ein vollständiges großes Siebeneck – man kann dann die gefundene Lösung mit den Namen auf der Rückseite der Trapezkärtchen vergleichen.

Besondere Hinweise für die Materialdemonstrationen:

Am besten gemeinsam mit drei Kindern spielen, die Kinder lesen die Kärtchen vor und die ganze Gruppe versucht, die richtige Zuordnung zu finden.

Beschaffung:

erhältlich bei: WEMONT

F.3.12 Spiel der Religionen

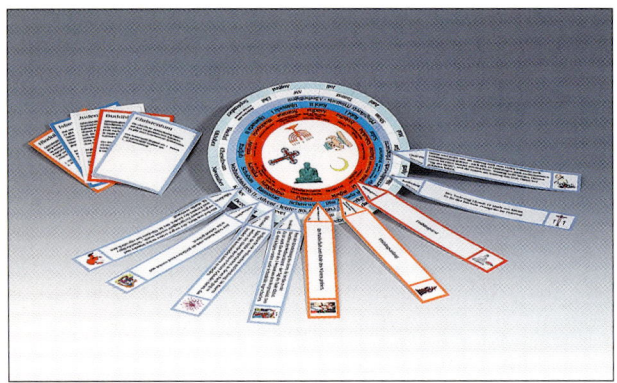

Art des Materials:

Erarbeitungsmaterial

Materialbeschreibung:

Das Spiel der Religionen besteht aus folgenden Teilen:

1 kreisförmiger Mittelteil, der aus mehreren Kreisringen besteht, die den Weltreligionen zugeordnet sind

mehrere bunt umrandete Pfeile für die wichtigsten Feste der verschiedenen Religionen

Lernziele/Ziele:

Kennenlernen der fünf Welt-Religionen

Selbstkontrolle:

die bunten Umrandungen der einzelnen Pfeile haben die gleiche Farbe wie der Grundkreis der entsprechenden Weltreligion

Voraussetzungen für den Einsatz:

Lesen

Verwendungsvorschläge:

- Den runden Mittelteil auflegen

- Nun sucht man die bunte Pfeile mit den Namen der Feste (bzw. den Abkürzungen der Namen) und legt sie zu den betreffenden Jahreszeiten bzw. Monaten

- wenn alle Pfeile aufgelegt sind, können Vergleiche verschiedenster Art zwischen den Weltreligionen gezogen werden:

Wie verteilen sich die Feste in den verschiedenen Weltreligionen?

Welche Feste sind mit fixem Datum, welche mit variablem?

Welche Festgedanken gibt es in allen Weltreligionen, welche nur in einzelnen?

Besondere Hinweise für die Materialdemonstrationen:

Dies ist kein Material für eine Demonstration; besser ist es, gemeinsam mit den Kindern über die Parallelitäten und Unterschiede der fünf Weltreligionen zu sprechen. Dieses Spiel eignet sich auch bestens zum Finden der gemeinsamen Basis aller Weltreligionen, der Ethik.

Kinder verschiedenster Herkunft finden sich bei dem Spiel wieder und können auf diese Art Gemeinsamkeiten erleben, die sie sonst nicht bemerken würden. Was sind Fremde? Was ist bei denen anders? Was tun sie genauso wie wir? Der Lehrer wird in der sozialen Arbeit in einer Klasse durch solche Spiele sehr unterstützt.

Herstellung/Beschaffung:

erhältlich bei: IGL, Institut für ganzheitliches Lernen, Bad Wiessee

F.3.13 Turn-Puzzle

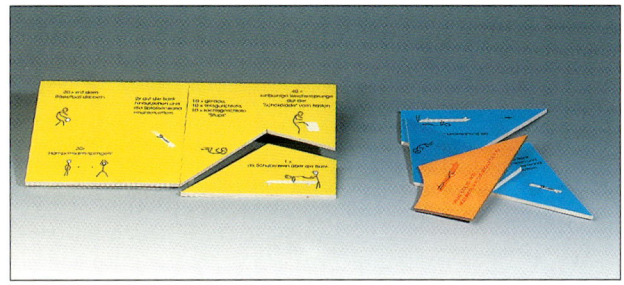

Art des Materials:

Übungsmaterial

Materialbeschreibung:

12-teiliges Holzpuzzle, mit Übungsanleitung für je **eine** Turnübung auf **jedem** Teil. Das gesamte Set ist in mehreren Farben erhältlich.

Pro Turngruppe ist ein eigenes Puzzle erforderlich, das farblich von den anderen unterscheidbar ist.

Lernziele/Ziele:

Übungen für verschiedene Muskeln des gesamten Körpers, nach medizinischen Gesichtspunkten aufgeteilt.

Selbstkontrolle:

Die Kinder der Gruppe kontrollieren sich gegenseitig, der Lehrer mischt sich nur bei groben Unstimmigkeiten ein.

Voraussetzungen für den Einsatz:

Verschiedene Geräte, die zur Durchführung der Übungen gebraucht werden.

Verwendungsvorschläge:

- Jede Gruppe wählt für sich eine Farbe aus.

- Die Puzzlesteine werden gruppenweise am Ende des Turnsaales aufgelegt.

- Jeweils ein Kind jeder Gruppe holt einen Puzzlestein in der Farbe seiner Gruppe.

- Die darauf angegebene Turnübung wird von jedem Schüler der Gruppe ausgeführt.

- Danach wird der Puzzlestein aufgelegt, das Puzzle wird angefangen.

- Nun folgt der nächste Puzzlestein (Übung ausführen – Puzzle ergänzen), bis das ganze Puzzle komplett ist.

Es geht dabei vorwiegend um die Ausführung der Übungen und nicht um den Wettkampf. Wenn es den Kindern wichtig ist, soll aber durchaus auch ein Wettkampf unterstützt werden.

Auch der Wettkampf entspricht den Gesetzmäßigkeiten des menschlichen Daseins – wichtig ist nur, dass nicht der gesamte Turnunterricht nur auf Wettkampf ausgerichtet ist und die Teilnahme an einem Wettkampf immer freiwillig bleibt.

Besondere Hinweise für die Materialdemonstrationen:

Materialien wie das Turnpuzzle sollte man nicht demonstrieren; besser ist es, gemeinsam mit den Kindern die Übungen und deren Durchführung zu besprechen, damit alle die gleichen Grundvorstellungen haben.

Sind in der Gruppe Kinder, die körperliche Benachteiligungen haben, sollte man – für den Fall, dass der Wettkampfgedanke im Mittelpunkt steht – für einen Ausgleich der Voraussetzungen sorgen; so kann z. B. für ein besonders dickes Kind die Anzahl der Wiederholungen halbiert werden.

Beschaffung:

erhältlich bei: WEMONT

nach einer Idee von Mag. Franziska Palme, adaptiert und weiterentwickelt von WEMONT

F.3.14 Maß-Dorf

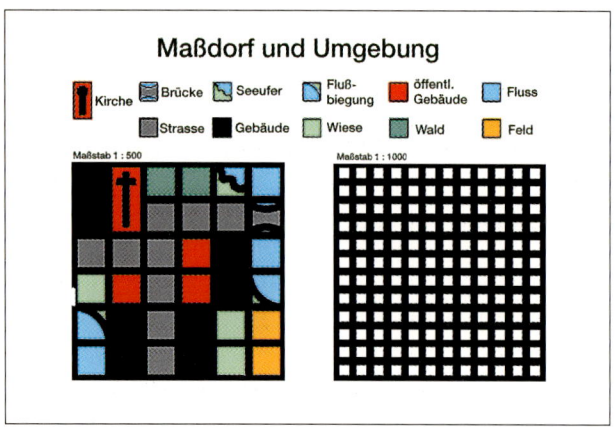

Art des Materials:

Übungsmaterial

Materialbeschreibung:

Das Maßdorf besteht aus folgenden Teilen:

- 1 Grundplatte mit Vorgabe eines bestimmten Dorfes (Haus-, Straßen-, Landschaftselemente)
- 1 Grundplatte ohne Vorgabe
- 1 Satz große Plättchen
- 1 Satz kleine Plättchen

Lernziele/Ziele:

Maßstäbliche Darstellung von Grundrissen

Selbstkontrolle:

materialimmanent, durch den Vergleich der beiden Felder

Voraussetzungen für den Einsatz:

keine

Verwendungsvorschläge:

- Die Grundplatte mit der Vorlage soll mit den kleinen Plättchen am daneben liegenden, freien Feld nachgebaut werden

- Auf der leeren Grundplatte kann ein neues Maßdorf nach eigenen Ideen erbaut und dann wieder auf dem freien Feld mit den kleinen Plättchen nachgebaut werden.

- Umgekehrt kann auch ein Dorf nach eigenen Ideen mit den kleinen Plättchen gebaut werden und am freien Feld mit den großen Steinen nachgebaut werden.

- Wie oft passt das Maßdorf mit den kleinen Plättchen in das Maßdorf mit den großen Plättchen hinein? Man kann auch am Rand des Dorfes mit den kleinen Plättchen weiterbauen.

- Mit den Auftragskärtchen können die Gesetzmäßigkeiten der maßstäblichen Darstellung erarbeitet werden.

Besondere Hinweise für die Materialdemonstrationen:

Wenn man die Kinder ausprobieren lässt, wie oft die Länge des großen Plättchens größer ist als die Länge des kleinen Plättchens, bekommen sie eine genauere Vorstellungen der mathematischen Dimensionen.

Besonders darauf hinweisen sollte man, dass zwar die Länge des großen Plättchens doppelt so groß ist wie die Länge des kurzen Plättchens, dass aber das ganze kleine Plättchen genau viermal in das große Plättchen paßt.

Wenn die Kinder ein gesamtes Feld mit kleinen Plättchen füllen und dann versuchen, diese Vorgabe auf dem Feld mit den großen Plättchen nachzubauen, sehen sie sehr deutlich, dass nicht mehr alles Platz hat. Hier kann man auch auf den Vergleich mit einer Lupe hinweisen: wenn man etwas mit einer Lupe anschaut, sieht man auch einen Teil genau, aber die Ränder verschwinden ganz.

Herstellung/Beschaffung:

erhältlich bei: WEMONT

nach einer Idee von Mag. Almut Hauptmann, adaptiert und weiterentwickelt von WEMONT

F.3.15 Jahreskreis

Art des Materials:

Erarbeitungsmaterial

Materialbeschreibung:

Der Jahreskreis besteht aus einem Mittelkreis, der den 12 Sternzeichen zugeordnet ist, und mehreren äußeren Kreisringen, die Informationen zu verschiedensten Abschnitten eines Jahres enthalten.

Der äußerste Ring besteht aus einer Perlenkette mit 365 Perlen – also für jeden Tag eine Perle.

Somit sieht man die Verbindungen zwischen Jahreszeiten, Sternzeichen, Monaten, Tagen und diversen Festen.

Alles schließt sich zu einem Kreis, zu einer vollständigen Einheit. Der Mensch ist ein Teil dieser Einheit, sein Weltbild prägt das Bild, das er von diesen Inhalten hat und umgekehrt.

Lernziele/Ziele:

Informationen zu den Jahreszyklen, Festen eines Jahres, Strukturen der Jahreselemente, Sonnensystem und Sternzeichen

Selbstkontrolle:

materialimmanent

Voraussetzungen für den Einsatz:

Interesse an den Strukturen des Jahresablaufes

Verwendungsvorschläge:

Wenn ein Kind Geburtstag hat, wird der Jahreskreis ausgelegt und damit der Kreis zwischen Ich – Gruppe – Kosmos geschlossen.

Das Kind geht so oft um den Kreis herum, wie es Jahre alt ist, und erzählt dabei zu den verschiedenen Jahren seines Lebens – bei kleinen Kindern erzählt dazu ein Elternteil oder Betreuer.

Pestalozzi sagt:

> *„Der Mensch ist das Werk der Natur, der Gesellschaft und seiner selbst."*

Das kommt besonders im Jahreskreis gut zum Ausdruck. Die Teile des Jahreskreises – ein Sinnbild des gesamten Kosmos – kommt in Verbindung und Einklang mit den Konventionen der Gesellschaft, den vom Menschen festgesetzten Unterteilungen des Jahreszyklus, wie z. B. die Aufteilung der Monate oder die Einteilung der Feste des Matriarchats.

Besondere Hinweise
für die Materialdemonstrationen:

Dies ist kein Material für Demonstrationen, der Jahreskreis soll zum gemeinsamen Gespräch über seine Inhalte anregen.

Beschaffung:

Der abgebildete Jahreskreis ist nicht erhältlich; er wurde von Claus Kaul, Institut für ganzheitliches Lernen, Bad Wiessee, entwickelt.

Bei WEMONT gibt es einen ähnlichen Jahreskreis, der in Zusammenarbeit mit Claus Kaul erarbeitet wurde und eine Verbindung der kosmischen Elemente mit den mathematischen Elementen darstellt.

F.3.16 Keltischer Baumkreis

Art des Materials:

Erarbeitungsmaterial

Materialbeschreibung:

Bilder der Baumarten

Kärtchen mit der Benennung der Baumarten

Baumkarten: Charakteristik der verschiedenen Baumarten

Zeitraumkarten: Zeiträume, die den Bäumen zugeordnet werden sollen

Lernziele/Ziele:

Baumarten und Eigenschaften der Bäume kennenlernen

Selbstkontrolle:

Auf der Rückseite der Bildkarten, Baumkarten und Zeitraumkarten steht die Bezeichnung der Baumart.

Jede Karten-Kategorie hat eine andere Grundfarbe

Voraussetzungen für den Einsatz:

Lesen

Verwendungsvorschläge:

An Geburtstagsfesten – als Zusatz zum Jahreskreis

Bereits in der Grundstufe kann die Zuordnung der Bildkarten zur Bezeichnung der Baumart geübt werden; in der Sekundarstufe sollten die Karten mit den biologischen Eigenschaften, aber auch die anderen Informationen aus dem keltischen Baumkreis, dazugenommen werden.

Besondere Hinweise für die Materialdemonstrationen:

Das ist kein Material zum Demonstrieren, bei der Verwendung während eines Geburtstages kann man gemeinsam mit den Kindern auf Entdeckungsreise gehen. Dieses Material kann besonders gut dem kosmischen Bereich zugeordnet werden; es kann für mehrere Schulfächer gleichzeitig als Unterstützung dienen.

Herstellung/Beschaffung:

erhältlich bei: WEMONT

Die Welt, aus der wir kommen

DAS BUCH VOM

Land der BIBEL

**Wissenswertes in Worten,
Karten und Bildern**

John Rogerson

Aus dem Englischen von Miriam Magall

Arena

Die Deutsche Bibliothek – CIP-Einheitsaufnahme

Rogerson, John:
Das Buch vom Land der Bibel:
Wissenswertes in Worten,
Karten und Bildern / John Rogerson.
Aus d. Engl. von Miriam Magall.
– 1. Aufl. – Würzburg : Arena, 1993
ISBN: 3-401-04444-3

© Andromeda Oxford Limited 1993
An Andromeda Book
Entwickelt und hergestellt von:
Andromeda Oxford Limited
9-15 The Vineyard
Abingdon
Oxfordshire OX14 3PX
England

Vorbereitung: Lionheart Books

Titel der Originalausgabe:
Cultural Atlas for Young People:
The Bible

1. Auflage 1993
© der deutschen Ausgabe by
Arena Verlag GmbH, Würzburg 1993
Alle Rechte vorbehalten
Einbandgestaltung: Karl Müller-Bussdorf
Titelillustration: Marlis Scharff-Kniemeyer
Titelfoto: Sonia Halliday / Laura Lushington
Lektorat: Thomas Hilge
Printed in Singapore by CS Graphics Ltd
ISBN 3-401-04444-3

A   B   C

4

Hermonmassiv
2.814 m

Tyrus   LIBANON   Dan

Kirjat Schemona

SYRISCHE WÜSTE

Naharija   MERONHÖHEN   SYRIEN

Akko   Zefat

Haifa   Kirjat Jam

KARMEL-
BERG   See
Genezareth

Kischon   Tiberias

Nazaret
△ Berg Tabor
590

Mittelmeer

Afula   Jarmuk

3

Hadera   BERG GILBOA   Beth Schean

Natanja   Scharon-
ebene

Nablus
△ Berg Gerisim
880   Jabbok

Herzelija   Jordan

HOCHLAND VON
SAMARIA   Falia

Tel Aviv   Petach Tikwa

Rischon le-Zion   Lod   Amman

Rechovot   Ramalla   JORDANIEN

HOCHLAND VON
JERUSALEM   Jericho

Aschdod   Gedera   Berg Nebo
800 m

Kirjat Malachi   Jerusalem   Madaba

Aschkelon   Land der
Philister   Bethlehem

Kirjat Gat

Schefela   HEBRON-
BERGE

2

Gaza   WÜSTE
JUDA   Totes
Meer

Hebron

ISRAEL

Arnon

Chan Junis

Besor   Beerscheba

Internationale Grenze
■ Hauptstadt
● Andere Stadt
△ Berggipfel (Meter)

Meter
1000
500
200
0
Unter dem Meeresspiegel
- - - Nur im Winter wasserführender Fluß

1

NEGEV

Maßstab 1:1 250 000
0   30 km

ÄGYPTEN

DIE LANDSCHAFT DER BIBEL

Ein heutiger Besucher des Heiligen Landes sieht eine Landschaft, die sich seit biblischer Zeit gewaltig verändert hat. Das gleiche gilt natürlich auch, wenn man einmal untersucht, wie Europa vor 2000 Jahren oder noch davor ausgesehen haben mag.

Früher ein Land der Wälder

Ein grundlegender Unterschied ist natürlich das Vorhandensein von Großstädten wie Tel Aviv und Jerusalem, von Schnellstraßen und Flughäfen. Aber nicht überall ist die Bevölkerungsdichte heute die gleiche wie früher. So lebten zum Beispiel zur Zeit des Neuen Testaments mehr Menschen am See Genezareth als heute.

Eine weitere wichtige Veränderung ist das Fehlen von Bäumen. Wie viele andere Gegenden der Welt hat auch das Land der Bibel die großen Wälder verloren, die es einst bedeckten. Im Fall des alten Israels war dieser Verlust besonders schwerwiegend. Auf den vorigen Seiten ist zu sehen, daß das Land sehr zerklüftet ist. Wenn es hier regnet, dann sind die Niederschläge heftig. Die Wälder im Heiligen Land bestanden vorwiegend aus immergrünen Eichen, die ihre Blätter erst verloren, wenn die Regenzeit im April zu Ende ging.

Im Laufe der Jahrhunderte wurden die Wälder abgeholzt – um als Baumaterial und Brennstoff zu dienen oder um Boden für die Landwirtschaft urbar zu machen. Der Regen schwemmte den Boden allmählich in die Täler hinab. Manchmal blieb nur die nackte, von Erosion gezeichnete Landschaft zurück (wie sie etwa auf der gegenüberliegenden Seite zu sehen ist).

Jahreszeiten und Klima

Das Heilige Land hat zwei Hauptjahreszeiten – wie es in diesem Teil der Welt die Regel ist. Die kühle, nasse Jahreszeit dauert von Oktober bis April, die warme, trockene von Mai bis September. Die Felder werden im Winter bestellt. Zwar wird es manchmal auch kalt, aber die Bodentemperatur ist immer noch so hoch, daß Pflanzen gedeihen; schließlich regnet es nur in dieser Jahreszeit. Im Sommer ist es zu trocken, als daß Früchte oder Blumen wachsen könnten.

In der Bibel kommt das Wort »Hungersnot« mehr als hundertmal vor, denn oft regnete es nicht. Das bedeutete, daß keine Aussaat möglich war, weil der Boden nach einem trockenen Sommer hart wie Stein war. In Galiläa fällt der meiste Regen, im Judäischen Bergland weniger.

Das landwirtschaftliche Jahr

Im September und Oktober pflückten die israelitischen Dorfbewohner Oliven von den Bäumen und preßten daraus Öl. Regnete es im Oktober, konnte das Land gepflügt und Gerste und Weizen, Linsen und Kichererbsen gesät werden. Im Februar und März schnitten sie Gras und Kräuter, das sie als Heu an ihre Tiere verfütterten. Die Gerste wurde im April, der Weizen im Mai geerntet. Als letzte landwirtschaftliche Arbeit folgte von Juli bis September die Weintrauben-, Feigen- und Dattelernte.

▷ Es ist kaum zu glauben, daß hier, unweit von Jerusalem, früher alles dicht mit immergrünen Eichen bestanden war. Die Zerstörung der Wälder setzte nach 4000 v. Chr. ein. Aber zur Zeit des Alten Testaments lebten hier noch Löwen und Bären, die dem Menschen gefährlich wurden.

Vegetation im alten Israel

- Oase
- Bebautes Land
- Sumpf
- Niedrige Mischsträucher
- Gras und Sträucher
- Wald und Buschwald
- Sanddünen
- Halbwüste
- Wüste

▷ Diese Vegetationskarte des alten Israels zeigt deutlich, wie viele Wälder es einmal gegeben hat. In den Ackerbaugebieten wurden vor allem Getreide (Gerste und Weizen) und Obst (Datteln, Oliven, Feigen, Weintrauben und Granatäpfel) sowie Flachs zur Herstellung von Leinen angebaut. Auf den kleineren Flächen weideten Vieh, Ziegen und Schafe. Die Küstenebene war in weiten Teilen zu sumpfig oder zu sandig für den Ackerbau.

Tyrus
Hule-see
Hazor
Akka
See Genezareth
Megiddo
Beth Schean
Mittelmeer
Sichem
Jordan
Afek
Joppe
Jericho
Aschdod
Jerusalem
Aschkelon
Hebron
Gaza
Totes Meer
Beerscheba
Maßstab 1 : 1 500 000
0   20 km

55

DIE SÜDLICHE KÜSTENEBENE

Von allen Landschaften Israels hat sich keine stärker verändert als die Küstenebene, die vom Karmelberg im Norden bis hinunter zur Negevküste bei Gaza reicht. In biblischer Zeit lebten hier am Mittelmeer nur wenige Menschen; heute ist es dagegen die am dichtesten bewohnte Gegend von ganz Israel.

Einschnitte, Sümpfe und Dünen an der Küste
In den vielen Millionen von Jahren, in denen die Erde ihr heutiges Aussehen erhielt, drang das Meer an der Mittelmeerküste Israels insgesamt dreimal vor und wich wieder zurück. Wo immer das Meer vordrang, bildete sich an der Küste eine Linie aus hartem Gestein. Demnach hat es insgesamt drei solcher Küsten gegeben – die jetzige und noch zwei weiter landeinwärts, wo harte Gesteinsketten zurückblieben. Sie verhinderten, daß Flüsse sowie Regen- und Quellwasser ins Mittelmeer im Westen abflossen. Es entstanden Sümpfe und Sanddünen. Dieser weite Küstenbereich aus Dünen und Sümpfen lud weder zum Leben noch zum Reisen ein.

Wälder und Landwirtschaft
Auf einer Länge von rund 30 Kilometern südlich vom Karmelberg ist die Ebene nur knapp drei Kilo-

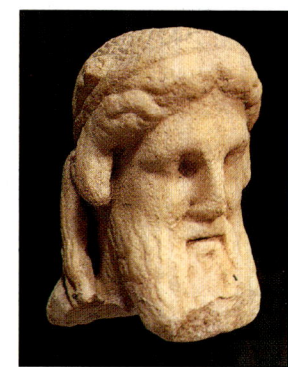

△ Dieser Steinkopf im griechischen Stil wurde in Dor gefunden, einem der wenigen Orte am Mittelmeer, wo die Bedingungen für einen Seehafen gegeben waren. Zur Zeit von König David wurde Dor israelitisch.

meter breit; weiter im Süden verbreitet sie sich dagegen auf bis zu 16 Kilometern. In einigen Teilen der Küstenebene wuchsen dichte Eichen- und Pinienwälder.

Die letzten standen noch bis vor fast 80 Jahren. Dann fällten die türkischen Herren des Landes die Bäume, um mit dem Holz ihre Eisenbahnlokomotiven zu beheizen. Heute ist die Ebene ein wichtiges landwirtschaftliches Gebiet, in dem Obst und Gemüse angebaut werden.

Die Völker der Küstenebene
Zur Zeit des Alten Testaments ließen sich im 12. Jahrhundert v. Chr. die Philister in der südlichen Küstenebene nieder. Ihre Städte lagen im Südosten, wo die Schefela an die Ebene angrenzt. Hier fanden die Auseinandersetzungen des israelitischen Helden Simson mit den Philistern statt. Der geblendete Simson starb in Gaza.

Auch die wichtigste Straße von Ägypten in den Norden, die sogenannte *via maris* oder Meeresstraße, führte durch die Ebene an den Bergen im Osten vorbei. Heute liegt die israelische Stadt Tel Aviv mit über einer Million Einwohnern in dieser Ebene.

◁ Sümpfe in der Küstenebene. Noch heute verhindern die Hügelketten, die bei der Bildung von Israels Küste in prähistorischer Zeit entstanden, den Abfluß von Regen- und Quellwasser ins Mittelmeer. Unten im Bild ist die heutige Küste mit ihren Sandklippen und Dünen zu sehen, in der Ferne die niedrigen Höhen der Schefela, dahinter die des höheren Judäischen Berglands.

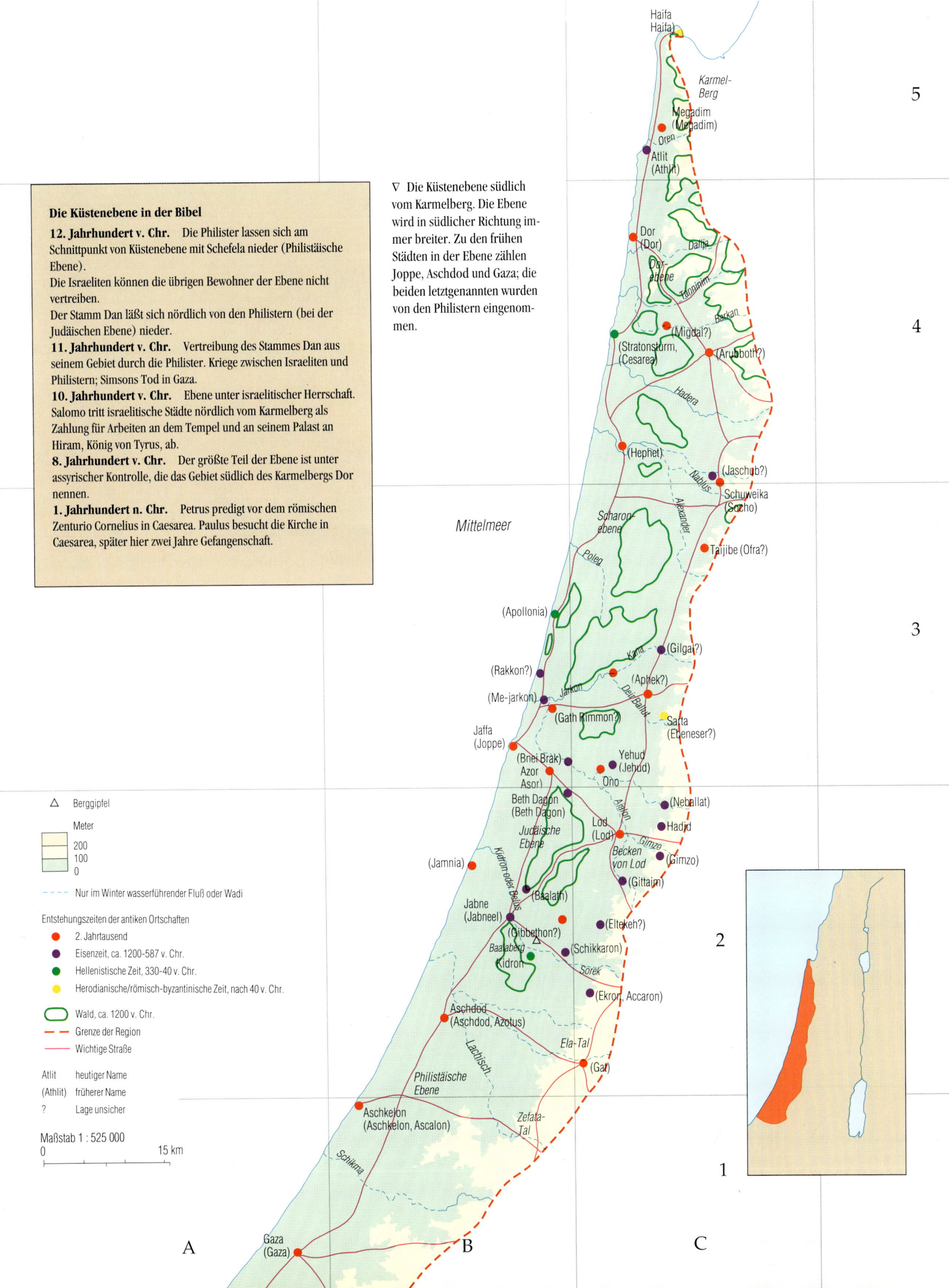

Die Küstenebene in der Bibel

12. Jahrhundert v. Chr. Die Philister lassen sich am Schnittpunkt von Küstenebene mit Schefela nieder (Philistäische Ebene).
Die Israeliten können die übrigen Bewohner der Ebene nicht vertreiben.
Der Stamm Dan läßt sich nördlich von den Philistern (bei der Judäischen Ebene) nieder.

11. Jahrhundert v. Chr. Vertreibung des Stammes Dan aus seinem Gebiet durch die Philister. Kriege zwischen Israeliten und Philistern; Simsons Tod in Gaza.

10. Jahrhundert v. Chr. Ebene unter israelitischer Herrschaft. Salomo tritt israelitische Städte nördlich vom Karmelberg als Zahlung für Arbeiten an dem Tempel und an seinem Palast an Hiram, König von Tyrus, ab.

8. Jahrhundert v. Chr. Der größte Teil der Ebene ist unter assyrischer Kontrolle, die das Gebiet südlich des Karmelbergs Dor nennen.

1. Jahrhundert n. Chr. Petrus predigt vor dem römischen Zenturio Cornelius in Caesarea. Paulus besucht die Kirche in Caesarea, später hier zwei Jahre Gefangenschaft.

▽ Die Küstenebene südlich vom Karmelberg. Die Ebene wird in südlicher Richtung immer breiter. Zu den frühen Städten in der Ebene zählen Joppe, Aschdod und Gaza; die beiden letztgenannten wurden von den Philistern eingenommen.

△ Berggipfel

Meter
200
100
0

– – – Nur im Winter wasserführender Fluß oder Wadi

Entstehungszeiten der antiken Ortschaften
● 2. Jahrtausend
● Eisenzeit, ca. 1200–587 v. Chr.
● Hellenistische Zeit, 330–40 v. Chr.
● Herodianische/römisch-byzantinische Zeit, nach 40 v. Chr.
⬭ Wald, ca. 1200 v. Chr.
– – – Grenze der Region
—— Wichtige Straße

Atlit heutiger Name
(Athlit) früherer Name
? Lage unsicher

Maßstab 1 : 525 000
0   15 km

DIE KÜSTENEBENE – STÄTTEN

Caesarea

In der Küstenebene unmittelbar südlich des Karmelbergs gab es keinen guten Hafen, und Herodes der Große baute deshalb einen neuen. Die Bauarbeiten begannen 22 v. Chr. und waren 13 Jahre später abgeschlossen. Die neue Hafenstadt, Caesarea, wurde später die Hauptstadt der römischen Statthalter von Judäa, darunter Pontius Pilatus, der für die Kreuzigung Jesu verantwortliche Statthalter.

Um das Jahr 600 n. Chr. war Caesarea eine Riesenstadt mit rund 500 000 Einwohnern. Während der muslimischen Invasion im 7. Jahrhundert wurde sie beschädigt, im 12. Jahrhundert war sie ein Kreuzfahrerstützpunkt. Die Kreuzfahrer waren christliche Soldaten aus Europa, die kamen, um das Heilige Land mit dem Schwert von den Arabern zu befreien.

◁ Der beste natürliche Hafen in der südlichen Küstenebene war das hier abgebildete Joppe. Bis in das 20. Jahrhundert blieb die Stadt der wichtigste Hafen in der Küstenebene.

▷ Dieser Lageplan von Caesarea zeigt den Umfang von Herodes' neuer Hafenstadt (1. Jahrhundert v. Chr.), der größeren byzantinischen Stadt (7. Jahrhundert) und des kleineren Kreuzfahrerstützpunktes (12.-13. Jahrhundert). Die Mauern aus der Kreuzfahrerzeit stehen heute noch.

◁ So könnten Caesarea und sein Hafen ausgesehen haben. Die Hafeneinfahrt liegt rechts, die Mauern schützten die dort verankerten Schiffe. Für den Handel wurden vor allem zwei Schiffstypen verwendet: Schiffe, die dicht an der Küste entlangsegelten, sowie Schiffe, die in der günstigen Jahreszeit das Mittelmeer überquerten. Nahe beim Hafen standen große Lagerhäuser. Der Aquädukt ist rechts unten zu sehen.

▷ Dieser wuchtige Aquädukt entstand zur Zeit Herodes' und brachte Wasser von den rund zehn Kilometern entfernten Hängen des Karmelbergs nach Caesarea. In der Nähe von Caesarea gab es keine zuverlässige Wasserquelle, aber damals waren die Baumeister schon in der Lage, Wasser über weite Strecken hinweg zu befördern. Auf dem letzten Wegabschnitt floß das Wasser über diese eindrucksvolle Konstruktion.

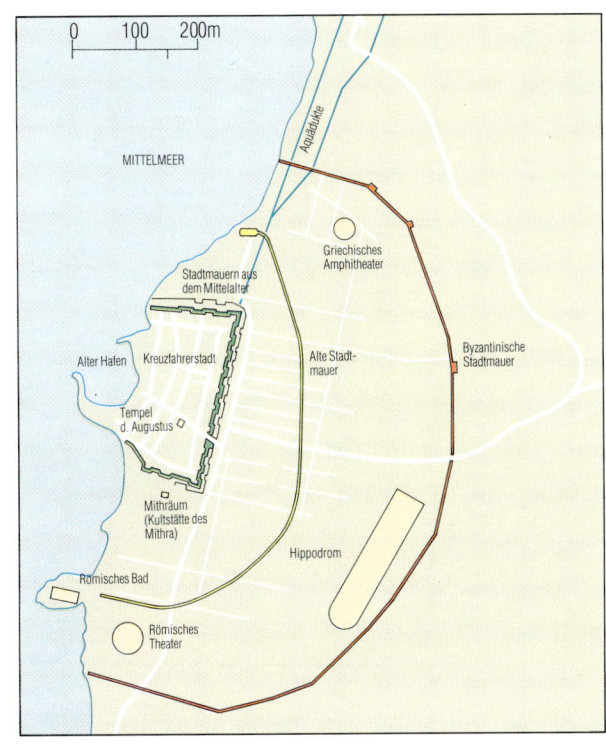

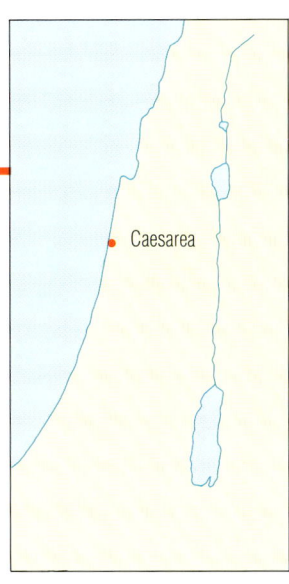

Christen in Caesarea

Aus der Apostelgeschichte (21, 7-14) ist bekannt, daß es in Caesarea eine christliche Gemeinde gab, als Paulus im Jahr 58 zum letztenmal nach Jerusalem ging. Paulus wohnte beim Evangelisten Philippus, wo seine Verhaftung vorausgesagt wurde.

Im 3. Jahrhundert lebte der große Gelehrte Origenes (ca. 185-254) in Caesarea. Sein herausragendes Werk war die *Hexapla* (kritische Ausgabe des alttestamentlichen Textes) auf hebräisch und griechisch. Dieses Werk ging bei den muslimischen Eroberungen verloren; es ist aber aus Hinweisen von anderen Gelehrten bekannt. Im 4. Jahrhundert verfaßte der Bischof von Caesarea, Eusebius, ein Werk, in dem er die in der Bibel erwähnten Ortsnamen zu identifizieren versuchte.

▽ Überreste der Kreuzfahrerstadt. Diese Bögen datieren aus dem 13. Jahrhundert. Sie überwölben eine Straße, die in die südöstliche Ecke von Caesarea führte.

DIE SCHEFELA

▷ Typische Landschaft der Schefela mit weiten Tälern und sanften Anhöhen. Das Gelände steigt im Hintergrund an und geht in das Judäische Bergland über, das rund 610 Meter höher ist.

Die Schefela – das hebräische Wort für »Niederung« – liegt im Westen des Judäischen Berglands. Von Norden nach Süden mißt dieses Gebiet rund 80 Kilometer. Niedrige, abgerundete Höhen prägen die Landschaft, die von mehreren breiten Tälern in westöstlicher Richtung durchkreuzt wird.

Die Niederschläge im Südteil der Schefela (25 mm Regen jährlich) sind noch schwächer als in ihrem Nordteil (50 mm). In biblischer Zeit lebten die Menschen deshalb lieber im Norden. Dort bauten sie Weintrauben, Oliven- und Feigenbäume an.

Der Kampf um das Land

Die Schefela war das Gebiet des Stammes Juda. Direkt im Westen schloß sich das Gebiet der Philister in der Küstenebene an, und hier lieferten sich die beiden Völker Schlachten. Im berühmtesten Kampf trat David gegen den Philister Goliat an. David verdankte seinen Sieg über den Riesen seinem geschickten Umgang mit der Steinschleuder.

Im 8. und im 6. Jahrhundert war die Schefela Schauplatz der Schlachten gegen die einfallenden Assyrer und Babylonier. Die Hauptstraße zur zweitwichtigsten Stadt von Juda, Lachisch, führte durch diese Region. Zur Zeit von König Hiskia (727-698 v. Chr.) wurden die Städte an dieser Straße in Militärfestungen umgewandelt – eine Tat, die ein Prophet aus der Gegend namens Micha heftig kritisierte. Aber die Vorkehrungen der Israeliten waren vergeblich. Die

▽ Lachisch war die zweitwichtigste Stadt in Juda. Möglicherweise sah es hier um 701 v. Chr. so aus, als der assyrische König Sanherib die Stadt eroberte. Oft wurden wichtige Städte durch zwei Mauerringe geschützt, die ein befestigtes Tor verband. Brach ein Feind durch die erste Mauer, zogen sich die Verteidiger zurück und kämpften weiter. Nach seinem Sieg über Lachisch hielt Sanherib die Belagerung in Steinreliefs fest, die sich heute im Britischen Museum in London befinden.

Assyrer vertrieben sie aus diesem Gebiet, als sie 705 v. Chr. in Juda einfielen. Nach einer Belagerung nahmen sie Lachisch ein.

Bei den Ausgrabungen in Lachisch in den 30er Jahren wurden im Wachraum des Stadttores mehrere alte Botschaften auf Tonscherben gefunden. Sie stammen von einem Beobachtungsposten zur Zeit der Invasion Nebukadnezars im Jahr 588 v. Chr. Sie erzählen von einer Zeit, als alle judäischen Städte außer Lachisch von den Babyloniern erobert worden waren.

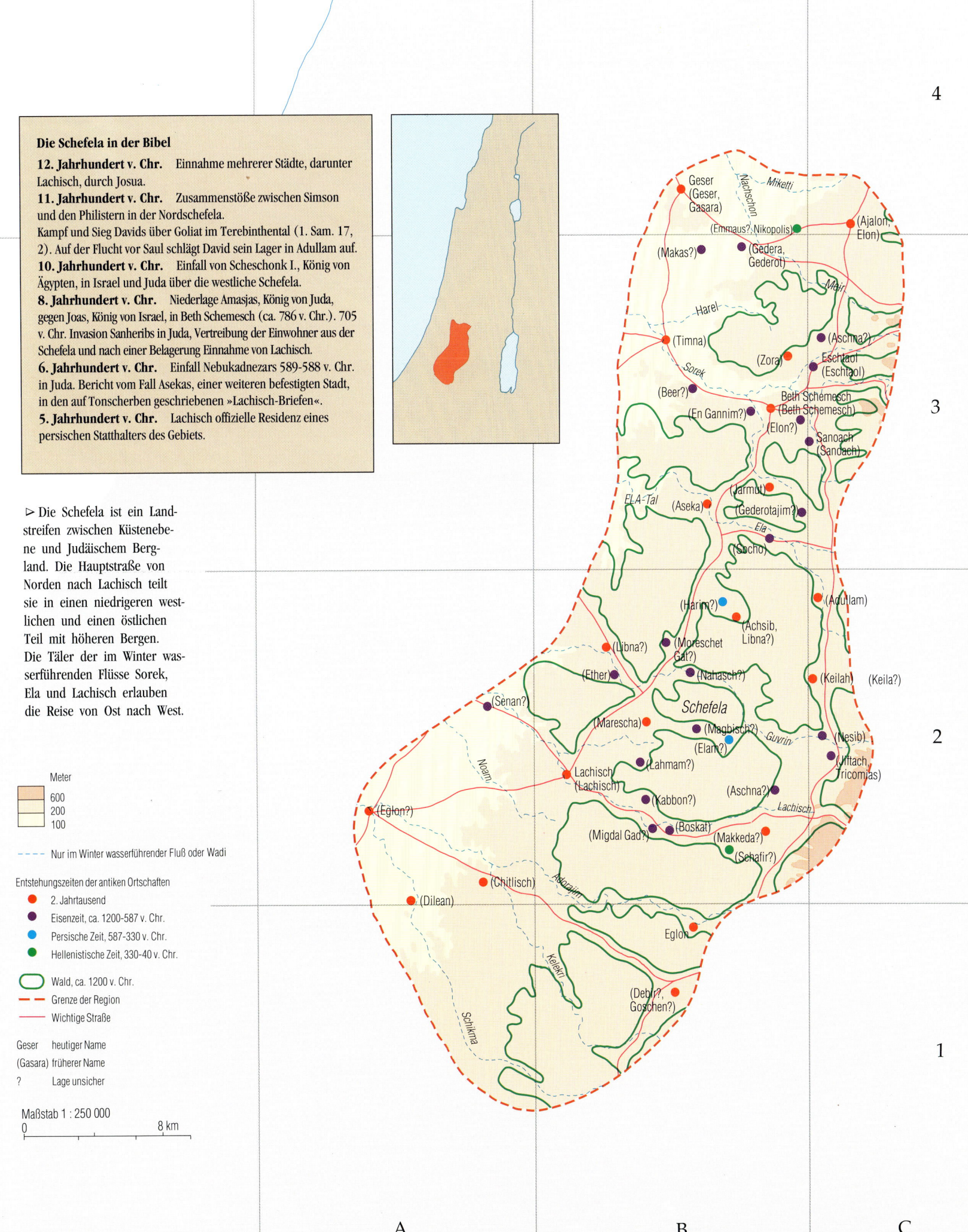

Die Schefela in der Bibel

12. Jahrhundert v. Chr. Einnahme mehrerer Städte, darunter Lachisch, durch Josua.

11. Jahrhundert v. Chr. Zusammenstöße zwischen Simson und den Philistern in der Nordschefela.
Kampf und Sieg Davids über Goliat im Terebinthental (1. Sam. 17, 2). Auf der Flucht vor Saul schlägt David sein Lager in Adullam auf.

10. Jahrhundert v. Chr. Einfall von Scheschonk I., König von Ägypten, in Israel und Juda über die westliche Schefela.

8. Jahrhundert v. Chr. Niederlage Amasjas, König von Juda, gegen Joas, König von Israel, in Beth Schemesch (ca. 786 v. Chr.). 705 v. Chr. Invasion Sanheribs in Juda, Vertreibung der Einwohner aus der Schefela und nach einer Belagerung Einnahme von Lachisch.

6. Jahrhundert v. Chr. Einfall Nebukadnezars 589-588 v. Chr. in Juda. Bericht vom Fall Asekas, einer weiteren befestigten Stadt, in den auf Tonscherben geschriebenen »Lachisch-Briefen«.

5. Jahrhundert v. Chr. Lachisch offizielle Residenz eines persischen Statthalters des Gebiets.

▷ Die Schefela ist ein Landstreifen zwischen Küstenebene und Judäischem Bergland. Die Hauptstraße von Norden nach Lachisch teilt sie in einen niedrigeren westlichen und einen östlichen Teil mit höheren Bergen. Die Täler der im Winter wasserführenden Flüsse Sorek, Ela und Lachisch erlauben die Reise von Ost nach West.

Meter
600
200
100

- - - Nur im Winter wasserführender Fluß oder Wadi

Entstehungszeiten der antiken Ortschaften
- ● 2. Jahrtausend
- ● Eisenzeit, ca. 1200-587 v. Chr.
- ● Persische Zeit, 587-330 v. Chr.
- ● Hellenistische Zeit, 330-40 v. Chr.

◯ Wald, ca. 1200 v. Chr.
- - - Grenze der Region
── Wichtige Straße

Geser   heutiger Name
(Gasara) früherer Name
?   Lage unsicher

Maßstab 1 : 250 000
0   8 km

JUDÄISCHES BERGLAND UND WÜSTE JUDA

Das Judäische Bergland mit den Hebronbergen und den Höhen von Beth El beginnt bei Bethlehem im Norden und erstreckt sich bis zum Wadi von Beerscheba. Die Berge waren zur Zeit des Alten Testaments von Bethlehem in südlicher Richtung bis zu den Hebronbergen vermutlich über mehrere Kilometer hinweg mit immergrünen Eichenwäldern und einigen Pinienhainen bewachsen. Weiter im Süden von Hebron, wo nur rund 30 mm Regen jährlich fällt, wuchsen dagegen nur Sträucher und einige Bäume.

Die Wüste Juda

Die Wüste Juda ist keine Sandwüste wie die Sahara. Im Norden und Westen beträgt die jährliche Niederschlagsmenge rund 70 mm, am Toten Meer dagegen sehr viel weniger. Das ist genug Regen für Gras, Kräuter und Blumen, von denen sich Schafe und Ziegen ernähren. Im Winter, also zur Regenzeit, weiden in der Wüste ziemlich große Tierherden. Die Wüste Juda fällt terrassenförmig vom Judäischen Bergland zum Toten Meer ab. Jede Stufe besteht aus einem ziemlich ebenen, nur wenige Kilometer breiten Landstreifen, auf dem Tiere grasen. Am Toten Meer endet die Wüste in hohen Klippen.

Abraham und David

Abraham und David waren eng mit dem Judäischen Bergland und seiner Wüste verbunden. Während seines Aufenthalts in Kanaan lebte Abraham größtenteils in oder nahe bei Hebron, wo er auch beerdigt wurde.

David stammte aus Bethlehem. Als junger Schafhirte dürfte er im regnerischen Winter seine Schafe zum Weiden in die Wüste Juda geführt haben. Als David von Sauls Hof flüchten mußte, bot ihm die Wüste sichere Zuflucht. Einer seiner Stützpunkte war En Gedi, und er dürfte auch das Felsplateau von Massada gekannt haben.

Johannes und Jesus

Johannes der Täufer und Jesus hielten sich eine Zeitlang in der Wüste Juda auf, und zwar vermutlich im Norden nahe der Stelle, an der der Jordan ins Tote Meer mündet. In der Nähe, in Qumran, lebte eine religiöse Gemeinde.

Ein Teil der Schriften dieser Menschen, die Schriftrollen vom Toten Meer, wurde 1947 entdeckt. Johannes und Jesus dürfte die Existenz der Qumran-Gemeinde bekannt gewesen sein, aber sie gehörten ihr nicht an.

△ Das Judäische Bergland und seine schmalen Täler. Diese moderne Ansicht vermittelt nur einen schlechten Eindruck davon, wie das Gebiet zur Zeit des Alten Testaments ausgesehen haben muß. Damals waren die Berge mit dichten Wäldern bestanden. Links sind noch Spuren des Terrassenanbaus zu erkennen, wie er nach dem Fällen der Bäume üblich war.

▽ Diese merkwürdige Landschaft in der Wüste Juda entstand im Laufe von Tausenden von Jahren durch Regen- und Winderosion. Blumen und Gras bedecken in regnerischen Wintern die kahlen Berge und geben den Tieren Nahrung. Unten links im Bild sind einige Pflanzen zu sehen, die hier wachsen.

▷ Das Judäische Bergland und die Wüste Juda. Städte wie Bethlehem und Hebron liegen nicht weit von der Wüste entfernt. Andere wie Karmel und Maon im südöstlichen Bergland dienten den großen Schaf- und Ziegenherden, die im Winter in der Wüste grasten, als Sammelpunkt. Am Ufer des Toten Meeres entstanden Ortschaften an Quellen.

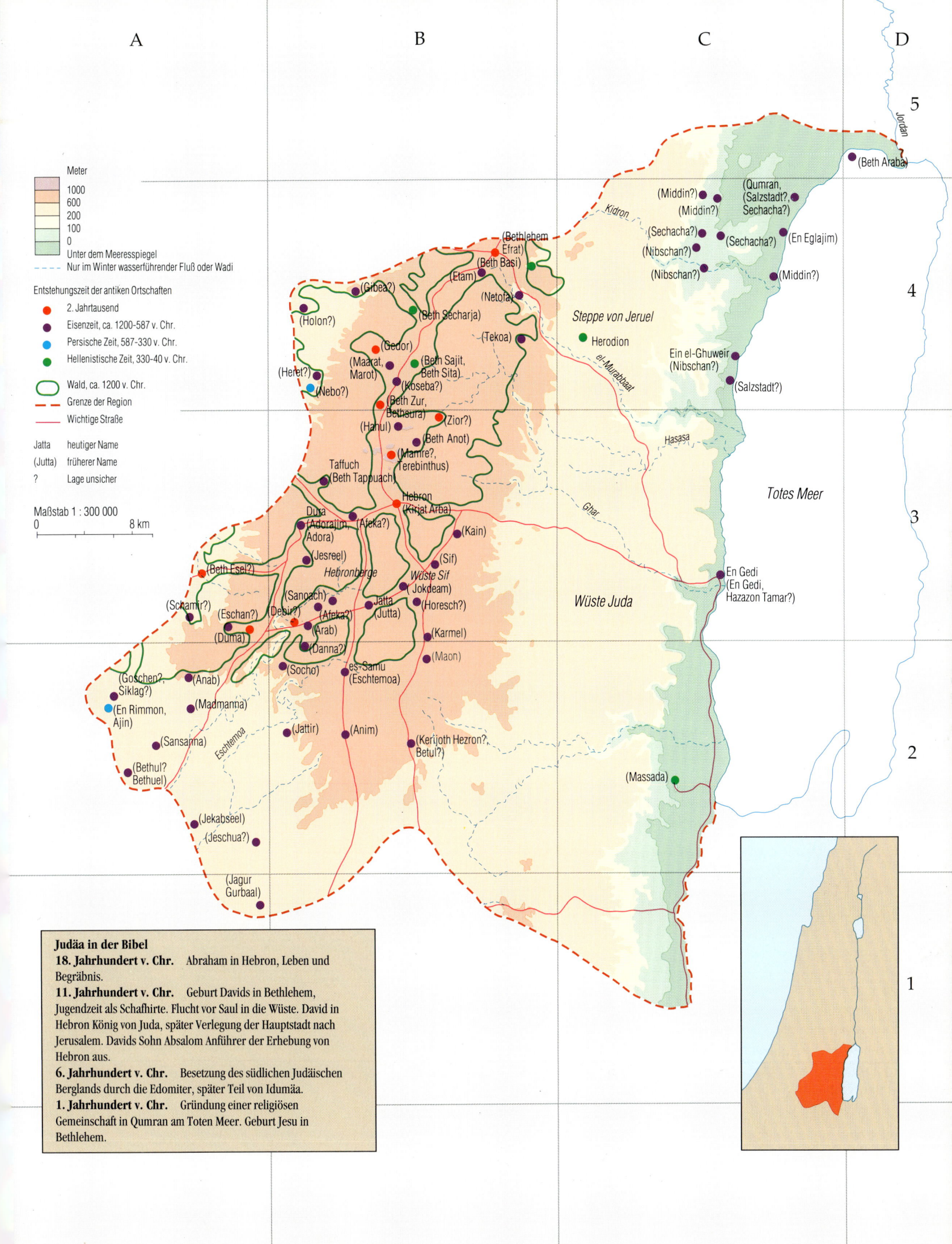

Judäa in der Bibel

18. Jahrhundert v. Chr. Abraham in Hebron, Leben und Begräbnis.

11. Jahrhundert v. Chr. Geburt Davids in Bethlehem, Jugendzeit als Schafhirte. Flucht vor Saul in die Wüste. David in Hebron König von Juda, später Verlegung der Hauptstadt nach Jerusalem. Davids Sohn Absalom Anführer der Erhebung von Hebron aus.

6. Jahrhundert v. Chr. Besetzung des südlichen Judäischen Berglands durch die Edomiter, später Teil von Idumäa.

1. Jahrhundert v. Chr. Gründung einer religiösen Gemeinschaft in Qumran am Toten Meer. Geburt Jesu in Bethlehem.

Meter
1000
600
200
100
0
Unter dem Meeresspiegel
- - - Nur im Winter wasserführender Fluß oder Wadi

Entstehungszeit der antiken Ortschaften
- 2. Jahrtausend
- Eisenzeit, ca. 1200–587 v. Chr.
- Persische Zeit, 587–330 v. Chr.
- Hellenistische Zeit, 330–40 v. Chr.

Wald, ca. 1200 v. Chr.
Grenze der Region
Wichtige Straße

Jatta heutiger Name
(Jutta) früherer Name
? Lage unsicher

Maßstab 1 : 300 000
0   8 km

Massada

Massada liegt auf einer steilen, oben flachen Erhebung rund 410 Meter über dem Toten Meer. Sein hebräischer Name *metzada* bedeutet auf deutsch »Festung«. Die Plattform auf der Bergspitze ist fast 600 Meter lang und 320 Meter breit. Die Steilhänge auf allen Seiten erschweren jeden Angriff.

Zwar erwähnt die Bibel Massada nicht, es ist jedoch fast sicher, daß es David bekannt war. Auf seiner Flucht von Sauls Hof wurde David beim »Felsen in der Wüste Maon« (1. Sam. 23, 25-27) von Saul fast gefangengenommen. David konnte entkommen, weil Saul ein Angriff der Philister gemeldet wurde, um den er sich kümmern mußte. Möglicherweise war dieser Fels Massada.

Auf Massada gefundene Überreste beweisen, daß vom 10. bis 7. Jahrhundert v. Chr. Menschen auf dem Fels lebten. Aber erst um 100 v. Chr. wurde er zu einer Festung ausgebaut. Massada verfügt über keine eigene Wasserquelle, und in der Gegend fällt sehr wenig Regen. Erst als die Ingenieure in der Lage waren, riesige Zisternen zu bauen, in denen

▽ Das dürfte die Synagoge, das jüdische Gotteshaus, auf Massada gewesen sein – die älteste, die Archäologen und Historikern bekannt ist. Im Tal tief unten rechts sind Spuren eines Lagers der römischen Angreifer zu erkennen.

▷ Diese Luftaufnahme zeigt, daß Massada auf allen Seiten Steilhänge hat. Die römischen Lager und die Belagerungsrampe liegen links. Rechts windet sich der »Schlangenpfad« zur Spitze. Im Hintergrund die Wüste Juda.

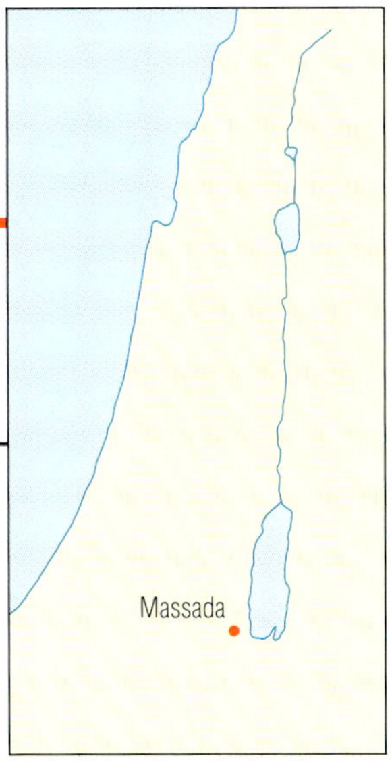

Regenwasser aufgefangen und gespeichert werden konnte, war es möglich, Massada als ständige Festung zu nutzen.

Massada, so wie es heute zu besichtigen ist, wurde von Herodes dem Großen als einer seiner Winterpaläste erbaut. Am Nordende, an dem der Fels in drei Stufen abfällt, richtete Herodes seinen Königspalast und eine Privatvilla mit Badehaus ein.

Zur Zeit der jüdischen Erhebung gegen Rom im Jahr 67 bis 73 diente Massada als Festung. Die Aufständischen machten es zu ihrer letzten Zuflucht, schließlich aber nahmen die Römer die Festung, nachdem sie im Westen eine gewaltige Rampe für ihren Angriff errichtet hatten.

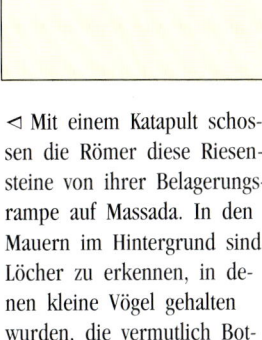

◁ Mit einem Katapult schossen die Römer diese Riesensteine von ihrer Belagerungsrampe auf Massada. In den Mauern im Hintergrund sind Löcher zu erkennen, in denen kleine Vögel gehalten wurden, die vermutlich Botschaften übermittelten.

◁ So könnte Massada während der römischen Belagerung ausgesehen haben. Die Römer griffen von Westen (im Bild rechts) an, wo Herodes ein befestigtes Tor mit Turm errichtet hatte. Sie brachten ihre Belagerungsmaschinen die Rampe hinauf, bis sie sich in Schußweite der Festung befand. Die Gebäude auf Massada standen größtenteils am Nordende der Plattform (Bildmitte). Die Belagerung fand ein Ende, als alle Verteidiger – Männer, Frauen und Kinder – Selbstmord begangen hatten. Beinahe zwei Jahre hatten 15000 römische Soldaten gebraucht, um die insgesamt weniger als 1000 Verteidiger in die Knie zu zwingen.

Qumran

So wie die Bibel Massada nicht erwähnt, so schweigt sie auch über Qumran, es sei denn, hier lag einst der Ort Sechacha oder die Salzstadt (Josua 15, 61-62). Seit 1947 ist der Ort im Zusammenhang mit den Schriftrollen vom Toten Meer weltbekannt. (Eine Schriftrolle ist gerolltes Papier, Pergament oder anderes Schreibmaterial.)

Die Schriftrollen vom Toten Meer

Die erste Rolle entdeckte 1947 ein arabischer Junge in einer Höhle rund anderthalb Kilometer nördlich von Qumran. Anfangs galt Qumran als ein nicht besonders wichtiger Ort. Als jedoch weitere Schriftrollen gefunden wurden, führte man in diesem Gebiet Ausgrabungen durch. Deshalb weiß man heute, daß in Qumran im 1. Jahrhundert vor und nach Christus eine religiöse Gruppe gelebt hat – vermutlich jene, die als Essener bekannt ist. Einige Schriftrollenfragmente wurden ganz nahe bei Qumran gefunden, und möglicherweise entstanden die Schriftrollen in einem der dortigen Räume.

Insgesamt wurden in 13 Höhlen am Nordende des Toten Meeres Schriftrollen gefunden. Einige waren in Leder eingewickelt und in Krügen aufbewahrt worden. Darunter befand sich auch eine Schriftrolle auf Kupferblech, die ein Verzeichnis von Schätzen enthält.

Die Texte auf Schriftrollen und Fragmenten sind von zweierlei Art. Ein Teil enthält Bibeltexte, andere berichten von Struktur, Glauben und Gottesdienst der Qumran-Gemeinde. Die Qumran-Manuskripte des Alten Testaments sind die ältesten, die bislang aufgefunden wurden.

Die Gemeinde in Qumran

Befanden sich alle Schriftrollen, die gefunden wurden, im Besitz der Qumran-Gemeinden und wurden sie von ihr versteckt? Wenn ja, warum verbargen sie einige davon rund anderthalb Kilometer entfernt vom Ort? Man nimmt an, daß diese Menschen ihr Leben mit dem Studium der Bibel, beim Gebet und mit Gottesdiensten verbrachten. Ihr hebräischer Name bedeutet »Söhne des Lichts«. Sie waren der Ansicht, daß die meisten Juden Gottes Gesetze nicht richtig befolgten. Sie dagegen standen Gottes Willen näher und spielten eine entscheidende Rolle bei der Vernichtung der bösen »Söhne der Dunkelheit«.

◁ Einige Schriftrollen vom Toten Meer wurden in Krügen wie diesen aufbewahrt. Vermutlich waren diese Schriftrollen durch häufigen Gebrauch abgenutzt und wurden deshalb sorgfältig aufbewahrt. In der jüdischen Religion dürfen Schriftrollen mit dem Bibeltext nicht zerstört werden.

▽ Blick aus einer der Höhlen, in der Schriftrollen oder Fragmente gefunden wurden. Zwar waren einige Rollen verhältnismäßig gut erhalten, aber oft bestanden die Funde aus Hunderten kleiner Stücke.

Herodion

Herodion ist ein markanter, teilweise von Menschenhand geschaffener Berg im Judäischen Bergland nahe der Wüste Juda. Von seiner Spitze ist die Aussicht auf die Wüste herrlich. Er verdankt seine typische Form Herodes dem Großen, der auf einem bestehenden Hügel eine Festung errichtete, um die er Erdreich anhäufen ließ.

Das Monument des Herodes

Um das Jahr 40 v. Chr. mußte König Herodes aus Jerusalem fliehen, als die Parther in das Land einfielen. Herodes' Feinde in Judäa ergriffen die Möglichkeit, ihn zu stürzen. Als beide Parteien in einer Schlacht rund zwölf Kilometer vor Jerusalem zusammenstießen, trug Herodes den Sieg davon. Einige Jahre später verewigte der König den Ort seines Sieges, indem er dort einen nach ihm benannten Sommerpalast erbaute.

Seinen Palast auf der Spitze des Bergkegels umgab Herodes mit einer Doppelmauer, je ein Turm stand in jeder der vier Himmelsrichtungen. Beim Ostturm lag ein großer Garten. Im Westteil standen die mehrere Stockwerke hohen Palastbauten. Das Wasser wurde in großen Zisternen unterhalb der Gebäude gespeichert. Der Zutritt zum befestigten Palast erfolgte über eine Treppe zwischen Nord- und Ostturm. Es gab auch viele Tunnels.

Herodion in der Geschichte

Herodion ist in der Bibel nicht erwähnt, obwohl es vor Christi Geburt vollendet wurde. Im Jahr 15 v. Chr. war Marcus Agrippa, ein enger Freund des römischen Kaisers, an verschiedenen Orten, darunter auch wiederholt in Herodion, ein Gast des Herodes. Herodes ordnete übrigens an, ihn dort zu begraben, allerdings wurde sein Grab nicht gefunden.

In den jüdischen Erhebungen gegen Rom in den Jahren 67-73 und 132-135 besetzten jüdische Kämpfer Herodion, verloren es aber an die Römer. Beim zweitenmal wurden die Gebäude ziemlich stark beschädigt.

▽ Luftaufnahme von Herodion mit der Wüste Juda im Hintergrund. Auf dem Berg sind die Säulen, die den Garten säumten, gerade noch zu erkennen. Die Reste des großen Ostturms liegen etwas weiter links, und auch die Lage der anderen Türme ist auszumachen. Am Fuß des Berges weitere Gebäudereste, die bei Ausgrabungen ans Licht kamen.

NEGEV UND SINAIHALBINSEL

Der Negev ist das trockene Gebiet im Süden Israels jenseits der Berge von Hebron. Im Südwesten der Stadt Beerscheba ist er sehr sandig. Aber im Südosten erheben sich über 900 Meter hohe Berge. Es gibt auch einige faszinierende Krater, von denen der größte 40 Kilometer mal acht Kilometer groß ist. Die Sinaiwüste ist mit einer Fläche von rund 28 500 Quadratkilometern dreimal größer als der Negev. Sie reicht vom Mittelmeer im Norden bis zum Roten Meer im Süden.

Beerscheba

Die wichtigste Stadt im Negev war Beerscheba. Sie lag an bedeutenden Straßen, die aus dem Negev in die Küstenebene, die Schefela, die Hebronberge und das Tal unterhalb des Toten Meeres führten.
In der Stadt gab es Brunnen (der Name *beer schewa* bedeutet im Deutschen »sieben Brunnen«), und im Winter fingen die Stadtbewohner das Regenwasser in Zisternen auf. Beerscheba spielt in den Geschichten um Abraham, Isaak und Jakob eine große Rolle.

Kadesch Barnea

Im westlichen Negev liegt am Rand der Sinaihalbinsel Kadesch Barnea. Hier schlugen die Israeliten auf ihrem Zug von Ägypten ins Gelobte Land ihr Lager auf.
Von Kadesch aus wurden zwölf Spione ausgeschickt, um das Gelobte Land zu erkunden. Zehn der Kundschafter erklärten, es gefiele ihnen nicht. Gott beschloß deshalb, die Israeliten müßten noch warten, bevor sie es betreten durften.
Ebenfalls in Kadesch klagten die Israeliten über Wassermangel. Moses ließ Wasser aus einem Fels hervorfließen, indem er mit seinem Stock dagegen schlug. Das Alte Testament erwähnt Kadesch als den Ort, an dem die Israeliten daran zweifelten, daß Gott sie sicher in ein eigenes Land führen würde.

Der Berg Sinai

Nach dem Alten Testament wanderten die Israeliten 40 Jahre lang durch die Sinai- und die Negevwüste. Von größter Bedeutung in der Wüste war der Berg Sinai. Auf seiner Spitze erhielt Moses von Gott die Zehn Gebote, und Gott und die Menschen schlossen einen Bund. Die Israeliten würden fortan ein besonderes Volk in Gottes Augen sein, weil er sie aus der Sklaverei in Ägypten geführt hatte. Dafür hatten sie die Gebote zu befolgen, die Gott ihnen gab.

◁ Szene aus der Sinaiwüste. Hier begrenzen zerklüftete Berge die Sandwüste mit ihren niedrigen Sträuchern. Kamele können in diesem Gebiet große Entfernungen auch ohne Wasser zurücklegen – aber die Israeliten besaßen keine Kamele.

▽ Einer der atemberaubenden Krater nahe dem Berg Zin im Negev. Das vulkanische Gestein wurde von Wind und Regen abgetragen.

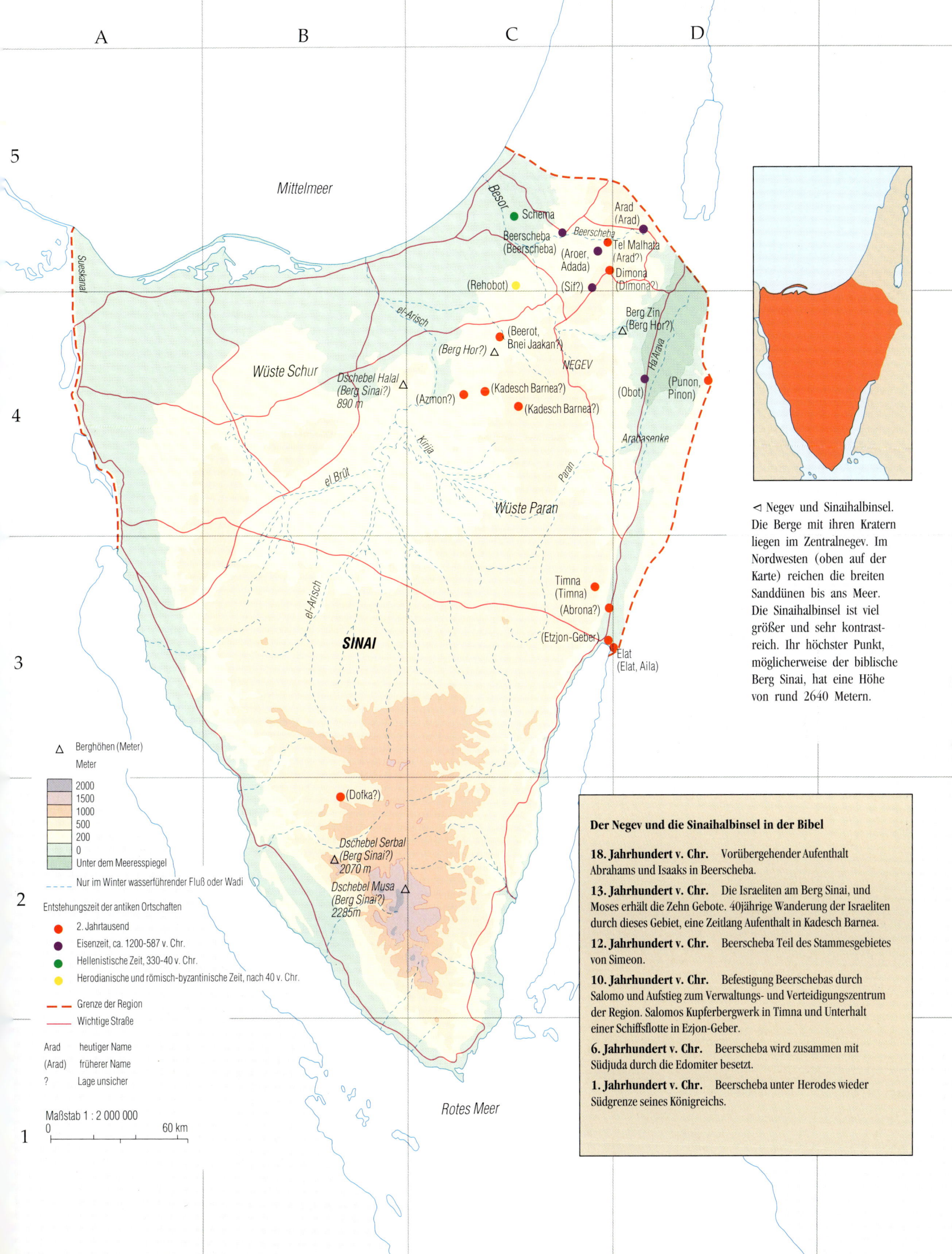

A B C D

5

Mittelmeer

Besor

● Schema
Beerscheba
(Beerscheba)
Beerscheba

Arad
(Arad)
● Tel Malhata
(Arad?)
(Aroer,
Adada)
(Sif?)
● Dimona
(Dimona?)

(Rehobot) ○

Berg Zin
(Berg Hor?)
△

el-Arisch

(Beerot,
Bnei Jaakan?) ●
(Berg Hor?) △

Wüste Schur

Dschebel Halal
(Berg Sinai?)
890 m
△

NEGEV

(Azmon?) ●
● (Kadesch Barnea?)
● (Kadesch Barnea?)

Ha Arava

(Obot) ●
● (Punon,
Pinon)

4

Kirja

el Brüt

Paran

Wüste Paran

Arabasenke

el-Arisch

3

SINAI

Timna
(Timna) ●
(Abrona?) ●
(Etzjon-Geber) ●
Elat
(Elat, Aila) ●

Sueskanal

◁ Negev und Sinaihalbinsel.
Die Berge mit ihren Kratern
liegen im Zentralnegev. Im
Nordwesten (oben auf der
Karte) reichen die breiten
Sanddünen bis ans Meer.
Die Sinaihalbinsel ist viel
größer und sehr kontrast-
reich. Ihr höchster Punkt,
möglicherweise der biblische
Berg Sinai, hat eine Höhe
von rund 2640 Metern.

△ Berghöhen (Meter)
Meter

	2000
	1500
	1000
	500
	200
	0
	Unter dem Meeresspiegel

- - - Nur im Winter wasserführender Fluß oder Wadi

Entstehungszeit der antiken Ortschaften

● 2. Jahrtausend
● Eisenzeit, ca. 1200-587 v. Chr.
● Hellenistische Zeit, 330-40 v. Chr.
○ Herodianische und römisch-byzantinische Zeit, nach 40 v. Chr.

- - - Grenze der Region
—— Wichtige Straße

Arad heutiger Name
(Arad) früherer Name
? Lage unsicher

(Dofka?) ●

Dschebel Serbal
(Berg Sinai?)
2070 m
△

Dschebel Musa
(Berg Sinai?)
2285m
△

2

Maßstab 1 : 2 000 000
0   60 km

1

Rotes Meer

Der Negev und die Sinaihalbinsel in der Bibel

18. Jahrhundert v. Chr. Vorübergehender Aufenthalt
Abrahams und Isaaks in Beerscheba.

13. Jahrhundert v. Chr. Die Israeliten am Berg Sinai, und
Moses erhält die Zehn Gebote. 40jährige Wanderung der Israeliten
durch dieses Gebiet, eine Zeitlang Aufenthalt in Kadesch Barnea.

12. Jahrhundert v. Chr. Beerscheba Teil des Stammesgebietes
von Simeon.

10. Jahrhundert v. Chr. Befestigung Beerschebas durch
Salomo und Aufstieg zum Verwaltungs- und Verteidigungszentrum
der Region. Salomos Kupferbergwerk in Timna und Unterhalt
einer Schiffsflotte in Ezjon-Geber.

6. Jahrhundert v. Chr. Beerscheba wird zusammen mit
Südjuda durch die Edomiter besetzt.

1. Jahrhundert v. Chr. Beerscheba unter Herodes wieder
Südgrenze seines Königreichs.

Arad

Im Altertum bestand Arad aus zwei Städten: Zu einer älteren Unterstadt, die in vorbiblischer Zeit bewohnt war, kam später eine Oberstadt, die aus dem 12. oder 11. Jahrhundert v. Chr. datiert ist. Nach Numeri 21, 1-3, eroberten die Israeliten Arad im 13. Jahrhundert v. Chr.

Es ist nicht sicher, ob sich die Bibel auf den Ort bezieht, der als Arad bekannt ist, oder auf einen anderen in dieser Gegend, den Tel Malhata.

Zur Zeit von König Salomo wurde die Stadt Arad befestigt. Aber schon kurz danach wurde sie bei der Invasion des ägyptischen Pharaos Scheschonk I. 924 v. Chr. zerstört.

In den Jahrhunderten danach wurde Arad immer wieder zerstört. Wegen seiner wichtigen Lage an der Straße, die am Fuß der Hebronberge entlang ins Jordantal führte, wurde die Stadt jedoch ebenso oft neu aufgebaut. Zu den interessanten Funden in Arad gehörten ein Tempel und Briefe auf Tonscherben.

△ Ein Siegel von Eljaschib, einem Befehlshaber in Arad im 7. oder 6. Jahrhundert v. Chr. Der Offizier drückte das Siegel auf seine auf Ton geschriebenen Anweisungen.

▽ Plan von Arad. Der Tempel oben links weist anscheinend den gleichen Grundriß wie Salomos Tempel in Jerusalem auf, vermutlich war er sogar noch älter als jener Salomos.

Tel Beerscheba

Der Name von Beerscheba ist in der Bibel eng mit den Geschichten um Abraham und Isaak verknüpft. Diese Erzväter der Israeliten lebten jedoch nicht in Städten, sondern in Zelten, und sie zogen mit ihren Schafen und Ziegen umher. Die Stätte, die heute auf dem Tel Beerscheba zu sehen ist, datiert aus einer späteren Zeit.

Die Überreste auf dem Tel Beerscheba stammen von einer Stadt, die Ende des 11. Jahrhunderts v. Chr. erbaut und später von Salomo befestigt wurde. Genau wie Arad dürfte Beerscheba 924 v. Chr. von Scheschonk I. zerstört worden sein. Nach ihrem Wiederaufbau galt sie als eine der wichtigsten Städte an der Südgrenze Judas. Spricht die Bibel vom ganzen Land Israel, gebraucht sie oft die Umschreibung »das Land von Dan (ganz im Norden) bis Beerscheba«. Vermutlich hat der assyrische König Sanherib 701 v. Chr. die Stadt angegriffen; danach hat sie nie wieder ihren früheren Ruhm zurückerlangt.

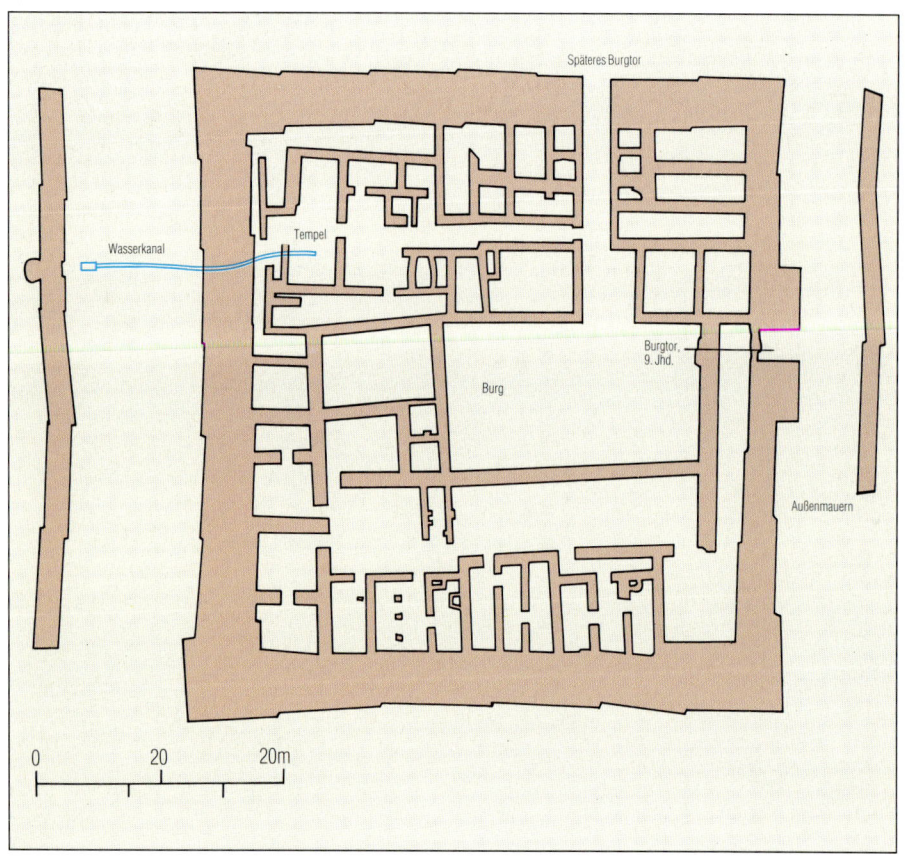

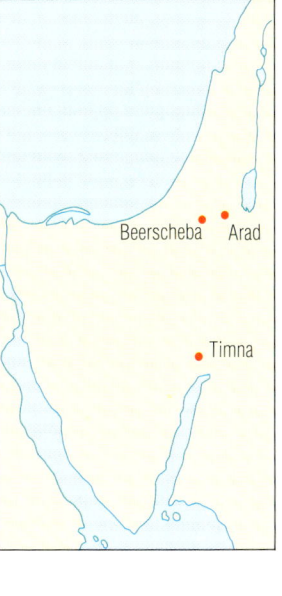

Timna

In Timna wurde bereits vor 6000 Jahren Kupfer abgebaut, und die Kupfergewinnung wurde im 13. Jahrhundert v. Chr. wiederaufgenommen. Kurz darauf nutzten die Ägypter den Ort, und sie errichteten hier einen Tempel für ihre Göttin Hathor. Dann befand sich Timna im Besitz eines Volkes aus dem Land Midian im Osten der Sinaihalbinsel.

Nach der Bibel nahm Moses eine Midianiterin zur Frau und lebte, nachdem er einen Ägypter getötet hatte und vom ägyptischen Hof geflüchtet war, eine Zeitlang in der Wüste von Midian. (Der Ägypter hatte einen hebräischen Sklaven geschlagen.)

In Timna wurde eine mit einem Zelt bedeckte midianitische Kultstätte – ähnlich dem Stiftszelt, dessen Bau Moses den Israeliten befahl – gefunden.

Eine weitere Verbindung zur Bibel ist in jener Geschichte in Numeri 21, 6-9 zu finden, in der die Israeliten eine Kupferschlange an einer Stange befestigen: Im midianitischen Tempel in Timna wurde eine solche Kupferschlange gefunden.

△ Beerschebas berühmter Kamelmarkt. Jahrhundertelang hat die Stadt den Beduinen – Arabern, die mit ihren Kamelen im Negev und der Sinaihalbinsel leben – als Zentrum gedient. Heute ist sie eine blühende, moderne Universitätsstadt.

▽ Luftaufnahme von den Überresten der ersten Stadt Beerscheba aus dem 11. Jahrhundert v. Chr. Im Vordergrund sieht man das Bett des im Winter wasserführenden Nahal Beerscheba. Die Stadt links im Hintergrund ist nicht das moderne Beerscheba, das auf dem Bild nicht zu sehen ist, sondern eine kleine Ortschaft namens Omer.

▽ Einige der Felsen bei Timna, in denen Kupfer gefunden wurde. Die Bergleute trieben Schächte in den Fels, um an das Eisenerz zu gelangen. Unter den Königen David und Salomo nahmen die Israeliten Timna und sein Kupferbergwerk in Besitz.

GALILÄA

Der Name »Galiläa« kommt vom hebräischen *galil*, das Bezirk bedeutet. Im hebräischen Alten Testament heißt es stets »Galiläa«, vermutlich eine Verkürzung von »Galiläa der Heiden«, weil dort lange Zeit viele nichtisraelitische Völker lebten.

Seit dem 8. Jahrhundert v. Chr. gehörte Galiläa den Feinden der Israeliten. Erst rund 100 Jahre vor der Geburt Christi kam das Gebiet wieder zu Israel, und im Neuen Testament spielt es eine wichtige Rolle als der Ort, an dem Jesus lebte und wirkte.

Ober- und Untergaliläa

Galiläa besteht aus zwei Teilen, dessen nördlicher, Obergaliläa, der höhere ist. Diesen Teil beherrschen die Meronhöhen, die von Norden nach Süden verlaufen. Sie sind fast zehn Kilometer lang und bis über 900 Meter hoch. Daneben gibt es hier noch andere Bergketten.

In biblischer Zeit war dieser Teil Israels dicht bewaldet, und immer noch gibt es einige Überreste der alten Wälder. Das Reisen und das Leben in dieser Region war recht mühsam. Trotz seiner landschaftlichen Schönheit wird Obergaliläa in der Bibel kaum erwähnt.

Untergaliläa ist weniger gebirgig, und in seinen vielen großen Tälern wurden die Wälder abgeholzt, um der Landwirtschaft Platz zu machen. Sein südliches Ende läuft in der Jesreelebene aus, im Osten fallen seine Hänge zum See Genezareth ab.

In Untergaliläa gibt es beim See Genezareth mindestens einen erloschenen Vulkan. Die Lava, die einst von ihm ausgestoßen wurde, ist überall in dieser Gegend in Form eines harten, schwarzen Gesteins anzutreffen, dem Basalt. Die Menschen nutzten diesen Basalt zum Hausbau und zur Herstellung von Schleifsteinen und Ölpressen.

Der See Genezareth

Der See Genezareth ist ein 20 Kilometer langer und bis zu 13 Kilometer breiter Binnensee. Der Jordan durchfließt ihn von Norden nach Süden. Der Seespiegel liegt 210 Meter unter dem Meeresspiegel. Da er von Bergen umgeben ist, wird es auf dem See manchmal recht stürmisch. Zur Zeit des Neuen Testaments lagen am Seeufer zahlreiche Städte. Hier gab es blühende Gewerbe, darunter die Fischerei, Tuchfärbereien sowie Ölpressen und Weinkelter.

In nördlicher Richtung erstreckt sich der Jordangraben vom See Genezareth noch über weitere 17 Kilometer, dann verbreitert er sich zum Hulebecken mit seinem See.

▽ Der Berg Tabor in Untergaliläa ragt mit seinem beinahe 600 Meter über dem Meeresspiegel gelegenen Gipfel einsam in die Höhe. Im Alten Testament trafen hier die Stämme zusammen, wenn sie sich gegen einen gemeinsamen Feind wehren mußten. Er gilt auch als der Ort der Verklärung Jesu – als während seiner Predigt Gesicht und Gewänder Licht ausstrahlten.

Galiläa in der Bibel

?18. Jahrhundert v. Chr. Abraham verfolgt eine Gruppe von Königen, die seinen Neffen Lot entführt haben, bis zur Stadt Dan.

13. Jahrhundert v. Chr. Josua schlägt die Kaanaanäer an den Wassern von Merom und zerstört die Stadt Hazor.

11. Jahrhundert v. Chr. Treffen israelitischer Stämme im Norden beim Berg Tabor und Sieg über die Kanaanäer unter der Führung von Sisera.

9. Jahrhundert v. Chr. Große Teile von Galiläa gehen an die Syrer verloren.

8. Jahrhundert v. Chr. Einverleibung Galiläas ins Assyrische Reich.

2. Jahrhundert v. Chr. Rückeroberung Galiläas für die Juden durch den Hasmonäer Juda Aristobulos I.

1. Jahrhundert v. Chr. Jesus lebt 30 Jahre lang in Nazareth, bevor er mit seinem Wirken an die Öffentlichkeit tritt (vorwiegend in Galiläa).

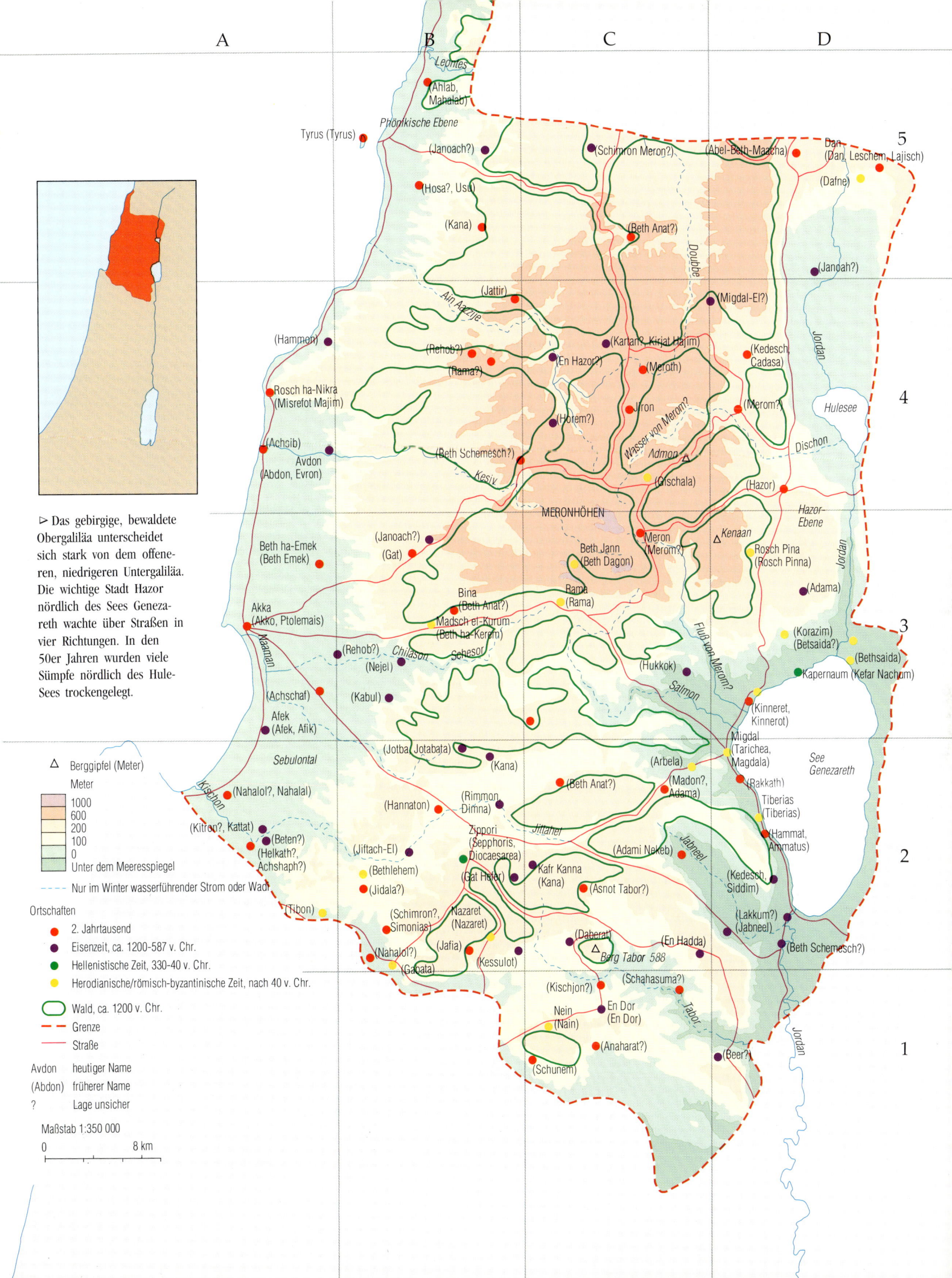

A   B   C   D

Leontes

(Ahlab, Mahalab)

Phönikische Ebene

Tyrus (Tyrus)

(Janoach?)

(Schimron Meron?)

(Abel-Beth-Maacha)

Dan (Dan, Leschem, Lajisch) — 5

(Hosa?, Usu)

(Dafne)

(Kana)

(Beth Anat?)

Ain Aazije

(Jattir)

Doubbe

(Janoah?)

(Hammon)

(Rehob?)

(Migdal-El?)

(Rama?)

Kartan?, Kiriat Hajim

(Kedesch Cadasa)

(En Hazor?)

(Meroth)

Jordan

Rosch ha-Nikra (Misrefot Majim)

(Hotem?)

Jiron

Wasser von Merom?

(Merom?)

Hulesee — 4

(Achsib)

(Beth Schemesch?)

Admon △

(Hazor)

Dischon

Avdon (Abdon, Evron)

Kesiv

Gischala

Hazor-Ebene

MERONHÖHEN

△ Kenaan

Beth ha-Emek (Beth Emek)

(Janoach?)

Beth Jann (Beth Dagon)

Meron (Merom?)

Rosch Pina (Rosch Pinna)

(Gat)

(Adama)

Akka (Akko, Ptolemais)

Bina (Beth Anat?)

Rama (Rama)

Jordan — 3

Madsch el-Kurum (Beth ha-Kerem)

(Rehob?)

Chilason

Schesor

Fluß von Merom?

(Korazim) (Betsaida?)

Naaman

(Nejel)

(Hukkok)

Salmon

(Bethsaida)

(Achschaf)

(Kabul)

Kapernaum (Kefar Nachum)

Afek (Afek, Afik)

(Kinneret, Kinnerot)

Sebulontal

(Jotba Jotabata)

Migdal (Tarichea, Magdala)

See Genezareth

(Kana)

(Arbela)

Kischon

(Nahalol?, Nahalal)

(Beth Anat?)

(Madon?, Adama)

(Rakkath) — 2

(Kitron?, Kattat)

(Hannaton)

(Rimmon, Dimna)

Jittahel

Tiberias (Tiberias)

(Beten?)

Zippori (Sepphoris, Diocaesarea)

(Adami Nekeb)

Hammat, Ammatus

(Helkath?, Achshaph?)

(Jiftach-El)

Kafr Kanna (Kana)

Jabneel

(Bethlehem)

Gat Hefer

(Kedesch Siddim)

(Jidala?)

(Asnot Tabor?)

(Lakkum?) (Jabneel)

(Tibon)

(Schimron?) Simonias

Nazaret (Nazaret)

(Beth Schemesch?)

(Jafia)

(Daberat)

(En Hadda)

(Nahalol?)

(Gabata)

Kessulot

Berg Tabor 588 △

Jordan — 1

(Kischjon?)

(Schahasuma?)

Nein (Nain)

En Dor (En Dor)

Tabor

(Anaharat?)

(Beer?)

(Schunem)

▷ Das gebirgige, bewaldete Obergaliläa unterscheidet sich stark von dem offeneren, niedrigeren Untergaliläa. Die wichtige Stadt Hazor nördlich des Sees Genezareth wachte über Straßen in vier Richtungen. In den 50er Jahren wurden viele Sümpfe nördlich des Hule-Sees trockengelegt.

△ Berggipfel (Meter)

Meter

	1000
	600
	200
	100
	0
	Unter dem Meeresspiegel

- - - Nur im Winter wasserführender Strom oder Wadi

Ortschaften

● 2. Jahrtausend

● Eisenzeit, ca. 1200-587 v. Chr.

● Hellenistische Zeit, 330-40 v. Chr.

● Herodianische/römisch-byzantinische Zeit, nach 40 v. Chr.

⬭ Wald, ca. 1200 v. Chr.

- - - Grenze

— Straße

Avdon   heutiger Name

(Abdon)   früherer Name

?   Lage unsicher

Maßstab 1:350 000

0   8 km

Hazor

Die Stadt Hazor erhob sich an einer wichtigen Weg-kreuzung. Bewohnt wurde der Ort zum erstenmal zwischen 3000 und 2500 v. Chr. Später gab es zwei Städte, eine Ober- und eine Unterstadt. Ausgrabungen in der Unterstadt haben Tempel aus vier verschiedenen Epochen ans Licht gebracht. In einem dieser Tempel wurden große Basaltsteine gefunden, die die Form von Tieren hatten.

Im 13. Jahrhundert v. Chr. zerstörte Josua beide Städte. Die Einwohner von Hazor besaßen Pferde und Streitwagen, aber Josua überraschte sie in ihrem Lager vor der Stadt. Vermutlich verbarg er sich mit seinen Männern auf der bewaldeten Anhöhe oberhalb des Heerlagers und fiel dann überraschend über ihr Lager her (Josua 11, 7).

Später baute Salomo das obere Hazor wieder auf. Reste seines Tors und seiner Stadtmauer sind noch heute zu sehen. Im 9. Jahrhundert v. Chr. befestigte König Ahab die Stadt noch einmal. Heute kann der Besucher die Überreste seiner großen Lagerhäuser besichtigen. Außerdem baute Ahab die unterirdische Wasserversorgungsanlage der Stadt.

Die Archäologen haben Spuren eines Erdbebens gefunden, das die Stadt im 8. Jahrhundert v. Chr. zerstörte. Dieses Erdbeben ist im Alten Testament in Amos 1, 1 erwähnt.

▽ Lageplan der Oberstadt von Hazor. Der Plan zeigt das Bett des im Winter wasserführenden Flusses, der um den Südrand der Stadt floß; außerdem ist der Umriß der Anhöhe zu erkennen, auf der die Oberstadt stand.

◁ Die Oberstadt von Hazor, aus der Luft gesehen. Reste der großen Wasserversorgungsanlage kann man unten rechts erkennen. Über der Öffnung stand eine Eingangshalle mit zwei geneigten Rampen, die zu fünf ungefähr drei Meter breiten Stufen in den Tunnel hinunterführten. Salomos Doppelmauer befand sich oben auf dem anderen ausgegrabenen Areal.

Kapernaum

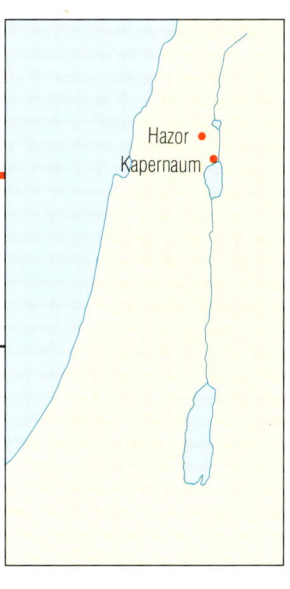

Kapernaum liegt am Nordende des Sees Genezareth westlich der Jordanmündung. Der Fluß bildete die Grenze zwischen Galiläa und dem Land im Osten, und Kapernaum stieg zu einer wichtigen Grenzstadt auf, in der Zoll erhoben wurde. Das wichtigste Gewerbe am Ort war die Fischerei, von der viele Familien gut leben konnten.

Jesus in Kapernaum

Nachdem Jesus seine Heimatstadt Nazareth verlassen hatte, hielt er sich vorwiegend in Kapernaum auf. Mehrere seiner ersten Anhänger lebten hier. Der führende Jünger war Petrus, ein Fischer, und Jesus dürfte bei Petrus gewohnt haben, wenn er in die Stadt kam. Oft heißt es, Jesu Anhänger seien arme Menschen gewesen. Das stimmt aber nicht immer, denn Fischer verdienten gut. Ein weiterer Jünger Jesu war Levi, vermutlich ein Zollbeamter in Kapernaum; auch er hatte also eine gut bezahlte Stellung.

In Kapernaum heilte Jesus auf wundersame Weise viele Menschen, und hier predigte er auch. Die Berichte über seine Heilungen sind in Markus 1, 21-34 und 2, 1-12 nachzulesen; Johannes berichtet über eine Rede Jesu in der Synagoge von Kapernaum (6, 22-60).

▽ Ausgrabungen in Kapernaum. Hier wurden Häuser wie das von Petrus freigelegt, in dem sich Jesus vorübergehend aufhielt.

DAS HERZLAND VON ISRAEL

Das Gebiet südlich des Karmelbergs und der Jesreelebene mit dem Hochland von Samaria und den Höhen von Beth El wird oft als das Herzland Israels bezeichnet. Viele der im Alten Testament beschriebenen Ereignisse haben sich hier abgespielt.

Land der Berge und Täler

Die Jesreelebene erstreckt sich vom Jordantal bis zum Mittelmeer. Von dort aus ziehen sich lange Täler in Richtung Süden bis in das Hochland von Samaria und zur modernen Stadt Nablus. Ganz in der Nähe – dort, wo sich die Straßen von Osten nach Westen und von Norden nach Süden kreuzen – lag früher das alte Sichem oder Schechem, einst die Hauptstadt Israels. Weiter im Süden lag in einem anderen kleinen Tal der Ort Schilo, in dem der Knabe Samuel unter dem Priester Eli im Tempel diente (1. Sam., 1-3). Im Süden befinden sich die Höhen von Beth El, über die schmale, gewundene Straßen führen.

Abraham, Jakob und Josua

Als Abraham in Kanaan eintraf, machte er in Sichem halt, bevor er weiter in den Süden nach Ägypten zog. Bei seiner Rückkehr in den Norden kam er in die Stadt Beth El. Auch Jakob ging auf der Flucht vor seinem Bruder Esau nach Beth El; hier träumte er von einer Leiter, die von der Erde in den Himmel reichte (Genesis 28, 10-19). Jahre später, nachdem Josua Kanaan eingenommen hatte, berief er eine große Versammlung der Stämme in Sichem ein. Die Bibel enthält keinen Hinweis auf eine Eroberung der Stadt durch Josua, und das läßt darauf schließen, daß ein Teil der Familie Jakobs dort geblieben war, statt mit den anderen Israeliten nach Ägypten zu ziehen.

Das nördliche Königreich

Nach Salomos Tod trennten sich die nördlichen Stämme von Juda und schufen ein eigenes Königreich Israel. Sichem war ihre erste Hauptstadt und Beth El eine ihrer wichtigsten Kultstätten. Im 9. Jahrhundert v. Chr. gründete König Omri in Samaria seine neue Hauptstadt.

Der gute Samariter

Im Neuen Testament ist von den Samaritern die Rede. Sie lebten im Hochland von Samaria und verehrten Gott auf dem Berg Gerisim, der auf Sichem blickt. Sie hatten ihre eigenen religiösen Vorstellungen, und die Beziehungen zwischen ihnen und den Juden waren nicht freundlich. Deshalb dürften viele schockiert gewesen sein, als Jesus sein Gleichnis vom guten Samariter (Lukas 10, 29-37) erzählte.

▷ Die Jesreelebene liegt zwischen Untergaliläa und dem Hochland von Samaria. Das Bergmassiv des Karmels trennt das Jesreeltal von der Küstenebene. Die Stadt Megiddo bewachte einen wichtigen Paß über diese Berge. Bei den Höhen von Beth El im Süden wird das Land immer bergiger.

◁ Die Jesreelebene ist von bemerkenswerter Schönheit. Hier ein Blick in Richtung Osten zum Jordantal. Die Berge in der Ferne liegen am anderen Jordanufer. Der Berg Gilboa, auf dem Saul in der Schlacht mit den Philistern fiel, liegt rechts auf halber Entfernung. Die Philister kämpften in der Ebene mit Pferden und Streitwagen; Sauls Soldaten gingen dagegen zu Fuß und wurden die Berge hinaufgedrängt. Zur Zeit des Alten Testaments waren Teile der Ebene versumpft.

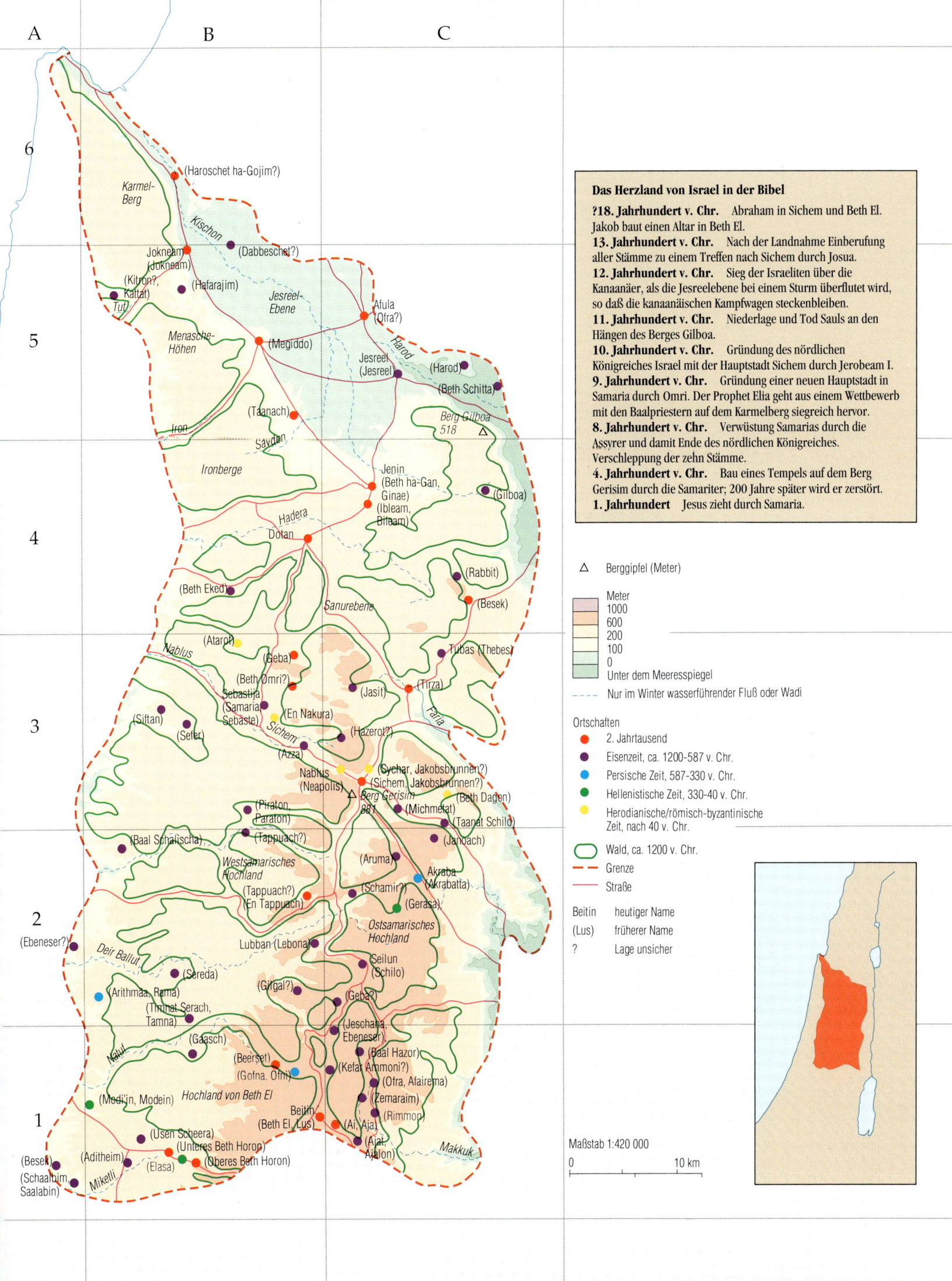

Das Herzland von Israel in der Bibel

?18. Jahrhundert v. Chr. Abraham in Sichem und Beth El. Jakob baut einen Altar in Beth El.

13. Jahrhundert v. Chr. Nach der Landnahme Einberufung aller Stämme zu einem Treffen nach Sichem durch Josua.

12. Jahrhundert v. Chr. Sieg der Israeliten über die Kanaanäer, als die Jesreelebene bei einem Sturm überflutet wird, so daß die kanaanäischen Kampfwagen steckenbleiben.

11. Jahrhundert v. Chr. Niederlage und Tod Sauls an den Hängen des Berges Gilboa.

10. Jahrhundert v. Chr. Gründung des nördlichen Königreiches Israel mit der Hauptstadt Sichem durch Jerobeam I.

9. Jahrhundert v. Chr. Gründung einer neuen Hauptstadt in Samaria durch Omri. Der Prophet Elia geht aus einem Wettbewerb mit den Baalpriestern auf dem Karmelberg siegreich hervor.

8. Jahrhundert v. Chr. Verwüstung Samarias durch die Assyrer und damit Ende des nördlichen Königreiches. Verschleppung der zehn Stämme.

4. Jahrhundert v. Chr. Bau eines Tempels auf dem Berg Gerisim durch die Samariter; 200 Jahre später wird er zerstört.

1. Jahrhundert Jesus zieht durch Samaria.

△ Berggipfel (Meter)

Meter
1000
600
200
100
0
Unter dem Meeresspiegel

- - - Nur im Winter wasserführender Fluß oder Wadi

Ortschaften
🔴 2. Jahrtausend
🟣 Eisenzeit, ca. 1200-587 v. Chr.
🔵 Persische Zeit, 587-330 v. Chr.
🟢 Hellenistische Zeit, 330-40 v. Chr.
🟡 Herodianische/römisch-byzantinische Zeit, nach 40 v. Chr.

◯ Wald, ca. 1200 v. Chr.
- - - Grenze
—— Straße

Beitin   heutiger Name
(Lus)   früherer Name
?   Lage unsicher

Maßstab 1:420 000
0   10 km

Megiddo

Megiddo ist herrlich am Rand der Jesreelebene gelegen, wo es die wichtigste Straße von der Küstenebene über den Karmelberg in die Ebene bewachte. Um 5000 v. Chr. entstand hier eine erste Stadt.

Im 11. oder 10. Jahrhundert v. Chr. war Megiddo schon oft zerstört und wiederaufgebaut worden. Noch zu besichtigen sind vor Ort die Überreste eines Tempels aus der Zeit etwa 3500 v. Chr. und ein Altar aus der Zeit rund 3000 v. Chr.

Wer hat Megiddo erobert?

Bei Josua 12, 21 heißt es, Josua habe den König von Megiddo getötet; aber Richter 1, 27 erzählt, daß die Israeliten nicht dazu in der Lage gewesen seien, die Stadt einzunehmen.

Es ist möglich, daß Josua den König in der Schlacht

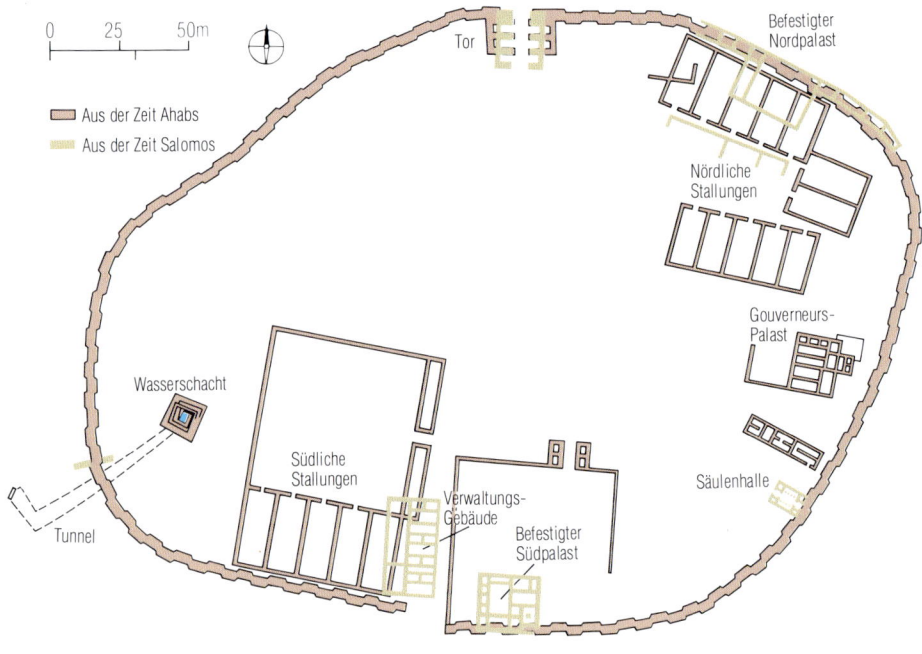

Aus der Zeit Ahabs
Aus der Zeit Salomos

◁ Luftaufnahme von Megiddo. Der kleine Kreis fast in der Mitte ist ein israelitischer Getreidesilo aus dem 7. Jahrhundert v. Chr. Der Graben darunter entstand bei Ausgrabungen in den 30er Jahren. Der Eingang zu Ahabs Wasserversorgungsanlage liegt ganz links auf dem Hügel. Im Hintergrund ist die Jesreelebene zu sehen.

△ Der Lageplan zeigt die von Salomo und Ahab in Megiddo erbauten Ställe. Nach Berechnungen israelischer Archäologen konnten hier bis zu 450 Pferde untergebracht werden.

▽ Blick in Ahabs Wassertunnel – eine eindrucksvolle Ingenieurleistung.

vor Megiddo tötete, aber die Stadt selbst nicht nehmen konnte. Vermutlich haben die Philister Megiddo den Kanaanäern genommen und es im 12. und 11. Jahrhundert v. Chr. zu einer wohlhabenden Stadt gemacht. Diese philistäische Stadt wurde vermutlich von David zerstört.

Die Stadt Salomos und Ahabs

Salomo machte Megiddo zu einer stark befestigten Stadt, und Überreste davon sind bis heute zu sehen. Unter Salomo wurde Megiddo zum Zentrum einer der zwölf Bezirke, in die er sein Königreich eingeteilt hatte. 924 v. Chr. griff der ägyptische Pharao Scheschonk I. Megiddo an und zerstörte es vermutlich.

Im 9. Jahrhundert v. Chr. bauten Omri und sein Sohn Ahab die Stadt wieder auf. Zu den Resten von Ahabs Bauwerken in Megiddo zählen die Ställe und die Wasserversorgungsanlage. Dank des Wassertunnels konnten die Einwohner sich mit Wasser versorgen, ohne die Stadt verlassen zu müssen.

Der Tod zweier Könige

Zwei Könige von Juda starben in oder bei Megiddo. Im 8. Jahrhundert v. Chr. wurde Ahasja von König Jehu von Israel in der Schlacht verwundet und flüchtete nach Megiddo. Dort starb er. Im 7. Jahrhundert v. Chr. wurde Josia vom Ägypter Necho II. vor der Stadt bei seinem Versuch getötet, den Pharao daran zu hindern, Assyrien gegen Babylon beizustehen.

Megiddo

▽ Diese Darstellung der Befestigungsanlage von Megiddo zeigt das Haupttor, das mit der Stadtmauer einen rechten Winkel bildet. Gelang es einem Feind, das erste Tor zu durchbrechen, wurde er von den Mauern herab mit Pfeilen und Steinen angegriffen. Die Stufen im Bild unten führen zu einem Wasserkanal.

DAS HOCHLAND VON JERUSALEM

Das Hochland von Jerusalem bildet einen »Sattel«, einen niedrigeren Landstreifen, innerhalb des Judäischen Berglands. Es reicht von den Höhen von Beth El im Norden bis zu den Hebronbergen im Süden. Es ist von Norden nach Süden rund 20 Kilometer lang, und die Berge sind hier um etwa 200 Meter niedriger als die höchsten Gipfel der Höhen von Beth El und der Hebronberge. Im Norden liegt eine Ebene, auf der ein kleiner Flughafen gebaut wurde.

Im Osten grenzt das Hochland von Jerusalem an die Wüste Juda. Die Täler an seiner Westseite führen zur Küstenebene.

Im Alten Testament

Gibeon war eine größere Stadt im Jerusalemer Bergland. Ihre Einwohner retteten sie mit einem Trick vor der Zerstörung durch Josua. Sie trafen ihn unweit der Stadt, gaben aber vor, von weit her gekommen zu sein; daraufhin schlossen sie ein Abkommen mit ihm. Später betete Salomo in Gibeon zu Gott, bevor er den Tempel in Jerusalem baute.

Das Gebiet des Stammes Benjamin lag im Hochland von Jerusalem, und die Hauptstadt von Israels erstem König, Saul, war Gibea. Er und sein Sohn Jonathan fochten bei Michmasch in einigen Schlachten gegen die Philister.

Eine weitere bedeutende Stadt war Mizpa, in der Sauls Einsetzung zum König bestätigt wurde. Nachdem die Babylonier 587-586 v. Chr. Jerusalem zerstört hatten, stieg Mizpa eine Zeitlang zur wichtigsten Stadt in Juda auf. Der Prophet Jeremia gehörte dem Stamm Benjamin an und kam aus dem Dorf Anatot, rund fünf Kilometer nördlich von Jerusalem.

Bedeutung im Neuen Testament

Außer Jerusalem sind im Neuen Testament noch zwei weitere Orte von Bedeutung. Der erste ist Bethanien östlich von Jerusalem. Hier lebte Lazarus mit seines Schwestern Martha und Maria, und in Bethanien vollbrachte Jesus ein Wunder, als er Lazarus zum Leben erweckte. In der letzten Woche seines Lebens verbrachte Jesus jede Nacht in Bethanien.

Der zweite wichtige Ort ist Emmaus, wohin der auferstandene Jesus mit zwei Jüngern wanderte, die ihn nicht erkannten. Aber noch ist unbekannt, wo Emmaus lag; es gibt dafür vier mögliche Orte.

▷ Das Hochland von Jerusalem. Jerusalem liegt im Südosten am Schnittpunkt mehrerer wichtiger Straßen. Deutlich erkennbar sind die Straßen aus der Küstenebene und der Schefela. Das bewaldete Gebiet zeigt, wie das Land um 1200 v. Chr. ausgesehen haben dürfte. Zur Zeit Jesu waren die Wälder bereits größtenteils abgeholzt.

◁ Man nimmt im allgemeinen an, daß das heutige Dorf Anata am Ort von Anatot, Jeremias Heimatdorf, liegt. Die Landschaft hat ihren gesamten Baumbestand verloren. Nach dem Abholzen wurden Terrassen für den landwirtschaftlichen Anbau angelegt – vielleicht für den Weinbau in größerem Ausmaß. Die frühesten Terrassen stammen aus dem 10. Jahrhundert v. Chr., und sie wurden über 1500 Jahre lang genutzt.

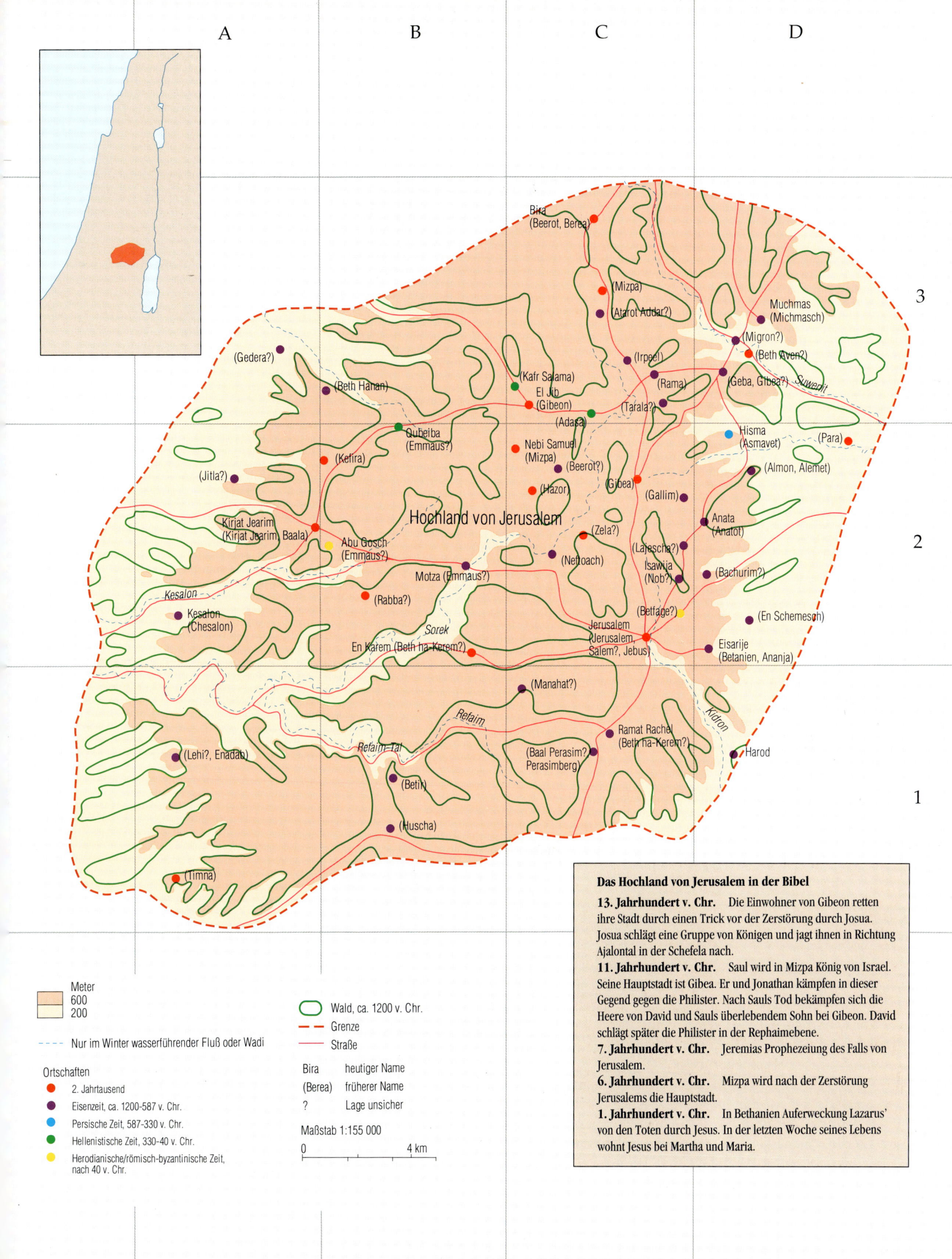

A B C D

3

2

1

Bira
(Beerot, Berea)

(Mizpa)
(Atarot Addar?)
Muchmas
(Michmasch)
(Irpeel)
(Migron?)
(Beth Aven?)
(Rama)
(Geba, Gibea?)
Suwenit
(Gedera?)
(Beth Hanan)
(Kafr Salama)
El Jib
(Gibeon)
(Tarala?)
Qubeiba
(Emmaus?)
(Adasa)
Hisma
(Asmavet)
(Para)
Nebi Samuel
(Mizpa)
(Jitla?)
(Kefira)
(Beerot?)
(Almon, Alemet)
(Hazor)
Gibea
(Gallim)
Anata
(Anatot)
Kirjat Jearim
(Kirjat Jearim) Baala)
(Zela?)
(Lajescha?)
Abu Gosch
(Emmaus?)
(Neftoach)
Isawija
(Nob?)
(Bachurim?)
Motza (Emmaus?)
Kesalon
Kesalon
(Chesalon)
(Rabba?)
Betfage?
(En Schemesch)
Sorek
Jerusalem
(Jerusalem,
Salem?, Jebus)
En Karem (Beth ha-Kerem?)
Eisarije
(Betanien, Ananja)
(Manahat?)
Kidron
Refaim
Ramat Rachel
(Beth ha-Kerem?)
(Lehi?, Enadab)
Refaim-Tal
(Baal Perasim?)
Perasimberg)
Harod
(Betir)
(Huscha)
(Timna)

Hochland von Jerusalem

Meter
600
200

Nur im Winter wasserführender Fluß oder Wadi

Ortschaften
● 2. Jahrtausend
● Eisenzeit, ca. 1200-587 v. Chr.
● Persische Zeit, 587-330 v. Chr.
● Hellenistische Zeit, 330-40 v. Chr.
● Herodianische/römisch-byzantinische Zeit, nach 40 v. Chr.

Wald, ca. 1200 v. Chr.
Grenze
Straße

Bira   heutiger Name
(Berea) früherer Name
?   Lage unsicher

Maßstab 1:155 000
0   4 km

Das Hochland von Jerusalem in der Bibel

13. Jahrhundert v. Chr. Die Einwohner von Gibeon retten ihre Stadt durch einen Trick vor der Zerstörung durch Josua. Josua schlägt eine Gruppe von Königen und jagt ihnen in Richtung Ajalontal in der Schefela nach.

11. Jahrhundert v. Chr. Saul wird in Mizpa König von Israel. Seine Hauptstadt ist Gibea. Er und Jonathan kämpfen in dieser Gegend gegen die Philister. Nach Sauls Tod bekämpfen sich die Heere von David und Sauls überlebendem Sohn bei Gibeon. David schlägt später die Philister in der Rephaimebene.

7. Jahrhundert v. Chr. Jeremias Prophezeiung des Falls von Jerusalem.

6. Jahrhundert v. Chr. Mizpa wird nach der Zerstörung Jerusalems die Hauptstadt.

1. Jahrhundert v. Chr. In Bethanien Auferweckung Lazarus' von den Toten durch Jesus. In der letzten Woche seines Lebens wohnt Jesus bei Martha und Maria.

JERUSALEM ZUR ZEIT DES ALTEN TESTAMENTS

Das alte Jerusalem war erstaunlich klein. Die Stadt erhob sich auf einem daumenförmigen Felssporn oder Kamm, den an drei Seiten Täler säumten. Nur im Norden gab es eine Verbindung mit den Bergen. Die Stadt lag tiefer als die Berge der Umgebung, aber sie hatte ihnen gegenüber einen lebenswichtigen Vorteil: eine das ganze Jahr über wasserführende Quelle.

Die Stadt Davids

Jerusalem war mindestens 1500 Jahre alt, bevor David es einnahm und zu seiner Hauptstadt machte. Die Bibel erwähnt den Ort zum erstenmal in der Erzählung über Abraham, der den König von Salem (vermutlich Jerusalem) traf, nachdem er seinen Neffen Lot aus der Gewalt der Könige aus dem Norden befreit hatte (siehe Genesis 14).

Die Israeliten eroberten die Stadt nicht vor der Zeit Davids. Jerusalem soll so gut befestigt gewesen sein, daß Blinde und Lahme es hätten verteidigen können. David konnte die Stadt einnehmen, nachdem ein Teil seiner Männer durch den Wasserschacht ins Innere Jerusalems eingedrungen war. Salomo erweiterte die Stadt in nördlicher Richtung und errichtete den Tempel und seinen Palast.

Wachstum im 8. Jahrhundert v. Chr.

Als die Assyrer 722 v. Chr. das nördliche Königreich Israel schlugen, flüchteten viele Menschen in den Süden. Es ist bekannt, daß Jerusalem zu diesem Zeitpunkt beträchtlich wuchs. Die Menschen begannen, die westliche Anhöhe zu bebauen. 705 v. Chr. erhob sich König Hiskia gegen die Assyrer, nachdem er die Stadt befestigt hatte. Er legte einen unterirdischen Wassertunnel an, so daß die Einwohner von Jerusalem mit Wasser versorgt waren. Bis heute kann man durch diesen Tunnel gehen.

Zerstörung und Wiederaufbau

Trotz seiner starken Befestigungen fiel Jerusalem 597 und 587-586 v. Chr. an die Babylonier. Beim zweitenmal zerstörten sie den Tempel und schleiften die Mauern. 539 v. Chr. erlaubten die Perser den Juden den Wiederaufbau von Stadt und Tempel; aber die Bauarbeiten schritten langsam voran, und der neue Tempel war nur ein schwacher Abglanz des salomonischen Tempels.

Als Nehemia, ein Günstling des persischen Königs Artaxerxes I., 445 v. Chr. zu einem Besuch nach Jerusalem kam, fand er die Stadt in einem traurigen Zustand vor. Nehemia machte sich daran, einen weiteren Wiederaufbau in die Wege zu leiten.

◁ Der Eingang zu Hiskias Wassertunnel heute. Von den Stufen führt eine Reihe von Kanälen, die schon in der Zeit vor David entstanden, in den Tunnel selbst. Zwei Gruppen von Arbeitern, die an entgegengesetzten Enden aufeinander zuarbeiteten, haben den Tunnel angelegt.

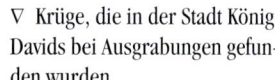

▽ Krüge, die in der Stadt König Davids bei Ausgrabungen gefunden wurden.

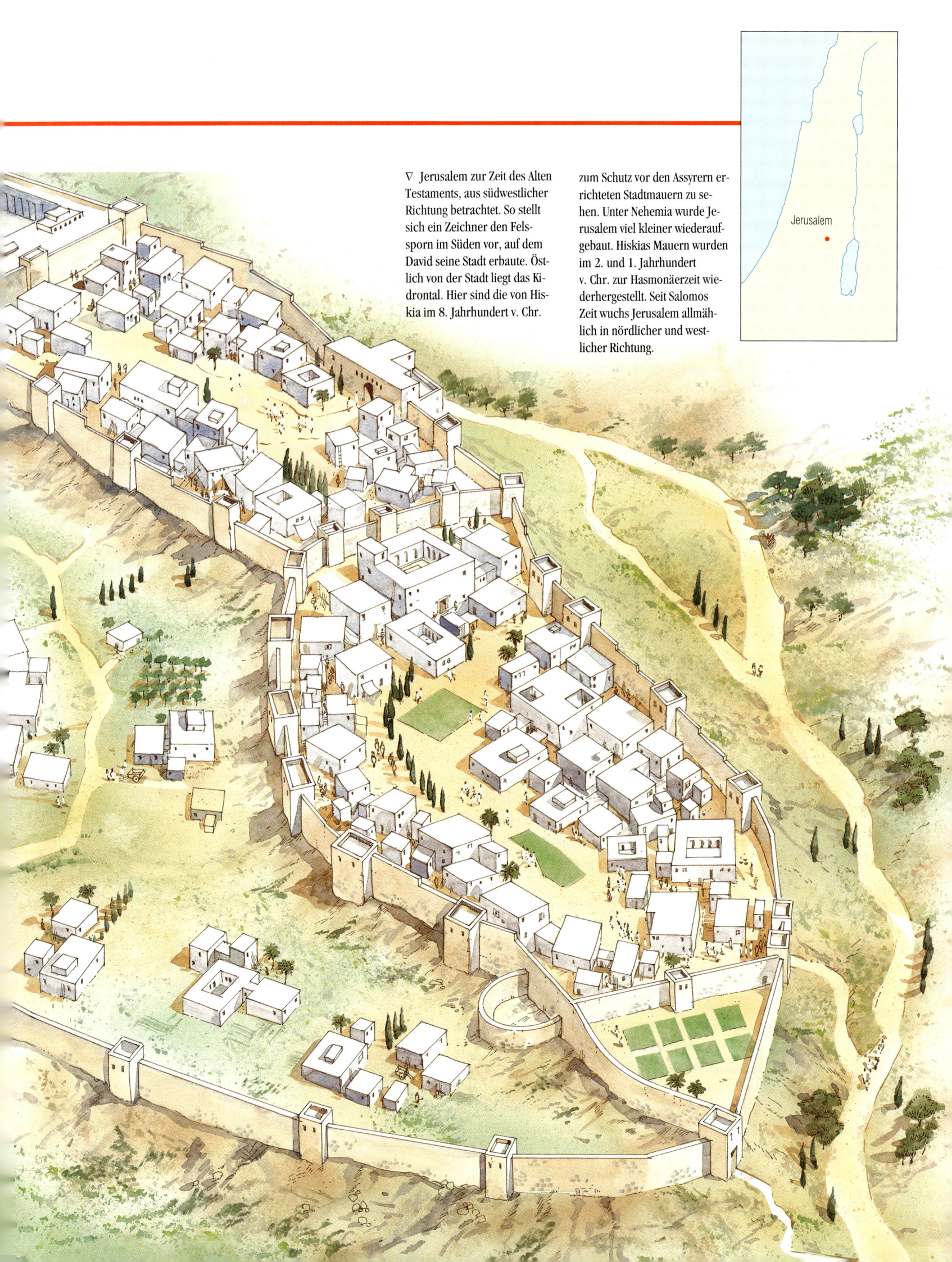

▽ Jerusalem zur Zeit des Alten Testaments, aus südwestlicher Richtung betrachtet. So stellt sich ein Zeichner den Felssporn im Süden vor, auf dem David seine Stadt erbaute. Östlich von der Stadt liegt das Kidrontal. Hier sind die von Hiskia im 8. Jahrhundert v. Chr. zum Schutz vor den Assyrern errichteten Stadtmauern zu sehen. Unter Nehemia wurde Jerusalem viel kleiner wiederaufgebaut. Hiskias Mauern wurden im 2. und 1. Jahrhundert v. Chr. zur Hasmonäerzeit wiederhergestellt. Seit Salomos Zeit wuchs Jerusalem allmählich in nördlicher und westlicher Richtung.

Jerusalem

JERUSALEM ZUR ZEIT DES NEUEN TESTAMENTS

Das Jerusalem zur Zeit des Neuen Testaments unterschied sich beträchtlich von der um ihr Leben kämpfenden Stadt, um deren Stärkung Nehemia sich 445 v. Chr. nach Kräften bemüht hatte. Seit jener Zeit war sie wiederaufgebaut worden und weiter gewachsen. Jerusalem, so wie Jesus es kannte, war weitgehend das Werk von Herodes dem Großen.

Das Jerusalem des Herodes

Auf der Anhöhe im Westen erhob sich Herodes' oberer Palast. Er hatte drei Türme und besaß Gärten und Teiche. Nach 6 n. Chr. unterstand Judäa der direkten Herrschaft Roms, und der römische Statthalter wohnte in diesem Palast, wann immer er sich in Jerusalem aufhielt. Am Hang unterhalb des Palastes standen die schönen Häuser der reichen Jerusalemer. Über Treppen kamen die Einwohner hier die Höhen im Westen hinauf und hinunter, und eine Brücke verband die Anhöhe direkt mit dem Tempel. Nördlich von Herodes' Tempel stand die große Burg Antonia. Hier befand sich zur Zeit Jesu eine Garnison römischer Soldaten, die für Ruhe und Ordnung sorgten.

Die Bedeutung des alten Jerusalems – der Davidsstadt auf dem Felssporn – war jetzt zurückgegangen. Zwar umgaben es immer noch Schutzmauern, aber im Vergleich zu den Häusern auf der Westhöhe dürften die Behausungen dort armselig gewirkt haben.

Die genaue Lage aller Stadtmauern ist unbekannt, besonders jene nördlich von Herodes' oberem Palast. Im Laufe der Zeit wurden die Schutzmauern immer weiter in den Norden geschoben. Deshalb liegt für den heutigen Besucher Jerusalems die Davidsstadt *außerhalb* der (späteren) Stadtmauern und der Ort, an dem Jesus ans Kreuz geschlagen wurde, *innerhalb* davon.

Jerusalem nach der Zeit Jesu

Während der jüdischen Erhebung von 67 bis 73 n. Chr. wurde Jerusalem im Jahr 70 von den Römern eingenommen und zerstört. Herodes' Tempel blieb eine Ruine und ist nie wieder aufgebaut worden. An seiner Stelle erhebt sich heute ein islamisches Heiligtum, der wunderschöne Felsendom, der im Jahr 692, also vor rund 1300 Jahren entstanden ist.

In den Jahren 132 bis 135 erhoben sich die Juden noch einmal gegen die Römer. Kaiser Hadrian baute Jerusalem danach wieder als römische Stadt auf. Die Altstadt von Jerusalem hat diesen römischen Grundriß bis heute beibehalten.

▽ Straßenszene in Jerusalem zur Zeit des Neuen Testaments. Im 1. Jahrhundert n. Chr. unterstand Judäa die meiste Zeit direkt einem hochgestellten römischen Beamten, wie etwa Pontius Pilatus in der zweiten Hälfte von Jesu Leben. Hier stehen sich ein römischer Zenturio mit zwei Begleitsoldaten und zwei jüdische Bürger gegenüber. Viele Juden haßten die Römer.

◁ Die Überreste des Teiches Bethesda beim Stephanstor. Zur Zeit Jesu befand sich Jerusalem auf dem Niveau des Bodens dieser Ausgrabungen. Über dem Teich wurden mehrere Kirchen erbaut, die auf den im Bild gezeigten Steinsäulen ruhten.

△ Der Siloamteich liegt am Ende von Hiskias Tunnel. Zur Zeit Jesu gab es zwei Teiche – einen am Fuß des Felssporns der Davidsstadt und diesen hier weiter oben an der Westseite des Sporns.

◁ Die sogenannte Absaloms-säule im Tal im Osten Jerusalems ist eine der wenigen Stätten, die sich seit Jesu Zeit kaum verändert haben. Absalom war Davids Sohn, der sich gegen seinen Vater erhoben hatte und zu dessen Andenken eine Säule errichtet wurde. In Wirklichkeit hat dieses Monument allerdings nichts mit ihm zu tun. Es kennzeichnet vielmehr das Grab einer reichen Familie, die hier im 2. Jahrhundert v. Chr. begraben wurde.

85

JORDANGRABEN UND TOTES MEER

Am Südende des Sees Genezareth fließt der Jordan weiter in südlicher Richtung. Die Entfernung zwischen See Genezareth und Totem Meer beträgt in gerader Linie rund 105 Kilometer, aber der Jordan schlängelt und windet sich auf dieser Strecke dermaßen, daß er sehr viel länger ist – rund 322 Kilometer. Der Jordan ist nie breiter als 31 Meter und kaum tiefer als drei Meter. Er ist also *nicht*, wie die Worte der beliebten Hymne besagen, »tief und breit«.

Von Galiläa nach Jericho
Gleich südlich des Sees Genezareth mündet der Jarmuk vom Nordosten in den Jordan. Im Süden zweigen am Westufer zwei wichtige Seitentäler ab.

Das erste ist das Harodtal, das sich bis zur Jesreelebene erstreckt und zur Zeit des Alten Testaments von der großen Stadt Beth Schean bewacht wurde. Hier stellten die Philister nach der Schlacht auf dem nahe gelegenen Berg Gilboa die Leichname von Saul und seinen Söhnen zur Schau. Das zweite ist das Fariatal, in dem eine gute Straße nach Sichem im Hochland von Samaria verläuft.

Am Südende des Jordangrabens und nördlich des Toten Meeres liegt Jericho. Diese berühmte, uralte Stadt wuchs um eine seit dem Alten Testament als Elisabrunnen bekannte Quelle. In 2. König 2, 19-22 wird berichtet, wie der Prophet Elisa das Wasser von Jericho reinigte, nachdem es ungenießbar geworden war. Hier lebten schon um 10000 v. Chr.

◁ Nebi Musa (arabisch für »der Prophet Moses«) liegt im Jordantal unmittelbar südlich von Jericho. Das Alte Testament berichtet, daß Moses den Jordan nicht überschreiten durfte, um Kanaan zu betreten. Im muslimischen Glauben gelangte er jedoch auf einer unterirdischen Reise in ein Grab im Gelobten Land. Das Bild zeigt den islamischen Wallfahrtsort am Grab Mose. Jenseits der Wüste Juda im Hintergrund liegt das Tote Meer.

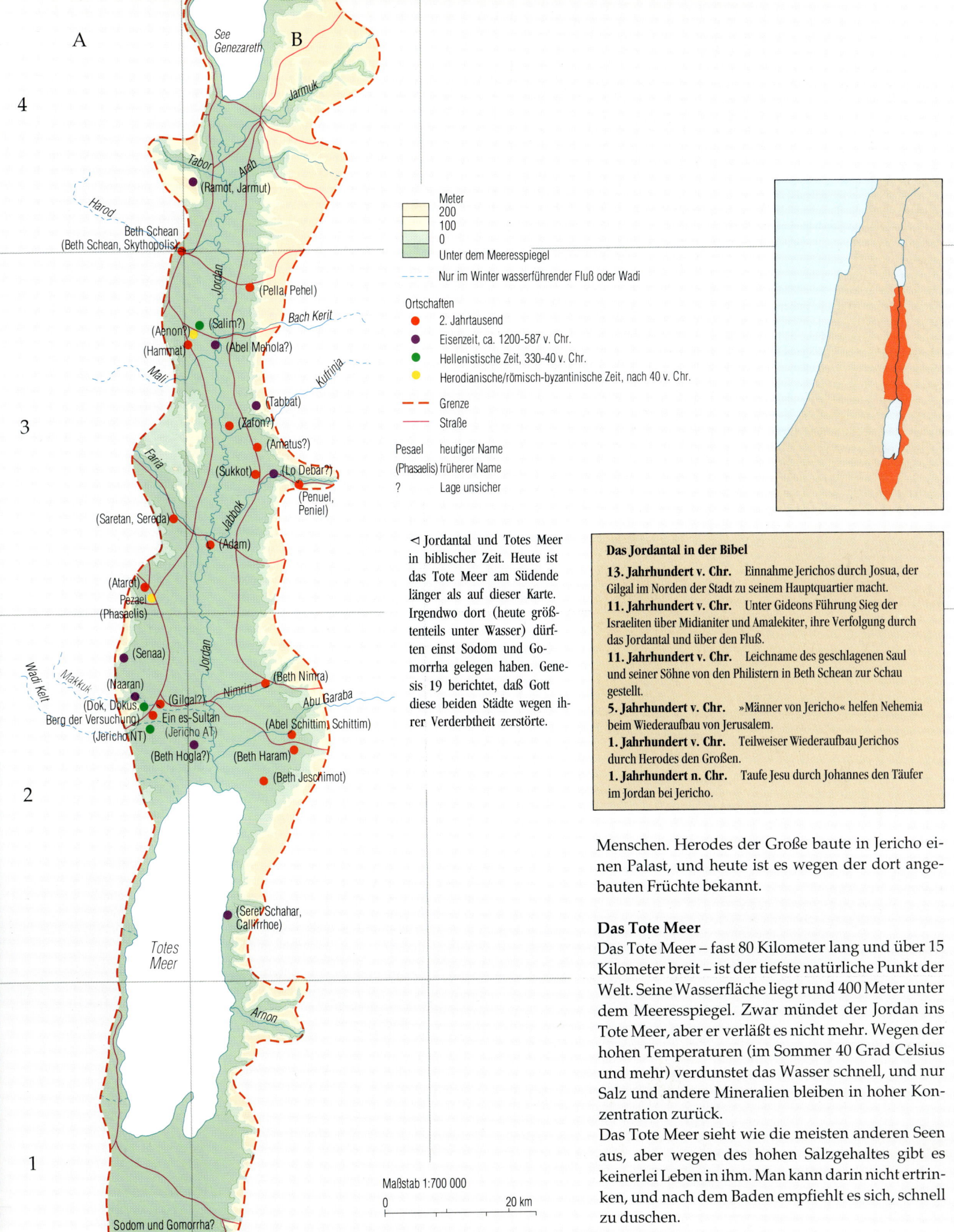

Meter
200
100
0
Unter dem Meeresspiegel

- - - - Nur im Winter wasserführender Fluß oder Wadi

Ortschaften
- 🔴 2. Jahrtausend
- 🟣 Eisenzeit, ca. 1200-587 v. Chr.
- 🟢 Hellenistische Zeit, 330-40 v. Chr.
- 🟡 Herodianische/römisch-byzantinische Zeit, nach 40 v. Chr.

- - - - Grenze
——— Straße

Pesael   heutiger Name
(Phasaelis)   früherer Name
?   Lage unsicher

◁ Jordantal und Totes Meer in biblischer Zeit. Heute ist das Tote Meer am Südende länger als auf dieser Karte. Irgendwo dort (heute größtenteils unter Wasser) dürften einst Sodom und Gomorrha gelegen haben. Genesis 19 berichtet, daß Gott diese beiden Städte wegen ihrer Verderbtheit zerstörte.

Das Jordantal in der Bibel

13. Jahrhundert v. Chr. Einnahme Jerichos durch Josua, der Gilgal im Norden der Stadt zu seinem Hauptquartier macht.

11. Jahrhundert v. Chr. Unter Gideons Führung Sieg der Israeliten über Midianiter und Amalekiter, ihre Verfolgung durch das Jordantal und über den Fluß.

11. Jahrhundert v. Chr. Leichname des geschlagenen Saul und seiner Söhne von den Philistern in Beth Schean zur Schau gestellt.

5. Jahrhundert v. Chr. »Männer von Jericho« helfen Nehemia beim Wiederaufbau von Jerusalem.

1. Jahrhundert v. Chr. Teilweiser Wiederaufbau Jerichos durch Herodes den Großen.

1. Jahrhundert n. Chr. Taufe Jesu durch Johannes den Täufer im Jordan bei Jericho.

Menschen. Herodes der Große baute in Jericho einen Palast, und heute ist es wegen der dort angebauten Früchte bekannt.

Das Tote Meer

Das Tote Meer – fast 80 Kilometer lang und über 15 Kilometer breit – ist der tiefste natürliche Punkt der Welt. Seine Wasserfläche liegt rund 400 Meter unter dem Meeresspiegel. Zwar mündet der Jordan ins Tote Meer, aber er verläßt es nicht mehr. Wegen der hohen Temperaturen (im Sommer 40 Grad Celsius und mehr) verdunstet das Wasser schnell, und nur Salz und andere Mineralien bleiben in hoher Konzentration zurück.

Das Tote Meer sieht wie die meisten anderen Seen aus, aber wegen des hohen Salzgehaltes gibt es keinerlei Leben in ihm. Man kann darin nicht ertrinken, und nach dem Baden empfiehlt es sich, schnell zu duschen.

Maßstab 1:700 000

0   20 km

JORDANTAL UND TOTES MEER – STÄTTEN

Jericho

Um 10 000 v. Chr. lebten die ersten Menschen in Jericho, und ein 7000 v. Chr. dort errichteter Turm ist immer noch zu sehen. Die Archäologen haben die Geschichte von Jericho ausführlich dokumentiert, allerdings wurden keine Spuren der von Josua eroberten Stadt gefunden. Es gibt mindestens drei verschiedene Orte mit dem Namen Jericho: den Ort des Alten Testaments, die Stadt des Neuen Testaments weiter südlich an der Stelle, an der das Wadi el-Qelt im Jordantal ausläuft, und das moderne Jericho. Herodes baute seinen Palast im neutestamentlichen Jericho. Durch einen Teil der alten Stätte führt eine Straße.

Beth Schean

Die befestigte Stadt Beth Schean wachte an bedeutsamer Stelle über den Zugang vom Jordantal zur Jesreelebene. Den Israeliten gelang es bei ihrer Ankunft in Kanaan nicht, Beth Schean einzunehmen, und so wurde es eine philistäische Stadt, bevor David die Philister endgültig schlug. Zur Zeit des Neuen Testaments war es eine griechische Stadt mit dem Namen Skythopolis (das heißt: »Stadt der Skyther«, einem alten nordiranischen Reitervolk). Als solche gehörte sie zur Dekapolis (zehn Städte), die das Neue Testament erwähnt.

◁ Wadi el-Qelt ist nach einer der drei Quellen benannt, aus denen Jericho zur Zeit des Neuen Testaments sein Wasser bezog. Ganz oben im Bild ist noch zu erkennen, wo das Wadi, das nur im Winter Wasser führt, ins Jordantal mündet.

▽ Lageplan des alttestamentlichen Jerichos, auf dem auch zu sehen ist, wo die moderne Straße verläuft. Was heute hier zu sehen ist, ist oft noch älter als das Alte Testament. Der jungsteinzeitliche Turm aus 7000 v. Chr. entstand entweder zum Schutz vor Feinden oder vor Überschwemmungen.

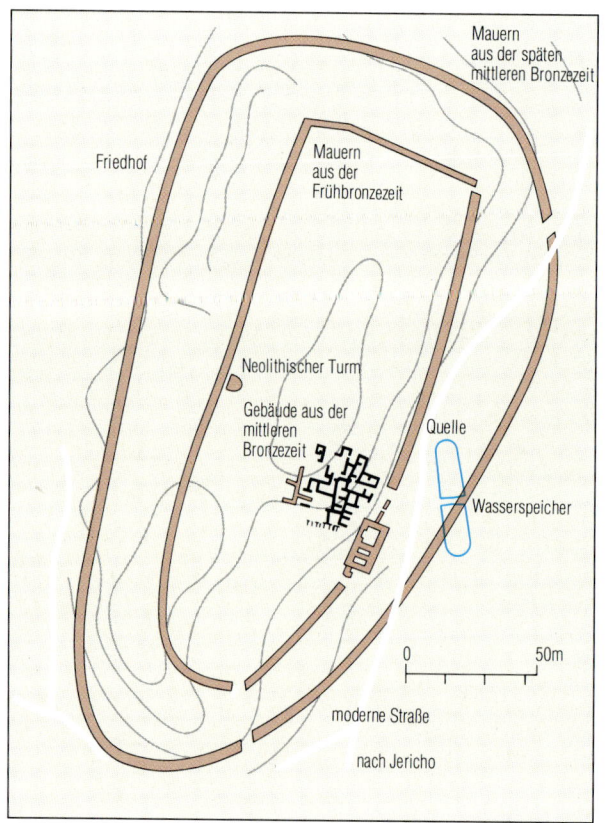

Mauern aus der späten mittleren Bronzezeit

Friedhof

Mauern aus der Frühbronzezeit

Neolithischer Turm

Gebäude aus der mittleren Bronzezeit

Quelle

Wasserspeicher

0   50m

moderne Straße

nach Jericho

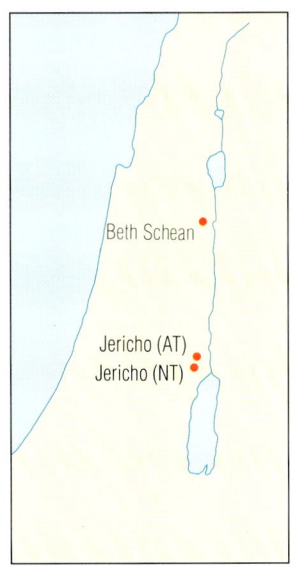

◁ Luftansicht von Beth Schean auf dem Hügel und dem
Theater von Skythopolis.
Beth Schean wird in ägyptischen Dokumenten erwähnt,
die älter als die Bibel sind,
und es dürfte schon seit
rund 6000 v. Chr. bewohnt
gewesen sein. Seit dieses
Bild entstand, wurden im Bereich zwischen Hügel und
Theater die Bäume gefällt
und Ausgrabungen durchge-
führt. Dabei kamen die Überreste von Straßen, schönen
öffentlichen Gebäuden und
Mosaikböden aus römischer
Zeit zum Vorschein. Die Berge im Hintergrund liegen
auf der anderen (östlichen)
Seite des Jordans.

TRANSJORDANIEN

Transjordanien ist das Land östlich des Jordans. Es bedeckt eine fast gleich große Fläche wie das Land der Bibel auf seinem Westufer. Aber die Bibel erwähnt es nicht oft.

Baschan

Das Alte Testament beschreibt die Region Baschan als ebenes und fruchtbares Gebiet, wo starkes, gut genährtes Vieh graste. Baschan war eine hochgelegene, weite Landschaft im Nordosten des Sees Genezareth. Heute gibt es noch hier und da immergrüne Eichenhaine, die früher das Land der Bibel bedeckten.

Ammon

Ungefähr auf halbem Weg zwischen See Genezareth und Totem Meer lag das Königreich der Ammoniter. Als die Israeliten in das Gelobte Land einzogen, ließen sich einige von ihnen östlich des Jordans im Norden der Ammoniter nieder.

Als Saul König wurde, bedrohte der König von Ammon gerade die israelitische Stadt Jabesch-Gilead. Saul rettete die Stadt, und ihre Einwohner waren ihm sehr dankbar. Jahre später überquerten die Männer von Jabesch-Gilead den Jordan und gingen zur Stadt Beth Schean, an deren Mauern die Philister die Leichname von Saul und seinen Söhnen aufgehängt hatten. Sie brachten die Toten in ihre Stadt, um sie würdig zu begraben. Die letzte Schlacht zwischen David und seinem aufrührerischen Sohn Absalom fand ebenfalls in einem Wald im Königreich Ammon statt.

Moab

Das Königreich Moab lag ungefähr am Ostufer des Toten Meeres. Das Land dort eignete sich zum Teil

▷ Transjordanien erstreckt sich auf der Ostseite des Jordans von Norden nach Süden. Die Flüsse, die in westlicher Richtung fließen und in den Jordan oder das Tote Meer münden, gliedern das Land. Die Hauptflüsse sind Jarmuk, Jabbok und Arnon. Eine wichtige Straße, die Königsstraße der Bibel, verläuft durch Edom und Moab.

◁ Überreste eines dem griechischen Gott Pan in Banjas geweihten Schreins (Kultstätte) in Nordisrael. Eine Jordanquelle entspringt ganz in der Nähe. Das Land der Bibel geriet unter griechischen Einfluß, als Alexander der Große im 4. Jahrhundert v. Chr. das Gebiet mit seinem Heer eroberte. Zur Zeit des Neuen Testaments hieß Banjas Caesarea Philippi (das Caesarea auf dem Gebiet des Herodes Philippos). Hier fragte Jesus seine Jünger, für wen sie ihn hielten, und Petrus erklärte, er sei der Messias (Erlöser).

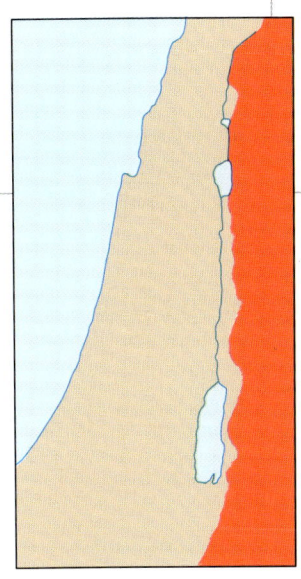

hervorragend für die Schafzucht und den landwirtschaftlichen Anbau. In der Geschichte von Ruth der Moabiterin zog Naomis Familie von Bethlehem, wo sie hungerte, nach Moab, wo die Menschen zu essen hatten.

Zur Zeit von David (10. Jahrhundert v. Chr.) und Omri (9. Jahrhundert v. Chr.) herrschte Israel über Moab. Unter Herodes' Herrschaft erstreckte sich das jüdische Königreich in Moab bis zur atemberaubenden Arnonschlucht, durch die der Arnon fließt, bevor er ins Tote Meer mündet.

Edom

Die Edomiter lebten in einem Gebiet südlich des Toten Meeres. David herrschte auch über sie. Aber sie rächten sich nach dem Fall von Jerusalem 587-586 v. Chr, indem sie Südjuda besetzten.

Transjordanien in der Bibel

18.-17. Jahrhundert v. Chr. Jakob macht an der Furt des Jabboks halt, als er nach jahrelangem Exil in Haran heimkehrt (Genesis 32).

13. Jahrhundert v. Chr. Moses leitet die Israeliten durch oder um die Gebiete von Edom und Moab in Richtung auf das Gelobte Land.

11. Jahrhundert v. Chr. Rettung der Stadt Jabesch-Gilead vor dem König von Ammon durch Saul.

10. Jahrhundert v. Chr. David Herrscher über Ammon, Moab und Edom.

9. Jahrhundert v. Chr. Omri und Ahab Herrscher über Moab. Ahab kämpft in Ramoth-Gilead gegen den König von Syrien.

8. Jahrhundert v. Chr. Amasia, König von Juda, schlägt die Edomiter im Salztal.

6. Jahrhundert v. Chr. Beim Einfall Nebukadnezars Flucht der Einwohner von Juda nach Ammon, Moab und Edom. Die Edomiter besetzen Südjuda.

1. Jahrhundert n. Chr. Gefangenschaft Johannes' des Täufers in der Festung Machaerus. Jesu Lehre und Heilungen östlich des Sees Genezareth. In Caesarea Philippi (Banjas) sagt Petrus, Jesus sei der Messias.

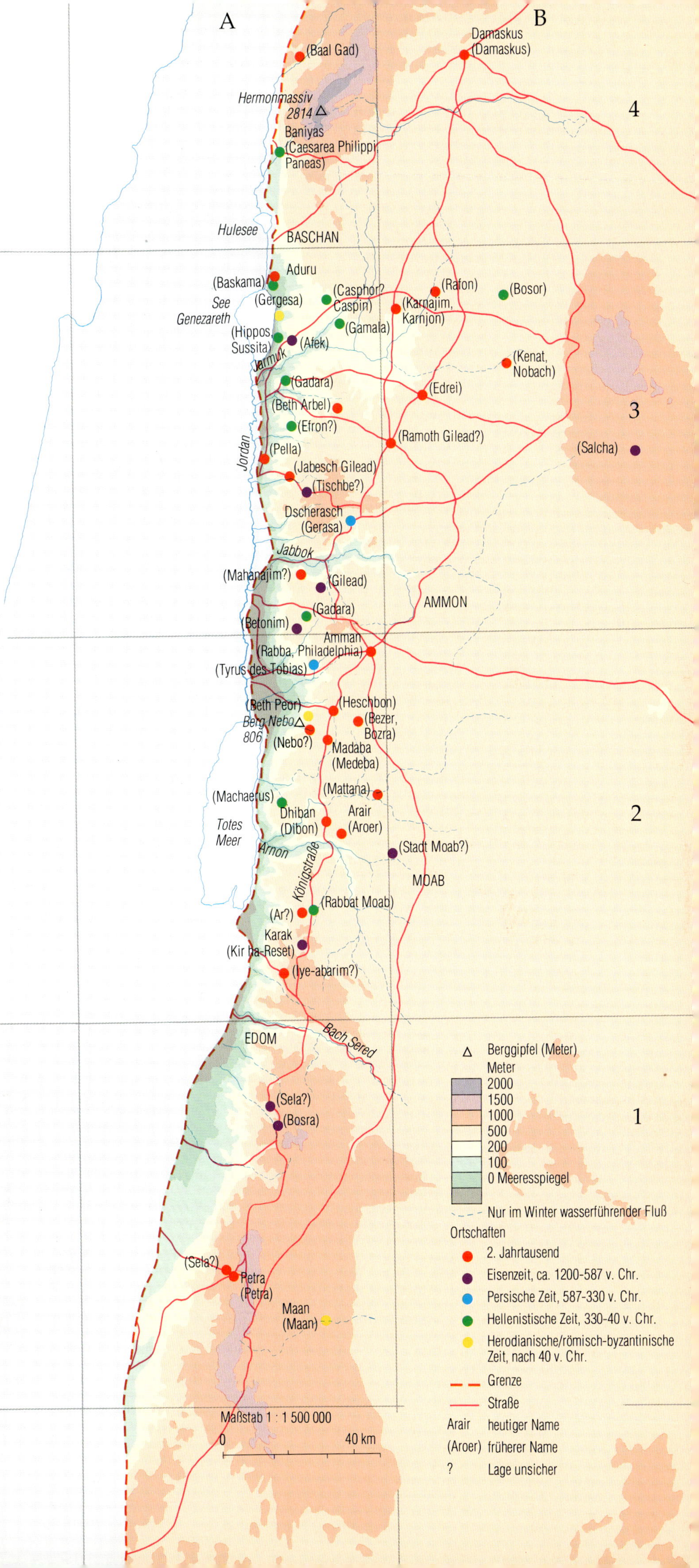

A   B

(Baal Gad)

Damaskus
(Damaskus)

Hermonmassiv
2814 △

4

Baniyas
(Caesarea Philippi
Paneas)

Hulesee

BASCHAN

(Baskama)   Aduru
(Gergesa)   (Casphor?
See   Caspin)   (Rafon)   (Bosor)
Genezareth   (Karnajim,
(Hippos,   (Gamala)   Karnjon)
Sussita) (Afek)
Jarmuk   (Kenat,
(Gadara)   (Edrei)   Nobach)
(Beth Arbel)
(Efron?)   3
Jordan (Pella)   (Ramoth Gilead?)   (Salcha)
(Jabesch Gilead)
(Tischbe?)
Dscherasch
(Gerasa)
Jabbok
(Mahanajim?)   (Gilead)
(Gadara)   AMMON
Betonim
Amman
(Rabba, Philadelphia)
(Tyrus des Tobias)
(Beth Peor) (Heschbon)
Berg Nebo △   (Bezer,
806   (Nebo?)   Bozra)
Madaba
(Medeba)
(Mattana)
(Machaerus)
Totes   Dhiban   Arair
Meer   (Dibon) (Aroer)
Arnon   (Stadt Moab?)   2
MOAB
(Rabbat Moab)
(Ar?)
Karak
(Kir ha-Reset)
(Iye-abarim?)

EDOM   Bach Sered

△ Berggipfel (Meter)
Meter
2000
1500
1000
500
200
100
0 Meeresspiegel

- - - Nur im Winter wasserführender Fluß

Ortschaften
● 2. Jahrtausend
● Eisenzeit, ca. 1200-587 v. Chr.
● Persische Zeit, 587-330 v. Chr.
● Hellenistische Zeit, 330-40 v. Chr.
● Herodianische/römisch-byzantinische Zeit, nach 40 v. Chr.

- - - Grenze
— Straße

Arair   heutiger Name
(Aroer) früherer Name
?   Lage unsicher

(Sela?)
(Bosra)

(Sela?)
Petra
(Petra)
Maan
(Maan)

Maßstab 1 : 1 500 000

0   40 km

WORTERKLÄRUNGEN

Aramäisch Die Sprache der Aramäer gehört der gleichen Sprachenfamilie wie das Hebräische an. Im Persischen Reich stieg es zur offiziellen Kanzleisprache auf und wurde seit 540 v. Chr. unter Juden gebräuchlich. Auch Jesus hat aramäisch gesprochen.

Bundeslade Eine Kiste, in der die auf zwei Steintafeln gemeißelten Zehn Gebote aufbewahrt wurden. Die Israeliten nahmen diese Bundeslade sogar mit, wenn sie in eine Schlacht zogen.

Bund Ein Abkommen zwischen zwei Parteien. Gemäß der Bibel schloß Gott mit den Israeliten einen Bund, dem zufolge sie sein besonderes Volk sein würden. Im Gegenzug verpflichteten sie sich, ihn allein zu verehren und seine Gesetze zu befolgen.

Byzantinisch Zum Oströmischen Reich mit der Hauptstadt Byzanz (auch als Konstantinopel bekannt) gehörig; heute heißt sie Istanbul und gehört zur Türkei. Im Land der Bibel reichte die byzantinische Zeit vom 4. bis zum 7. Jahrhundert.

Chanukka Ein hebräisches Wort, das »Einweihung« bedeutet.

Dieses religiöse Fest wird von den Juden jedes Jahr zur Erinnerung an die erneute Weihung des Tempels durch Judas Makkabäus im Jahr 164 v. Chr. begangen, nachdem der Seleukide Antiochus IV. den Tempel durch das Aufstellen eines Götzenbildes entweiht hatte.

Eisenzeit Jene Zeit in der Entwicklung des Menschen, in der er begann, Eisen zu gewinnen und daraus Werkzeuge herzustellen. Sie reichte von ungefähr 1600 bis 1000 v. Chr.

Evangelium Kommt vom griechischen *euangelion* für »gute Botschaft«, mit dem die Lehre Jesu gemeint ist. Es besteht aus den vier Berichten über das Leben Jesu, wie etwa dem Evangelium nach Matthäus.

Hasmonäer Name der Dynastie, die auf Juda Makkabäus, »den Hammer« (167 v. Chr.), zurückgeht; sie herrschte bis 37 v. Chr. im Land, als mit Herodes die römische Zeit begann.

Hebräisch Die gesprochene und geschriebene Sprache der Israeliten. Als Juda 540 v. Chr. dem Persischen Reich ein-

verleibt wurde, trat das Aramäische als gesprochene und geschriebene Sprache neben das Hebräische.

Hellenistisch Zur griechisch sprechenden Zivilisation gehörend, die nach den Eroberungen Alexanders des Großen im 4. Jahrhundert v. Chr. in viele Länder des östlichen Mittelmeerraums und darüber hinaus getragen wurde.

Herodianisch Bezieht sich auf die Herrschaftszeit der von den Römern eingesetzten Könige von Judäa, die mit Herodes dem Großen (37 v. Chr.) beginnt und mit seinen Söhnen (ungefähr 40 n. Chr.) endet.

Hyksos Ein ägyptisches Wort, das »Herrscher der Fremdländer« bedeutet und sich auf Nichtägypter bezieht, die von etwa 1640 bis 1532 v. Chr. über Ägypten herrschten. Unter ihrer Herrschaft konnten Menschen wie Abraham und Jakob nach Ägypten ziehen und sich dort niederlassen.

Jünger Ein Anhänger oder Schüler. Die ersten Schüler Jesu wurden als Anhänger bezeichnet, und eine innere Gruppe hieß die Zwölf Jünger.

Konvertieren Jemanden dazu bewegen, eine andere Religion anzunehmen.

Makkabäer Weiterer Name für die Hasmonäer, der mit Judas Makkabäus und seinen Nachfolgern im 2. und 1. Jahrhundert v. Chr. zusammenhängt.

Messias Hebräisch und aramäisch für »Gesalbter«. Das Wort bezeichnet einen zukünftigen Erlöser Israels, mit dessen Hilfe Gott seine Herrschaft auf Erden einsetzen wird.

Muslim Anhänger des Islam. Diese Religion wurde im 7. Jahrhundert durch den Propheten Mohammed gegründet.

Passah Wichtiges religiöses Fest, das die Juden jedes Jahr im Frühling zur Erinnerung an den Auszug aus Ägypten begehen.

Persisch Diese Zeitangabe bezieht sich auf die Zivilisation der Völker aus Persien (heute Iran) seit der Zeit Darius' 495 v. Chr. bis ungefähr hundert Jahre nach dem Tod Alexanders des Großen im Jahr 323 v. Chr.

Pharao Ägyptisches Wort, das »großes

Haus« bedeutet. In der Bibel bezieht es sich jedoch auf einen König von Ägypten.

Prophet, Prophetin Ein Mann oder eine Frau, als besonderer Bote Gottes berufen, bevorstehende Taten Gottes anzukündigen.

Route Verlauf einer Reise oder Wanderung. In biblischer Zeit gab es keine Straßen, sondern nur Wege und Pfade.

Sabbat Von hebräisch »Schabbath«, das Ruhen bedeutet (am siebenten Wochentag).

Sanhedrin Der jüdische Gerichtshof in Jerusalem.

Tell Arabisches Wort, das »Hügel« einer alten Stadt bedeutet.

Tribut Die Bezahlung, im allgemeinen in Gold oder Silber, die ein besiegter König dem Sieger leistet.

Wunder Ereignis, für das es keine natürliche Erklärung gibt. Jesus bewirkte ein Wunder, als er 5000 Menschen mit zwei Brotlaiben und fünf kleinen Fischen speiste.

ORTSVERZEICHNIS

Hier werden Orte, Flüsse und Berge aufgelistet, die auf den Karten dieses Buches verzeichnet sind. Jeder Name ist mit der Seitenzahl und der Angabe des Gitterfeldes versehen, zum Beispiel:

Abrona 69 C3

Heutige Namen alter Ortsbezeichnungen sind in Klammern angegeben, zum Beispiel:

Adorajim (Dura) 63 B3

Namen für Flüsse, Berge, Wüsten und Landschaften sind schräg gedruckt, zum Beispiel:

Alexander, Fl. 57 C3

Die Abkürzung danach gibt an, worum es sich handelt: Bz.=Bezirk, Fl.=Fluß.

93

LITERATURHINWEISE

Kinder- und Jugendbücher

Die großen Religionen (Reihe: Geschichte der Menschheit). Fellbach 1992.
Die Welt der Religionen (Reihe: Die Welt erkennen). Ravensburg 1991.
Ich entdecke die Welt der Bibel (Reihe: Die Welt erkennen). Bd. 1: Altes Testament. Bd. 2: Neues Testament. Ravensburg 1989.
Länder und Völker der Bibel (Reihe: Sehen, Staunen, Wissen). Hildesheim 1992.
Maiberger, P.: Das Alte Testament in seinen großen Gestalten. Mainz 1990.
Marchon, B.: Die Bibel - Geschichten des Alten und Neuen Testaments. Augsburg 1992.
Meyer, I./Spiegel, J.: Wir entdecken die Bibel. Freiburg 1990.
Northcott, C.: Biblisches Lexikon für jung und alt. Konstanz 1989.
Popp, G. (Hrsg.): Die Großen der Bibel. Stuttgart 1987.
Welt der Religionen (Reihe: Wissen warum). Freiburg 1991.
Yamauchi, E.: Die Welt der ersten Christen. Mannheim 1990.
Zur Zeit Jesu in Jerusalem (Reihe: Kinder in der Geschichte). Fellbach 1991.

Gesamtdarstellungen jüdischer Geschichte

Alt, A.: Zur Geschichte des Volkes Israel. München 1979.
Ben-Sasson, H. H. (Hrsg.): Geschichte des jüdischen Volkes. 10 Bände. Berlin 1925 ff.
Lange, N. de: Jüdische Welt. München 1984.
Roth, C.: Geschichte der Juden. Teufen 1954.
Maier, J.: Das Judentum von der biblischen Zeit bis zur Moderne. München 1973.

Biblische Geschichte

Aharoni, Y./Avi-Yonah, M.: Der Bibel-Atlas. Hamburg 1981.
Grollenberg, C. H.: Kleiner Bildatlas zur Bibel. Gütersloh 1982.
Gunneweg, A. H.: Geschichte Israels bis Bar Kochba. Stuttgart Berlin 1981.
Meier, J.: Grundzüge der Geschichte des Judentums im Altertum. Darmstadt 1981.

Allgemeine und historische Geographie Israels und Archäologie

Dalman, G.: Orte und Wege Jesu. Darmstadt 1967.
Gorys, E.: Das Heilige Land. Köln 1984.
Karmon, Y.: Israel, eine geographische Landeskunde. Darmstadt 1983.
Magall, M.: Archäologie und Bibel. Köln 1986.
Otto, E.: Jerusalem. Die Geschichte der Heiligen Stadt. Stuttgart 1980.